辅国良臣

华惠 ◎ 主编

名垂青史

郑和

辽宁人民出版社

ⓒ 华惠 2016

图书在版编目（CIP）数据

名垂青史——郑和 / 华惠主编. —沈阳：辽宁人民
出版社，2017.4
（辅国良臣）
ISBN 978-7-205-08940-5

Ⅰ. ①名… Ⅱ. ①华… Ⅲ. ①郑和（1371–1435）–传记
Ⅳ. ①K825.89

中国版本图书馆 CIP 数据核字（2017）第 017771 号

出版发行：辽宁人民出版社
　　　　　地址：沈阳市和平区十一纬路 25 号　邮编：110003
　　　　　电话：024-23284321（邮　购）　024-23284324（发行部）
　　　　　传真：024-23284191（发行部）　024-23284304（办公室）
　　　　　http://www.lnpph.com.cn
印　　刷：北京晨旭印刷厂
幅面尺寸：710 mm × 1000mm
印　　张：16
字　　数：230 千字
印　　数：1 ~ 6000
出版时间：2017 年 4 月第 1 版
印刷时间：2017 年 4 月第 1 次印刷
责任编辑：陈　昊
封面设计：侯　泰
版式设计：桃　子
责任校对：解炎武
书　　号：ISBN 978-7-205-08940-5

定　　价：43.80 元

　　纵观中国的历史长河，一代盛世往往出现在新王朝建立的初期。明朝作为中国封建社会后期一个重要的朝代，在它建国之初，也曾存在过一度辉煌的时期。但是，一个朝代的辉煌离不开英明的君主与成就辉煌历史的时代巨人。在明朝，就曾出现了一个时代巨人——郑和。

　　本书的主人公郑和，明洪武四年（1371）出生于云南府昆阳州，他原姓马，名和，小名三保（也作三宝），回族。郑和的家世显赫，曾经是"簪缨世家""钟鸣鼎食"的显赫家族。他的祖上可以追溯到宋朝，后来成了元朝的贵族，世代信奉伊斯兰教，祖父和父亲都曾到伊斯兰教的圣地麦加朝圣。

　　洪武十四年（1381），明太祖朱元璋的天下基本已定，元梁王偏安云南，也不足为虑。可是，对一个帝王来说，"卧榻之侧岂容他人鼾睡"，朱元璋终究还是对云南放心不下。终于，他下令大将傅友德为征南将军，蓝玉、侯沐英为副将军率大军征讨云南。其实，朱元璋也曾运用和平的手段进行招安，并且进行了两次招安。但是，元梁王铁了心就是不愿意归降。于是，朱元璋就率兵征讨，元梁王悬梁自尽，妻子、儿女投了滇池。

从古至今，只要是朝代更迭，灾难最深重的永远是黎民百姓。马和的家族是元朝贵族，自然就是明王朝的敌人。小马和就是在这次战乱中被明军掳到了军中，并且身遭宫刑，成了一名小宦童。他的父亲也在痛失爱子、战乱中受惊吓的情况下而病倒了，不久便死去了。

公元1390年，20岁左右的马和由于常年在军营中受到历练，已经初露锋芒，终于被慧眼识英才的燕王朱棣看中，并留在身边做了亲随。建文元年（1399），"靖难之役"爆发了，燕王朱棣率兵进攻南京，马和在这次战役中英勇无敌，立下了赫赫战功。燕王朱棣称帝后，为表彰马和，赐姓"郑"，"马和"从此成了"郑和"。

永乐三年（1405）六月，郑和率领宝船队第一次下西洋，先后到达吕宋、苏禄、浡泥、占城、爪哇、旧港、满剌加、苏门答腊等国。郑和下西洋，是秉承明成祖朱棣"怀柔远人"的政策，宣扬大明国威，招抚各国诸侯，举行册封仪式，赏赐各国财物，以加强中国和海外各国的关系。1407年冬天，郑和奉命第二次下西洋。这次航行是紧接着第一次回国之后马上起程的。这次航行所到之处，基本上与第一次相同。郑和第三次下西洋是紧接着第二次归来之后开始的，在1409年起航。1413年，明成祖又下达了第四次下西洋的命令。郑和这次出使，除了重复前三次出使的航程以外，还访问了西亚及非洲各国。又经过两年准备，第五次下西洋在1417年秋天开始了。1421年，郑和第六次下西洋又开始了。此次的航程同第五次下西洋一样遥远，主要任务是将前来中国的各国使臣送回国，对沿途经过的国家又一次进行友好访问，并进行商业贸易。宣

名垂青史

德五年（1431），郑和又开始了第七次下西洋。

郑和下西洋是从1405年到1433年，共计28年时间，先后七次下西洋，最远到达非洲东海岸，共访问了30多个国家和地区，同他们建立联系，发展贸易，加强了明朝与世界的联系。1433年，郑和在古里去世。

郑和七下西洋，虽然给当时的明王朝带来了一定的财政困难，但是，郑和下西洋却是世界航海史上的壮举。因为他比意大利航海家哥伦布第一次出航早87年，比新航路开辟者达·伽马的第一次出航早92年，比首次环球航行的麦哲伦早114年。

郑和七次下西洋的壮举，不论是规模之大，人数之多，还是航程之远，在世界航海史上都占有重要的地位，都是古今所无的。郑和下西洋增进了中国与亚非国家的经济文化交流，开启了"海上丝绸之路"的最高潮，成果辉煌，影响深远。郑和远航是古代传统的一次历史性总结，同时也是一个新时代的开始，在世界文明史上，具有里程碑的意义。郑和是中国航海第一人，在某种意义上，也是世界大航海时代的第一人。郑和属于中国，郑和也属于世界！

第 一 章

朝代更迭百姓苦，战乱被掳遭宫刑

自古以来，只要是朝代更迭，无论朝代兴衰与否，都离不开一个真理："兴，百姓苦；亡，百姓苦。"本书的主人公郑和就出生在这个朝代更迭的时期——元末明初。毋庸置疑，这个时期是个群雄并起、将士马革裹尸、百姓流离失所的时期。此时的小马和正是一个天真无邪的懵懂少年，他的命运是怎么样的呢？他将面临家破人亡、战乱被掳、身遭宫刑。

第二章
燕王府邸任亲随，南征北战立奇功

身遭宫刑后的小马和，渐渐在军营中成长，后来才到燕王府中当差。马和在参加为期两年的北伐战役中，随军作战，得到了至关重要的锻炼，为他后来下西洋过程中表现出来的政治手腕和军事才能奠定了很好的基础。马和20岁左右就已经在北征军中初露锋芒了。后来，被燕王朱棣看中，并成了他的亲随。马和参加靖难之役后，立下了奇功。朱棣称帝后，为了表彰马和的赫赫战功，赐姓"郑"。自此，"马和"变成了"郑和"。

第三章
奉旨远航树国威，首下西洋平安归

名垂青史

由于明成祖朱棣是从建文帝朱允炆手中夺取的政权，并不是太祖指定的皇位继承人，他的继位缺乏正统性和合法性，遭到了很多人的非议甚至反对。明成祖朱棣为了让国人包括外国承认自己皇位的合法性，不仅大肆屠杀反对他的臣子，修改历史，还不断地派遣大批使臣出使西域和海外，对外宣布自己成为大明新一任皇帝的消息。于是，明成祖便以宣扬国威的名义，派遣郑和等宦官下西洋。郑和果然不辱使命，第一次下西洋就胜利而归。

第四章
怀柔远人皆归附，二下西洋施仁政

第五章
扬帆远航常遇险，三下西洋清航道

永乐五年（1407）冬天，郑和奉命第二次下西洋，这次航行是紧接着第一次回国之后马上起程的。这次航行所到之处，基本上与第一次相同。船队除了到达印度西南的柯枝、小葛兰和古里后，还到了印度西海岸的甘巴里（今印度泰米尔纳德邦的哥印拜陀）、阿拔把丹（今印度阿默达巴德附近）等地。此次下西洋，"怀柔远人"的政策已见成效，万国来朝的盛况指日可待。

郑和第三次下西洋是紧接着第二次归来之后开始的，在永乐七年（1409）起航。有了前两次下西洋打下基础，具有雄才大略的明成祖希望这次宝船队能向西洋的更深处前进。根据明成祖给郑和诏书中提到的地方，说明郑和这次出使，是准备穿过阿拉伯海到达西亚的。此次下西洋，郑和不仅完成了使命，而且还为东西方商船往来扫清了航道。

第六章

筹备休整再出海，四下西洋抵非洲

第七章

万国宾服龙心悦，五下西洋耀国威

名垂青史

通过郑和前三次下西洋，中国帮助占城收回失地，调解暹罗争端，肃清海盗，维护了当地的和平和人民的安定生活，在当时的国际争端中发挥了重要作用，同时也说明明王朝已经在东南亚和南亚诸国树立了威望。明成祖为此获得了巨大的成就感和荣耀感，更加坚定了俯仰八方、挥斥方遒的豪情。于是，永乐十一年（1413），明成祖又下达了第四次下西洋的命令。郑和这次出使，除了重复前三次出使的航程以外，还访问了西亚及非洲各国。

第四次下西洋是在永乐十三年（1415）八月结束的。又经过两年准备，第五次下西洋在永乐十五年（1417）秋天开始了。由于前四次下西洋的影响，出现了万国来朝的景象，在这一刻达到了巅峰。第五次下西洋返回后，又跟随郑和船队来了许多外国使臣，并向中国进献了很多珍禽异兽，令国人大开眼界。

第八章

护送来使返国都，六下西洋通贸易

第九章

南京守备不得志，七下西洋魂归海

永乐十九年（1421），郑和第六次下西洋又开始了。此次的航程同第五次下西洋一样遥远，主要任务是将前来中国的各国使臣送回国，对沿途经过的国家又一次进行友好访问，并进行商业贸易。这次下西洋返回时，一共邀请了亚非16个国家1200多名使臣来到迁都不久的北京城，应邀出席明成祖车驾入居庸关的盛大仪式。

郑和被明成祖朱棣派去旧港，尚在回程途中时，明成祖驾崩。明成祖朱棣驾崩后，支持郑和下西洋的主要支柱坍塌了。新即位的明仁宗朱高炽身边的几个大臣反对郑和下西洋，认为这是劳民伤财之举。不过，明仁宗朱高炽在位不到一年就去世了，新皇明宣宗朱瞻基即位后，也曾想发扬祖父朱棣的事业，无奈朝中夏原吉等多位大臣阻挠，未能成行。夏原吉死后，反对下西洋的主要力量没有了，郑和终于得到明宣宗朱瞻基的支持，他在宣德五年（1430）开始了第七次下西洋。然而，就是在这次下西洋返回途中，郑和魂归大海，一个辉煌的航海时代就这样结束了。

第十章

海上丝路成壮举，功垂千秋泽后世

名垂青史

郑和七次史诗般的航行，是海上丝路的壮举，因为他达到了海上丝路的最远端，这是史无前例的。郑和下西洋为中华民族争得了荣誉，他播撒在亚非人民心中的友谊种子，开花结果，恩泽后世。郑和是中华民族的骄傲，世界也因为有他而精彩。他的名字会永世长存，光耀千秋……

第 一 章

朝代更迭百姓苦，
战乱被掳遭宫刑

自古以来，只要是朝代更迭，无论朝代兴衰与否，都离不开一个真理："兴，百姓苦；亡，百姓苦。"本书的主人公郑和就出生在这个朝代更迭的时期——元末明初。毋庸置疑，这个时期是个群雄并起、将士马革裹尸、百姓流离失所的时期。此时的小马和正是一个天真无邪的懵懂少年，他的命运是怎么样的呢？他将面临家破人亡、战乱被掳、身遭宫刑。

簪缨世家，钟鸣鼎食

　　本书的主人公郑和原姓马，实际上，再往上追溯，他们马家也不姓马，他们的远祖可以追溯到西域普化力国的国王所非尔，普化力国在现在的乌兹别克斯坦共和国境内。

　　早在北宋中后期，在西域约今乌兹别克斯坦境内有一个小国，人称普化力王国。宋神宗熙宁二年（1069），因遭受邻国入侵，国王所非尔率其弟艾尔沙东上归附宋朝，入贡京师。宋神宗大喜，封所非尔为宁彝侯，升庆国公，家居咸阳。所非尔死后，被朝廷追赠为朝奉王，子孙各有封赏。

　　宣和七年（1125）八月，金军挥师南下，一路势如破竹，很快攻入宋境。宋徽宗为此惊恐万状，于十二月，下诏传位太子赵桓，改元靖康，史称宋钦宗。靖康元年（1126）初，金太宗率军渡过黄河，攻破滑州，包围北宋都城汴京。汴京守御使李纲率军拼命抵抗，金军久攻不下，只得与宋议和。八月，金军再次南下，十二月围困汴京。

　　第二年三月，金太宗下诏废徽、钦二帝为庶人，掳之北归，北宋宣告灭亡。当时，中原混乱，民不聊生，此时，所非尔子孙又迁回西域，住在中亚不花剌城。

　　13世纪初，草原蒙古帝国开始兴起，在斡难河源召开大会，推举铁木真为"成吉思汗"。

　　南宋嘉定十二年（1219）九月，成吉思汗率领20万大军西征，攻打花剌子模国。嘉定十四年，蒙古大军攻占不花剌城，所非尔第四世孙马哈木和儿子赡思丁率骑兵千人归降。成吉思汗见赡思丁聪明英武，召至帐前充任侍卫。从此，赡思丁跟随成吉思汗南征北战，屡立战功，颇受信赖和重用。窝阔台汗时，赡思丁出任丰、靖、云内（今大同、呼和浩特一带）的达鲁花赤（官名），后改任太原、平阳二路达鲁花赤。元宪宗时，任燕京路总管、采访使。马哈木也屡任要职，曾担任元朝的平章政事，协助丞相处理国家政务。

1253年，忽必烈率兵攻打大理国，大理相国高泰祥战败被杀，国主段兴智逃至鄯阐。不久，蒙古大军攻破鄯阐，段兴智被擒归降，被任命为世袭总管，原大理官员多受封为各地土司，大理国灭亡。1259年，元宪宗病逝，忽必烈率军北归，与其弟阿里不哥争夺帝位。次年，忽必烈在争夺帝位战役中获胜，继承帝位，建立元朝，是为元世祖，改元中统。

元世祖即位后，赡思丁升任燕京路宣抚使。中统二年（1261），拜中书省平章政事，统理财政，并兼理发行中统交钞——这是我国历史上第一次发行较为正规的纸币。至元元年（1264），他出任陕西、四川行中书省平章政事，后受命节制陕西五路、四川行枢密院大小官员。至元十一年，出任云南行省平章政事。任职期间，赡思丁改革行政体制，设置郡县，把万户府、千户所、百户所改为路、府、州、县，路设总管，府设知府，州设知州，县设县令或县尹，从而加强了对云南诸地的统治。

赡思丁全名"赛典赤·赡思丁·乌马儿"，也译作"赛义德·舍姆斯丁·欧麦尔"，其中赛典赤意为"贵族""圣裔"，赡思丁意为"宗教的太阳"，乌马儿有"长寿"之意。赡思丁信奉伊斯兰教，相传是伊斯兰教先知穆罕默德的第31世孙，主政云南期间，大批回族人随同进入云南，是为云南回族来源，伊斯兰教也随之传入。赡思丁恪遵教义，遵循教规，对宗教事务非常重视。他命人刻印《古兰经》，修建礼拜寺。

礼拜寺又称清真寺，是伊斯兰教徒做礼拜的地方。据《马可·波罗游记》记载，他曾在押赤（今大理）城见到"撒拉逊人或伊斯兰教徒"，足见回族人入滇之盛。相传，赡思丁曾在昆明修建清真寺12座，至今遗迹犹存。

赡思丁勤政爱民，广布仁德，政绩卓著，深受百姓爱戴。至元十六年，赡思丁去世后，"百姓巷哭"，遣人入朝请封，并刻石颂功，立庙祀祭。元世祖甚为感动，下诏云南守臣"尽守赛典赤成规，不得辄改"。大德元年（1297），元成宗追赠太师、上柱国、雍国公，谥忠懿，后晋封咸阳王，改谥忠惠。赡思丁死后，其子孙也均受到朝廷封赏，各任要职，继续理政云南。据说，赡思丁死后，其子孙共分为十三个姓氏，"马"姓就是其中之一，因为穆罕默德在当时又译作"马罕默德"，故多改姓"马"，并渐成回族中的大姓。其第五子名叫马速忽，曾担任云南诸路行中书省平章政事。马速忽死后，其子马拜颜袭爵，后被封为淮安王，并历任要职。整个元代，马氏家族在云南可称得上是"世代簪缨""钟鸣鼎食"的豪门望族，身世显赫，权倾一时。

马拜颜的儿子名叫察尔米的纳，又称"马哈只"，他正是郑和的祖父，大约于元朝末期袭爵，被封为滇阳侯。至正四年，长子米里金出生。据记载，米里金也叫"马哈只"，生得伟岸英武，为人耿直，乐善好施，深受百姓爱戴。

马家世代信奉伊斯兰教，马和的祖父和父亲都去过伊斯兰教的圣地麦加，也就是当时的天方国都城，这样的旅行显然不是一般的家庭能够负担得起的。可见到了郑和的父亲这一代，马家的这个分支虽不如他们的先辈那样动辄出将入相，但生活还是十分富足的。

"哈只"即"巡礼人"，是人们对曾到伊斯兰教圣地天方国（今麦加）朝觐者的尊称。由于察尔米的纳父子都曾去天方国朝觐过，故被时人尊称"哈只"。后人不知其中缘由，误以为他们父子同名，都叫"马

名垂青史

郑和

哈只"，实则大误。米里金娶妻温氏，生有两子四女，长子马文铭，次子马三宝。这位马三宝就是我国著名的航海家，曾七次下西洋的三宝太监——郑和。

可见，这个"簪缨世家"，若不是因为朝代更迭，马家平静安逸的生活将会这样继续下去，马和或许会重复他的父辈们同样的人生，每天用阿拉伯语诵读《古兰经》，或者读一些儒家的四书五经，然后渐渐长大，等待着成年后前往麦加的那一次朝圣之旅。但这个几乎可以预见的人生轨迹，却因王朝更迭的巨变而被彻底颠覆了。

懵懂少年，海外之梦

在中国的西南地区，有一个四季如春、风光秀丽的云贵高原，云贵高原上有一个美丽的大湖——滇池，它的面积约310平方公里，号称"五百里滇池"，被誉为"高原明珠"。在古代，烟波浩渺的滇池面积比今天还要大得多，两岸山岭绵延，森林茂密，湖光山色，美不胜收。滇池水面辽阔，是20多条河流的汇合之处，盛产各种鱼类，还为人们提供了航行和灌溉的便利，加上那里气候温和，冬天不冷，夏无酷暑，沿湖周围土地肥沃，物产丰富，很早以来便是人烟稠密的富庶之地。明朝的时候，在滇池南岸的昆阳州（现在云南省昆明市晋宁县）就是一个多民族聚居的地方。

洪武四年（1371），马三保诞生在晋宁县宝山乡和代村一户回族家庭里。

他本姓马，名和，小名叫三保（也有一种说法是叫三宝）。

马和的祖父和父亲都是当地很有声望的人，马和的父亲因为去麦加朝觐过，人们都尊敬地称他为"马哈只"。

马和的父亲身材魁伟，性情耿直，见到不公平的事总是挺身而出，对那些横行乡里、欺凌穷人的人当面训斥，为受压迫的人伸张正义。他又是位乐善好施的人，对贫苦无依的乡亲，尤其是无儿无女的孤苦老人，只要自己家里还有一口吃的，他就毫不犹豫地周济穷人。遇到灾荒的年月，他更是想方设法为饥寒交迫的灾民提供帮助，使他们摆脱困境。他的行为，受到乡亲们的尊敬。

马和的祖父和父亲都是虔诚的穆斯林，他们和许多信奉伊斯兰教的穆斯林一样，都把朝拜麦加圣地作为一生追求的最高目标。

麦加是伊斯兰教创始人穆罕默德的诞生地，位于阿拉伯半岛西部，靠近红海西岸，位于沙特阿拉伯王国北部，也是伊斯兰教的发源地。那里有世界著名的麦加大清真寺以及一座名为 "克尔白" （也称为"天房"）的石殿。穆斯林做礼拜的时候，都要面向麦加大清真寺的"天房"。一千多年来，它一直是世界各地穆斯林的朝觐中心，朝觐过麦加的穆斯林可以获得"哈只"（意思是朝觐的人）的尊称。

马和的父亲和爷爷都被人尊称"哈只"，这说明他们都是到过麦加朝觐的伊斯兰教徒。

马和兄妹六人，他排行老二，上有一个哥哥，下有四个妹妹。母亲娘家姓温，是个贤惠勤劳的妇人。

马和年幼的时候，在家中院子里的豆棚瓜架下，经常听父亲谈起赴麦加朝觐的旅行经历，是马和最高兴的事。

今天是一个好日子——马和父亲从远方归来的日子。这天，母亲温氏早早儿在院子里摆上一张小方桌，沏上一壶自家种的新茶，孩子们都各自搬着小板凳，围坐在父亲身旁。

四季如春的云南是温暖而充满生机的，月亮升起来了，在院子里洒下银辉。几棵高大的山茶花树绽开红艳艳的花蕾，在月光下显得格外妩

名垂青史

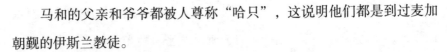

郑和

媚。从滇池吹过来和煦的春风，送来阵阵山茶花的浓郁芳香。院墙后面的树林里鸟儿也歇息了，偶尔听见一声扑棱翅膀的响动。有时还能听见滇池里传来一声声扑腾的声音，那是湖里的大鱼在嬉戏……

这是个宁静而温馨的春天的夜晚，父亲坐在藤椅上，喝上一口香喷喷的茶水，便开始讲起漫长旅途的许多新奇有趣的故事了。

马和那时还小，是个活泼好动、坐不住的小家伙，可是一听父亲讲故事，立刻像变了一个人一样。他瞪大两只眼睛，两手托腮，安安静静地偎依在母亲身旁。

父亲的故事真是几天几夜也讲不完。父亲先从他准备干粮说起。

麦加和云南之间相隔千山万水，路途遥远，所以光是干粮就要准备一年的，带上几匹马，驮着粮食、茶和炊具，翻山越岭，要走上几个月，十分艰苦。从云南到麦加大都是先走陆路，那时交通不便，各地的物资运输，尤其是茶叶、盐等物资，靠的是马帮在崇山峻岭中跋涉。赶马帮的商人对各地交通很熟悉，也知道哪条路安全，沿途哪里有投宿的地方。于是他们这些去麦加朝觐的穆斯林，常常和马帮结伴而行。

当他们离开滇池往南走，天气越来越热，穿行在遮天蔽日的原始森林之中，路途更加艰险。有时倾盆大雨几天几夜下个不停，一个个淋得浑身滴水。有时急流奔腾的峡谷拦住去路，只好迂回前进，寻找能穿过急流的藤桥或溜索。最危险的还是当时叫"瘴气"的恶性疟疾等传染病，有的同伴就是被这种疾病夺走了生命。

经过几个月的长途跋涉，终于看见了大海。这里离开家乡很远很远，他们再乘船前往麦加，本来以为海上航行比起陆地上翻山越岭容易得多，不料，海上天气变化莫测，狂风怒号，浪涛汹涌，更是危险万分。小船在波峰浪谷中颠簸，随时可能倾覆沉没，许多人坐立不稳，头晕恶心，呕吐不止，就像生了重病一样。马和的父亲是平生第一次见到辽阔的大海，也第一次见识了海上的风浪。他意志坚强，尽管脸色煞

郑和像

白，胃里不断涌出酸水，但他还是咬紧牙关，躺在船舱里一动不动，终于挺过来了。

说到这里，小小的马和突然问道："爹爹，大海有多大呀？比我们的滇池大吗？"

父亲听罢哈哈大笑，用手摸着小马和的脑袋说："茫茫大海无边无际，一直通向天尽头，比起我们的滇池不知要大几百几千倍。大海的海水虽然很多，可是真奇怪，那海水又苦又咸，像是浓浓的盐水，根本不能喝，所以船上必须带上很多淡水供人饮用，否则船上的人就会活活渴死。大海的景色是美丽无比的，但大海发起怒来也是非常可怕的啊！"

父亲接着讲起在麦加朝觐的盛况。

当马和的父亲跋山涉水来到圣城麦加时，只见从世界各地赶来的穆斯林成千上万，有人是骑马而来，有人骑着骆驼或毛驴而来，也有人是徒步而来。麦加城里人山人海，在麦加周围的山丘和沙漠里搭起无数的帐篷，朝觐的穆斯林安营扎寨，熙熙攘攘，祈祷声响彻云霄。

到达麦加不久，朝觐大典的日子终于来临了，朝觐的仪式十分隆重和庄严。

父亲讲的充满惊险遭遇的旅途生活，异国的风土人情，麦加朝觐的盛况，行程里许多难忘的故事，就像阿拉伯民间故事《一千零一夜》（又名《天方夜谭》）一样吸引着马和，给年幼的马和留下了深刻印象。

名垂青史

郑和

"爹，我也要去麦加……"马和说。

父亲很高兴地说："那你就快快长大吧，等你们长大了，我带着你们弟兄俩，我们一块儿去麦加朝觐。"

马和哥儿俩听父亲这样说，欢蹦乱跳地拍起巴掌。

从那以后，马和常常跑到滇池岸边，一待就是好半天。

宽阔无边的滇池，时而风平浪静，时而白浪滔天，在小马和的眼里，滇池就像父亲说的大海那样，千变万化，气象万千，使他着迷。每当看见运送石料或粮食的大船结队而行，或者看见打鱼的人驾着小舟撒网捕鱼，小马和都情不自禁地又蹦又跳，他恨不能跳上船去，航行到遥远的地方。

有时，他和哥哥妹妹一道，折纸船，用小木片做成小船，放进滇池的湖水中，看谁的船漂得更远。这些充满乐趣的游戏，小马和玩得很开心。

等马和渐渐长大时，在父亲手把手的教导下，小马和慢慢学会了游泳，还学会了划船和使帆。有好几次，他们父子在滇池划着小船，从和代村划到了很远的地方。

马和即使是在梦里，也忘不了旅行。

有时他梦见自己在陡峭的山上爬呀爬呀，那山上森林茂密，他听见林子里不时传来野兽的吼声，可是无论怎么走，也走不出黑暗的大森林；有时又梦见自己坐在一条大船上漂呀漂呀，四周是很可怕的巨浪，海里还有很怪的大鱼，张着大嘴朝他游过来；除了这些怪怪的梦，有时他也做过很美丽的梦，他梦见走进了一个阳光明媚的大花园，那里树上开着鲜花，结着的果子又大又甜，那清澈的小溪里流的是香喷喷的蜜汁。他高兴极了，吃呀喝呀，还摘了好多好多果子，他要带回家，给他的父亲母亲和哥哥妹妹们，让大家一起分享他的快乐……

马和天天希望自己快快长大。他要像爷爷、父亲那样，到遥远的外国去旅行，到圣城麦加去朝觐，那该是多么有意义啊！就这样，这个懵懂少年，天天都在做着这个美丽的"海外旅行之梦"，但愿这个梦早日成为现实……

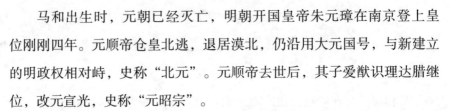

战乱被掳，惨遭宫刑

在马和出生之前，大明的铁骑就已先后平定了福建、广东、广西和四川等南方地区，之所以没有挥师直下云南，一则因云南地处西南，地势险僻；再则，当时云南的统治者——元梁王向来偏安一隅，明太祖不仅不以为虑，而且认为可以通过和平手段对其进行招抚，何况国家的军备重心是抵抗依然在北方侵扰的北元遗兵。

马和出生时，元朝已经灭亡，明朝开国皇帝朱元璋在南京登上皇位刚刚四年。元顺帝仓皇北逃，退居漠北，仍沿用大元国号，与新建立的明政权相对峙，史称"北元"。元顺帝去世后，其子爱猷识理达腊继位，改元宣光，史称"元昭宗"。

由于云南地处西南，地势险僻，所以未被战火波及。主政云南的梁王把匝剌瓦尔密是元世祖忽必烈的后裔，对元朝一向忠诚，即使元帝退居漠北，仍年年遣使前去觐见。当时，明朝的作战重心主要在北方，因此明太祖先后派人奔赴云南，劝说梁王投降。

明太祖起先派往云南招抚的使臣是翰林院待制王祎，这是一位同明朝开国功臣宋濂齐名的浙东大儒。洪武五年（1372），王祎奉旨前往云南，对梁王晓以利害，他说："皇上派我前来，是不想让云南百姓遭遇战火荼毒，否则，以皇上对云南势在必得之心，随便派哪个将军过来，你们面临的也必定是个兔死狗烹的败局。"一席话说得梁王君臣颇有降意，但梁王对元朝的皇帝一向忠诚，即使在元君败走塞外之后，也年年派使节前往觐见，因而在向大明投诚一事上极为犹豫。洪武六年，新嗣位的元帝爱猷识理达腊派遣使节脱脱到云南征粮，脱脱察觉了梁王有投降明朝之意，就讽刺他说："国家生死存亡之际，你不能出兵相救，反而要攀附他人吗？"梁王毕竟世沐元朝皇恩，为表心迹，居然杀了明朝使者王祎。

第一次招抚未果，明太祖并未灰心，又于洪武七八年间先后派遣了元威顺王子伯伯和湖广行省参政吴云出使云南。伯伯的劝说显然无效，吴云的命运则更为悲惨。当时，徐达在北方截获了梁王派往塞外觐见元君的使臣铁知院，明太祖为了表示自己招抚的诚意，就让铁知院等人同吴云一起返回云南。铁知院心知自己朝觐不成，反被俘虏，回到云南必定会被梁王惩处，就想逼迫吴云假扮元朝回使以掩人耳目。吴云不从，铁知院等人就将其谋杀了。

至此，明太祖这才意识到云南终究是不会归降的了，于是下定了起兵征伐的决心。

洪武十四年（1381），明太祖命颍川侯傅友德为征南将军，永昌侯蓝玉、西平侯沐英为副将军，率领30万大军征讨云南。十二月，明军攻克普定，下曲靖，兵锋直逼云南府昆明。梁王抵挡不住，败退城内，傅友德指挥大军猛攻昆明。梁王被迫弃城，败走普宁，明军在后面紧追不舍。梁王见大势已去，就烧了龙袍，逼迫妻子、儿女投了滇池，自己也同左右丞相寻了一草庐，悬梁自尽。第二年正月，云南三路七州六县的元朝官员前往附近明军大营投降，这其中也包括马诞生地昆阳州的官员。

马和本出身云南世家，家里世代信仰伊斯兰教。幼年时，在父母的关怀下，马三宝开始学习伊斯兰教教义和教规，并到清真寺做礼拜，他的启蒙教育是从小熟读《古兰经》开始的，他天性聪慧，过目不忘，很快就会讲阿拉伯语，也能看懂一些阿拉伯文经书了。由于父、祖都曾到天方国参加朝觐，熟悉远方异域及海外诸国的情况，从他们的言谈中，马和第一次感触到外面的世界，充满了强烈的好奇心。然而，平静的生活很快被战争打破，生活从此完全改变，但不知他的朝觐之梦是否也被搁浅。

昆阳州距昆明一百二十余里，是云南的军事重镇。据文献记载，昆阳州是向蓝玉和沐英的大军投降之地，而沐英后来又奉朝廷的命令留守云南，因此马和家应该是向蓝玉大军投降的。由于马家是元朝贵族，米里金又是元朝的滇阳侯，在云南有很大的影响力，因此马家遭受的打击最为沉重，府邸被明军侵占，财产被洗劫一空，马氏族人也被全部拘禁。

这天，马和同哥哥一起赶着羊群去村外的山坡放羊。突然，一队明军骑兵飞驰而来，羊群受到惊吓，到处乱跑，有的朝山上狂奔，有的往村子里跑去。兄弟俩见状惊恐万状，分头去追赶失散的羊群。哥哥朝山上跑去，马和紧跟着一群逃散的羊朝村子的方向跑过去，兄弟俩跑散了。不料，那些明军骑兵掉转马头，紧紧追赶着马和。

傍晚，在山上躲藏的哥哥赶着剩下的羊只回到村里，却发现马和根本没有回家。父母亲闻讯后大惊失色，连忙四处寻找，连村里的乡亲也出动了，可是找了整整一夜，却不见马和的影子，一家人抱头痛哭。

马和到哪里去了呢？原来，马和被明军抓走了。当时明朝的军队到处掳掠幼童，作为战利品献给大官们，充当家奴。他们见马和长得眉清目秀，就把他掳掠走了。

马和就像被恶狼叼走的小羊羔，心里惊恐万分，他又哭又喊，拼命挣扎，可是手脚都被绳索捆住，根本动弹不得。

当掳掠马和的明军回到营地，把他像个囚犯一样关进了牢房，他这才发现牢房里还有好些和他一样的孩子。一问才知道，他们也是被明军抓来的，马和顿时号啕大哭起来。

名垂青史

郑和

马和在牢房里被关了好几天，明军突然打开牢门，将马和及其他抓来的孩子押上一辆马车。这时押送的士兵们对他们的态度也变得和蔼了，不仅给他们送来很好的食物，还跟孩子们开开玩笑，对他们说："喂，你们不要哭了，马上送你们到很远的地方去。从今以后，你们一个个都会享福了！"有的孩子问去什么地方，士兵们却笑而不答。

马车在士兵们的押送下出发了，马和发现，长长的队伍是往北方走去的。他看见滇池的湖水和周围的山林渐渐在视线中消失，故乡的土地越来越远。他不知道士兵们要把他带到什么地方，更不知道等待他的会是怎样的命运。

他没有料到，这一去竟是他和父母亲的生离死别。

马和失踪后，父亲到处打听，四处寻找儿子的下落，可是日子一天天过去，马和音信全无，生死未卜。

年仅10岁的马和被掳至蓝玉军中，施以宫刑，成为小宦童。所谓的"宫刑"，就是摘除睾丸，破坏身体的生殖机能，这种残酷的肉刑又称"阉割"，受刑后要在既不见光、又不透风的密室中躺卧100天，伤口才能愈合。在中国封建社会，男子一旦进入宫廷当内侍，准备当一名太监，必须要走这一步。一旦遭受"阉割"，不但使人在生理上遭到严重摧残，而且在精神上和心理上都会受到极大的伤害。当时遭阉割在宫中当内侍的还有其他一些少年，他们与马和一样，在还不谙世事之时，就过早地经受了人生的苦难。但对马和这样一个天资聪颖的少年来说，这种苦难只能促成他的早熟，去认真思考自己今后的前途和命运。

马哈只深深地思念心爱的幼子，他连日奔波，忧伤过度，竟然一病不起。再加上家中灾祸连连，族人相继离散，沦为明朝新贵的奴仆，马和的几个姐妹不是夭折，就是下落不明。受此打击，马和的父亲在惊惧交加中死去。这个身强力壮的汉子，当年跋山涉水，历尽了千辛万苦，到遥远的圣城麦加朝觐，他的身体都能吃得消。但是失去爱子的沉重打击却把他击垮了，他去世时年仅39岁。米里金死后，由长子马文铭将他草草安葬。据后人考证，米里金可能就埋葬在昆阳州宝山乡和代村，今郑和公园所在地。若干年后，郑和曾回乡祭祖，并请礼部尚书李志刚为其父撰写墓志铭。

洪武十七年（1384），征南大军班师回朝，年仅13岁的马和也随军离开家乡。经过长途跋涉，这年三月，马和来到明朝的都城南京。当时，南京城内繁花似锦，宫殿巍峨壮观，马和来不及观赏，就被分拨停当。据考证，大约一年半后，马和又随傅友德、蓝玉的大军前往北平练兵。所以，在南京的这段时间，马和极有可能未到宫中服役，而是滞留在军中。

名垂青史

郑和

第 二 章

燕王府邸任亲随，
南征北战立奇功

　　身遭宫刑后的小马和，渐渐在军营中成长，后来才到燕王府中当差。马和在参加为期两年的北伐战役中，随军作战，得到了至关重要的锻炼，为他后来下西洋过程中表现出来的政治手腕和军事才能奠定了很好的基础。马和20岁左右就已经在北征军中初露锋芒了。后来，被燕王朱棣看中，并成了他的亲随。马和参加靖难之役后，立下了奇功。朱棣称帝后，为了表彰马和的赫赫战功，赐姓"郑"。自此，"马和"变成了"郑和"。

北伐历练，受益匪浅

南京，即现在江苏省的省会，被称为六朝古都，自古繁华。马和来到南京时正是阳春三月，虽然新建立的明王朝刚刚新建了巍峨的宫殿，但明太祖重本抑末的国策也还没有给这个城市展露秦淮风月的机会，可是我们相信，仅是那道已修了18年、高数丈、绵延30多公里的城墙，就足以给年少的马和强烈的震撼了。

然而，马和还没有来得及适应和了解这座城市，一年半后，他就又跟随傅友德、蓝玉的大军奔赴北平练兵了。此后的一年中，傅友德再次前往云南、贵州平定蛮族之乱，马和是否随行已不可知，但他肯定参与了洪武二十年的那场由众多名将参与、过程颇具戏剧性的北伐战役。这场战役，由宋国公冯胜任大将军，傅友德和蓝玉分任左、右副将军，征讨的对象是纳哈出。

纳哈出是元朝开国名将木华黎的后人，在太平路被明太祖俘获，他决意不降。太祖念他是名臣之后，就放他回到了北方。北归后，他被北元顺帝封为丞相兼太尉，执掌兵权。洪武四年（1371）开始，纳哈出就在水草丰美的辽阳金山屯兵，并凭借这个据点屡次进犯辽东。

洪武二十年正月，明朝大军以20万之众挥师北伐，意在招降纳哈出，并乘势追击元主，将北元政权一网打尽。果然，北伐军驻扎大宁不久，纳哈出见形势于己不利，就决定归降了。

蓝玉在自己的营帐设酒宴欢迎前来归降的纳哈出，因为二人都喜欢饮酒，所以起初相谈甚欢。但席间，纳哈出向蓝玉敬酒，蓝玉坚持

名垂青史

郑和

要他穿上自己的汉服才肯喝那杯酒，纳哈出又坚决不从，场面顿时变得尴尬。

纳哈出也是个性情中人，见形势如此，便用胡语与手下商议脱逃之计。不料，在现场的蓝玉的手下常茂懂得胡语，把这些话听得一清二楚。常茂是明朝开国名将常遇春的儿子，更是个急性子，上前就同纳哈出搏斗了起来，并砍伤了纳哈出的手臂。

一场皆大欢喜的和平归降，由此横生枝节，纳哈出的部从纷纷溃散，直到八月份才全部招安。因这次意外事件，主将冯胜被撤职，由蓝玉接任。

蓝玉按最初的计划，在这年的九月率军进入沙漠，追讨北元的残余势力。次年四月，在捕鱼儿海（今贝加尔湖）附近，蓝玉大军撵上了准备北逃的北元朝廷。北元仓促应战之下，只有元主脱古思帖木儿率领数十人逃脱。蓝玉此战，俘获北元上万人，仅皇室和官员就有3000多人，其中包括元主的儿子地保奴。并缴获大量宝玺、符救、金牌、金银印章及牲畜，销毁军械不计其数，北元主力被彻底击溃。明太祖大喜，诏令嘉奖，封蓝玉为凉国公。

元朝的皇裔日渐衰微，洪武二十二年七月，脱古思帖木儿被其属下也速迭尔所杀。此后，皇位传至坤帖木儿，又被鬼力赤篡夺，北元就此消亡，去国号，称鞑靼。

然而，蓝玉居功自傲，日益骄横跋扈，北征时私占大量珍宝、驼马。班师时，夜经喜峰关，因守关将吏未及时开门，蓝玉竟纵兵毁关而入。明太祖深为不满，多次降旨训责。蓝玉仍不收敛，继续侵占民田，鞭打官吏，又暗中蓄养庄奴、假子（养子）数千人，引起明太祖的猜忌。

不久，蓝玉被朝廷降职，所部军马也被陆续调离。大约此时，马和被调入傅友德军中，随他平定南方叛乱。也有人说，在北伐之前，马和就已经转入傅友德军中。总之，在洪武二十三年正月，马和又随傅友德前往北平练兵。

数年间，马和随军南征北战，作战英勇顽强，阅历不断丰富，视野更为开阔。虽然职位不高，马和却有幸领略了诸多名将的风采，获益良多。傅友德、蓝玉、冯胜等人高超的军事指挥艺术，沉着镇定的大将风度，及其战前备战的组织，如衣食、军械、行军路线、作战方略、应对突变情况等，都给他留下了深刻的印象。此外，马和还逐渐领悟到战争和政治的关系。无论是武力征讨，还是和平招抚，都离不开其政治目的，所不同者，只是手段而已。而战争，不一定就是刀光剑影，有时也会是觥筹交错；有时需要刻意拉拢，广施厚德；有时又需恩威并用，软硬兼施。

这次历练，对马和此后的发展至关重要，也是受益匪浅的。我们从他后来下西洋过程中表现出来的政治手腕和军事才能，都可以追寻到这次北伐历练的影子。

初露锋芒，燕王器重

明朝建立初年，首都定在南京。洪武元年（1368），明朝军队攻陷大都（今天的北京），元顺帝北逃。元朝灭亡以后，元大都这座世界上最雄伟的城市，经过多年战争，已经破败不堪，人烟稀少，失去当年的繁荣了。连金碧辉煌的元朝皇宫，也被拆的拆，毁的毁，不复当年模样，只有今日城中北海（当年称太液池）西岸的一片宫殿保存较好，北边的是兴圣宫，南边的是隆福宫。

明朝把元顺帝赶走后，就把元大都更名为北平府，隆福宫就是权倾一方、握有重兵的燕王朱棣的府邸。

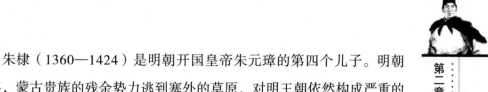

朱棣（1360—1424）是明朝开国皇帝朱元璋的第四个儿子。明朝初年，蒙古贵族的残余势力逃到塞外的草原，对明王朝依然构成严重的军事威胁，所以，在洪武三年，明太祖朱元璋封朱棣为燕王，派他镇守北平，统率几十万大军，对元朝残余势力进行讨伐。朱棣不仅军事上智勇双全，在政治上也颇有心计和谋略。朱棣在诸兄弟当中，是一位出类拔萃的人物。太子朱标虽有长兄之风，但书生气太重，处事柔弱。秦王朱樉身为诸藩之长，却寡德失行，朱元璋对他几乎是不抱任何希望。晋王朱棡虽然英武聪敏，颇多智数，深得朱元璋钟爱，但他生性骄狂，肆无忌惮，难成大业。除去这三位兄长之外，其余诸王，都是燕王的弟侄之辈，就藩较晚，势力一般也较弱，皆屈居于朱棣之下。朱棣在掌握了北方的军权之后，成为诸藩中实力最强的藩王，但他并不满足于这种状况，而是时刻都在觊觎着皇位。当然，怀有这野心的并不只有朱棣一人，秦王、晋王，甚至那些实力较弱的藩王，几乎都在梦想着取代太子。朱棣自镇守北平以来，处心积虑地扩充势力、广罗人才，常领兵出征塞外，在北平一带建立了自己牢固的地盘。

隆福宫的燕王府俨然是一座最高统帅部，官员将领进进出出，骑着快马的传令士兵行色匆匆，呈现出异常忙碌的紧张气氛。

就在燕王府的深宫内院里，有一位二十来岁的青年人正在忙碌着，他出入于燕王的左右，传达燕王的指示，引见前来商讨军政大事的文武官员。他虽然没有多大的官职，对人谦恭有礼、寡言少语，但不论是前来觐见燕王的官员，或者是身经百战的将领，对他都很尊敬，这不仅因为他是深受燕王朱棣信任的人，而且他们还知道，此人年纪虽然很轻，却跟随燕王南征北战多年，出生入死，并非等闲之辈。

这位身材魁梧、仪表堂堂的年轻人，就是马和。马和怎么会在燕王府当差，受到燕王朱棣的赏识呢？说来话长。

十年前，小小年纪的马和被明军掳掠后，便离开家乡，离开了父母和哥哥、妹妹。明军领着他们翻山越岭，渡过大江大河，在路上走了好几个月，终于来到了北平府。

马和与很多一同被掳掠的孩子很快分开了。他们像礼物一样，分别被送到不同的地方去当仆人，这是这些孩子的命运，所不同的是，马和同其中几个孩子进了门禁森严的燕王府。起初他也不过是个毫无地位的仆人，每天干些打扫院子、端茶送水的粗活儿，从早忙到晚，稍有疏忽，轻则挨骂，重则挨打，小小年纪的马和受尽了人间的苦难。

从云南被掳掠到燕王府不久，小小年纪的马和被迫阉割，成了一个阉人，这是他一生中最大的痛苦和屈辱，也是难以愈合的精神创伤。他曾经痛不欲生，几次想自杀，了此一生。在好心的朋友的劝说下，马和才打消了自杀的念头，他不得不面对现实，忍辱负重地活了下来。

时间一年又一年过去，马和长大成人。马和由于年幼失学，没有机会读书，来到燕王府以后，每天干完活儿，他就刻苦自学，不懂的地方就虚心向人请教。燕王又选派学识渊博的官员进府内教授侍从们，马和天资聪颖，勤奋好学，进步很快。燕王府里库藏图书很多，一有空，马和就去看书。久而久之，他不仅博览群书，连许多往来公文也看得懂了。

不仅如此，马和少有大志，聪明过人，燕王府里藏龙卧虎，有很多能人。马和就拜能人为师，虚心求教。别看他小小年纪，却练得一身好武艺，马也骑得好。那些过去欺侮他的人，如今对他也刮目相看了。他还熟读兵书，知兵习战，很得朱棣的赏识。

机遇总是寻找有准备的人。有一次，燕王要把一封非常机密的信送到军中，但是元朝的残余势力十分猖獗，防守得很紧，弄得不好，很容易被人截获。正在一筹莫展之时，有人提议派个机警过人的孩子，化装成老百姓，混在人群中前去，于是这个特殊的任务落在了马和身上。

马和果然不负众望，他机智地绕过敌人的封锁，将燕王的重要信件安全地送到军中，不仅如此，他还装扮成一个流浪儿，沿途讨饭，摸清了元军残部的许多鲜为人知的情况，为燕王的对敌决策提供了很有价值的军事情报。

这样一来，燕王对马和另眼相看了，他立刻将马和调到身边，从此，马和成为深得燕王朱棣赏识的亲随。

靖难之役，立下奇功

洪武二十五年（1392），皇太子朱标突然去世，享年37岁。这对明太祖朱元璋是一个很大的打击。为了避免皇子之间为争夺皇位发生骨肉相残的悲剧，朱元璋没有在众多皇子中另立皇位继承人，而是直接将朱标的儿子朱允炆立为皇太孙。这就意味着向天下正式宣告，将来他死之后，他的长孙朱允炆将是合法的皇位继承人。朱元璋此举可谓用心良苦，但他万万没有料到，这一举措反而害了他宠爱的长孙朱允炆，也为明朝的历史留下了重大的隐患。

早在洪武二十三年，明太祖朱元璋考虑到蒙古贵族的残余势力仍然威胁着北方的安宁，下令燕王朱棣和晋王朱棡率大军北伐，一举解除边患。燕王朱棣亲自率军，出古北口，在明军沉重的打击下，元军残部纷纷投降。捷报传到京师（现南京），明太祖朱元璋龙颜大悦，说："肃清沙漠，燕王功也。"在这次大规模的军事行动中，不仅彻底摧毁了元朝最后的残部，而且明军的大批精锐部队直接由燕王亲自指挥，这就大大扩充了燕王的军事实力。

马和自始至终参与了这次军事行动，战争的实战舞台不同于纸上谈兵，他从中学会了许多兵书上没有记载的东西，也积累了丰富的军事知识和宝贵的作战指挥经验，提高了组织能力和指挥才能。

但是，不论是对于朱棣还是对于马和，历史的机遇出现在八年之后，这是改变中国历史的一次机遇，也是改变马和一生命运的机遇——在历史的长河中这样的机遇是不多的。

洪武三十一年（1398），71岁的明太祖朱元璋在南京去世，继位的朱允炆这时刚刚21岁，历史上称为明惠帝，改元建文，又称建文帝。

这位年轻的皇帝从祖父手里接过权力登上皇帝的宝座后，分封在全国各地拥兵自重的亲王——他的叔叔们，对他来说是很大的威胁。原来，明朝建立以后，明太祖朱元璋不放心把军队指挥大权放在将军们手里，怕他们叛变篡权，于是采取了分封政策，将他的儿子们封到各地为王，每个王府都配有军队。亲王除了指挥自己的军队之外，接到皇帝的命令后，还可以指挥当地的驻军。在有军事行动时，地方军队都要接受当地亲王的指挥。其中，燕王朱棣手中掌握大量军队，称雄北方，更是不可一世。

建文帝即位后，听从大臣们的建议，决定削藩，就是削减各地亲王的势力，剥夺他们手里掌握的兵权，巩固皇帝的最高权力，防止他们犯上作乱。建文帝打击地方势力的举措引起各地亲王的强烈不满，于是燕王朱棣乘机起兵，他找了一个堂而皇之的借口，叫作"清君侧"，意思是皇帝身边出了坏人，要清除这帮给皇帝出坏主意的坏人，于是发起了夺取皇位的战争，历史上叫"靖难之役"。"靖"即平息，清除，"靖难"意指平定祸乱，扫除奸佞之臣。

这场战争和以往的战争有所不同，既不是明朝军队讨伐蒙古人的军队，也不是明朝军队镇压农民起义军，而是统治集团的内部战争。战争的一方是至高无上的新皇帝，另一方是称雄一方的皇叔。这场为时四年的"靖难之役"，将马和推向了施展才能的舞台。

马和作为燕王朱棣的亲信，在靖难之役中，参加了大大小小无数次战斗，出入战阵，出谋划策，累立奇功，表现非常突出。更加重要的

郑和公园

是，在这场前景不明的靖难之役中，马和始终坚定地站在燕王一边，忠心耿耿，矢志不渝，他对燕王的忠诚是朱棣最为赏识的。

建文三年（1401），燕军虽屡战屡胜，但南军兵多势盛，燕军所克城邑旋即得而复失，不能巩固。正在这时，燕王得知南京城防空虚，宜江、镇江守将投降，燕王率军直奔南京。十三日，进抵南京金川门，守将李景隆开门迎降，燕王进入京城，靖难之役以燕王胜利而告终。

建文四年，燕王朱棣的军队在里应外合的配合下，攻陷了首都南京。这时皇宫里燃起了熊熊大火，士兵们一边灭火，一边在瓦砾中寻找建文帝的下落。在兵荒马乱之中，建文帝不知所踪，士兵们仅仅找到了皇后的尸体，却不见建文帝的踪影。有人说，建文帝是化装后从地道中逃走的，从此，生死不明的建文帝的下落，便成了朱棣的一块心病，也是明朝历史上的一桩疑案。

朱棣从侄儿手中夺取了皇位，实现了他多年梦寐以求的夙愿。1403年，朱棣正式登基，是为明成祖，改元永乐，又称永乐帝。

在当了皇帝之后，明成祖奖励了大批有功之臣，因为马和跟随左右，出生入死，立下了累累功劳，所以他提升马和担任了最受宠信的内廷官员——内官监太监，并亲自御笔题字，赐他姓郑。明成祖为何要为马和改姓，一种说法是由于朱棣当了皇帝，作为皇帝身边的亲信，马和姓马，因为民间有"马不上殿"的说法，所以赐他姓郑。这种说法是否可信，不得而知。不过古代帝王历来盛行赐姓之风，以示恩宠。郑和本名又叫三保，人们便又称他"三保太监"或"三宝太监"。

历史改变了郑和的命运。据说，建文帝秉承乃祖训诫，对宦官极为严苛，动辄加以惩戒，导致这些宦官在战争中主动为燕王做内应。而燕王信任宦官，使郑和这样的侍从忠心耿耿，帮助燕王取得了靖难之役的胜利。从此以后，郑和成为明成祖的亲信。郑和从一个默默无闻的奴仆，成为一位有勇有谋的将帅之才。历史将为他提供施展才华的大舞台，让他去完成一番惊天动地的宏伟大业。当然，时年33岁的郑和自己对此却一无所知，他或许还在为新皇帝的登基大典忙碌着，又或许正在以胜利者的姿态俯瞰这座阔别了18年的京城。

名垂青史

第 三 章

奉旨远航树国威，
首下西洋平安归

由于明成祖朱棣是从建文帝朱允炆手中夺取的政权，并不是太祖指定的皇位继承人，他的继位缺乏正统性和合法性，遭到了很多人的非议甚至反对。明成祖朱棣为了让国人包括外国承认自己皇位的合法性，不仅大肆屠杀反对他的臣子，修改历史，还不断地派遣大批使臣出使西域和海外，对外宣布自己成为大明新一任皇帝的消息。于是，明成祖便以宣扬国威的名义，派遣郑和等宦官下西洋。郑和果然不辱使命，第一次下西洋就胜利而归。

成祖改弦，树立威信

朱棣登上了皇帝宝座，所继承的大明王朝是当时世界上最强大的帝国，无论是政治经济实力还是军事技术等方面，没有哪个国家可以与之争雄。明朝开国以来半个世纪，社会经济迅速恢复发展，由于兴修水利，开垦荒地，减轻赋税，农业生产提高得十分迅速。开矿、冶炼、纺织、陶瓷、造纸、印刷、造船等手工业也发展很快，工商业日益繁荣，国势日益强盛。

但是，明成祖朱棣毕竟不是太祖指定的皇位继承人，他的继位缺乏正统性和合法性，因而遭到了很多人的非议甚至反对。为了消弭危险，必须使别人承认自己皇位的合法性，于是，他对内屠杀反对他的臣子，修改实录史书，对外派遣大批使臣出使西域和海外，向其他国家郑重宣布自己成为大明新一任皇帝的消息。这些使臣中就有好几名宦官，如郑和、侯显、马彬和尹庆。

其实，这时还有两项亟待解决的历史遗留问题摆在明成祖面前。

一是北方大漠草原的元朝残余势力仍然威胁明王朝的安宁，蒙古部落在北方边境虎视眈眈。为了一劳永逸地解除边患，明成祖首先是果断地将首都从南京迁往北平（今北京），将全国的政治中心北移。这样做的目的是为了便于对付北方的元朝残余势力，以北京为基地，向塞外发动征讨元朝残部的战争。

为此，对北平城进行一系列改建工程开始了。明成祖下令营建规模宏伟的皇宫，加固北平的城墙。由于连年战争，当时北平城内人烟稀少，城郊的农村田园荒芜，不得不从江南以及山西等人口稠密的地区大举移民，并从外地迁移大批无地或少地的农民充实郊区农村，耕种田地，发展经济。

北平城的重建工程是从永乐四年（1406）开始的，到永乐十八年（1420）才基本上竣工，前后延续了15年之久。当时有23万工匠、上百万民夫和大量士兵投入城墙和宫殿的建造工程，全国各地担负繁重劳役的劳动人民更是不计其数。

另一件令明成祖极为关心的事情，是与海外许多国家建立睦邻友好关系，扩大明王朝对外的政治影响。新皇帝登基后，与各国加强联系，赢得外交上的胜利，是关系政权巩固的大事。为此，必须改变明太祖朱元璋制定的"海禁"政策，迅速改善明朝的国际形象，开展积极的外交活动。

这里，有必要简略地回顾一下我国历史上与海外诸国的友好关系。

我国的海岸线漫长，拥有辽阔的海疆，我国很早以来就和临海各国有着密切的友好往来。

在我国古代，人们以南洋群岛的婆罗洲为分界线，习惯地把东海、太平洋和婆罗洲以东的南洋群岛统称为东洋，把南中国海、印度洋和婆罗洲以西的南洋群岛称为西洋。

据历史记载，早在汉代，我国的商人就已从北部湾经今天的越南、缅甸到达印度东南沿海和斯里兰卡，从事商业贸易。三国时期，吴国的孙权，派遣朱应、康泰到了林邑（古国名，又叫占城，位于今越南中南部）和扶南（位于今柬埔寨）。唐宋时代，我国海上贸易进一步发展，和南洋各国之间的友好往来、商业贸易和文化交流，世代相传，不断发展。统治元朝的蒙古族虽然是草原游牧民族，也积极发展航海贸易，不断派使臣出访海外诸国，沿海的广州、泉州、福州、温州、明州（今宁波）、杭州、华亭（今上海的松江）、密州（今胶州湾北岸）等地发展成重要的通商口岸，外国商人云集，对外贸易十分兴旺。

历代航海事业的发展，积累了相当成熟的造船技术和丰富的航海经验，这些都为明朝的航海事业打下了牢固的基础。

明朝建立伊始，也十分注重发展与外国的关系。明太祖朱元璋不仅派出使臣前往海外诸国，建立友好关系，还分别在宁波、广州、泉州设立了"市舶提举司"，专门负责"海外诸藩朝贡市易之事"，接待外国政府派来朝贡的使臣，以及与外国商人开展通商贸易等事宜。为了扩大海外贸易，发展航海事业，在当时的首都南京设"提督四夷馆"，用今天的话说，就是外语学院，培养通晓各国语言的翻译人才。

当时，在南京的朝阳门外，巍巍钟山的山麓，是一片郁郁葱葱的林木，这是明太祖下令植树造林的成果。这片人工林规模很大，其中又分桐园、漆园、棕园，全都种植桐树、漆树、棕树等经济林木，目的是取得造船必需的桐油、油漆和制造缆绳的棕，这是很有战略眼光的措施。

但是到了洪武七年，情况发生了变化。由于日本倭寇屡屡进犯我国东南沿海，为了抵御倭寇来犯，防止沿海"奸民"与倭寇勾结，明太祖下令撤销了三地"市舶提举司"，严禁老百姓出洋贸易，甚至禁止民间使用"番香""番货"，即民间不许使用外国商品。明太祖实施的"片板不准下海"的"海禁"政策，关住了帝国的大门，使得与中国往来的国家所剩无几了。

为了改变现状，明成祖登上皇帝宝座后，立即下令恢复宁波、广州、泉州三地的"市舶提举司"，鼓励外国商人前来中国做生意，又多次派出使臣从陆路和海上前往各国，开展睦邻邦交，海外一些国家也纷纷派遣使节来华，中断多年的中外交往和海外贸易又逐渐恢复，出现了前所未有的盛况。

但是明成祖并不以此满足，他有一个雄心勃勃的计划，就是派出一支庞大的船队出使西洋各国，"抚绥四方，德化四夷"，去联络更多遥

名垂青史

郑和

远的国家，扩大明王朝的影响，成就一番旷古绝今的伟业。这既是政治上的需要，还有经济上的要求，派遣帝国船队出海，通过贸易采购各地的奇珍异宝，不仅可以增加朝廷的收入，还可以用正规的官商贸易取代私商贸易，可谓一举两得。加上当时的国力雄厚，航海和造船技术已具备远洋航行的水平，这一切都是完全可以实现的。

当然，促使明成祖做出这一重大决定的还有一个十分重要的原因，即是寻找建文帝的下落。朱棣发动"靖难之役"，攻陷南京，士兵们在焚毁的皇宫瓦砾中没有发现建文帝的尸体，建文帝究竟是死是活一直是个谜团。建文帝生不见人，死不见尸，这对于明成祖始终是个难以启齿的心病。

这时候社会上谣言纷纭，真假难辨。有的传闻说，建文帝已从宫中地下水道潜行逃出京师；又有传说，云南楚雄州武定县郊狮子山的寺庙里，有一位来历不明的高僧，可能就是建文帝；甚至还有传闻说，海外发现了建文帝的踪迹，猜测建文帝可能已逃往海外……可以肯定，通过各种渠道，明成祖对这些传闻也有所耳闻，于是，他下定决心弄个水落石出，以解除心腹之患。因此，派遣一支帝国船队远涉重洋，修复与各国的睦邻邦交，促进中外贸易和文化交流，这固然是重要的政治外交活动，但是附带寻访建文帝的下落，很有可能是一项极其机密的使命。

在明王朝的西南边境，安南国（后世称交州，今越南河内一带为中心的越南北部）新王朝的第二任国王胡奎野心勃勃，他不仅企图吞并南方的占城（今越南南部沿海地区），还屡次侵犯中国的云南、贵州地区。

洪武年间，安南也有进犯中国的历史，但在明太祖的训诫之下，当时执掌安南的陈氏家族并不敢挑起大的争端。

这位新国王胡奎却不同，他倚仗着强大的兵力，表面上接受了明成祖对他的训斥，但进犯占城和云南、贵州的步伐却并未停止。

在旧港（今印度尼西亚苏门答腊岛巨港），广东海盗陈祖义占据着这个东南亚的重要海港，抢劫来往的船只，威胁海上安全。

在爪哇（今印度尼西亚爪哇岛），自从元朝兴兵讨伐爪哇后，两国之间的关系一向僵持着，明朝建立以后，虽然互有来往，但双方关系也并不和睦。

明成祖渴望成为贤明君主的主观需求，加上改善外交关系，发展对外关系的客观需要，使下西洋势在必行。

海上探险，领命筹备

永乐二年（1404）正月初一，郑和被任命为内官监太监。在明朝宦官任职的十二监中，内官监负责建造宫殿、陵墓，并管理皇室的婚嫁用品，地位仅次于司礼监。大约同时，郑和由明成祖赐郑姓，这是皇帝对臣子表示恩宠的一种方式，他从此由马和更名为郑和。

其实，明成祖在决定由谁来统帅这支船队时，是颇费思量的。因为这支船队实际上是一支规模宏大的海军，肩负着极其重大的使命，必须选派既懂军事指挥和航海技术，又有外交才能、能吃苦耐劳的将领。尤其是寻找建文帝下落这个极其机密的政治使命，必须找一个合适的人选，此人必须是明成祖的心腹，对皇帝忠心耿耿，值得信赖。什么人具备这样的条件呢？明成祖思考再三，最终选中了一直待在他身边的郑和。

于是有一天，明成祖单独召见了郑和，和他进行了长时间谈话。这次君臣之间的谈话内容十分机密，但有一点是可以肯定的，这便是明成祖向郑和交代了下西洋的具体任务，赋予他皇帝的钦差的身份，统率这

名
垂
青
史

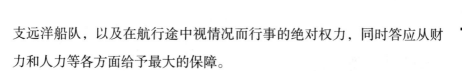

支远洋船队，以及在航行途中视情况而行事的绝对权力，同时答应从财力和人力等各方面给予最大的保障。

明成祖说罢，郑和半天没有开口。"怎么不说话，你不愿意？"明成祖问道。

郑和这才说："奴才多谢圣上恩典，深感责任重大，只是我从未出过海，对航海一无所知，担心担不起如此重任……"

明成祖听罢笑了起来："朕就喜欢你说老实话，你的这个担心是合情合理的，朕不怪罪你，还要赏你。从今以后，你要从头学起，熟悉西洋航海图册、岛夷图志，这些内府都有收藏，你尽可调出细细研读。不过光读书还不行，你要亲自出海，在风浪里打几个滚，喝几口海水，朕才放心把几万兵马托付给你……"

果然，明成祖为了让郑和尽快地熟悉航海，掌握航海技术，完成下西洋的重大使命，在这次谈话后不久，于永乐元年派郑和率领几百人的使团前往暹罗（今泰国）。这次航行使郑和第一次领教了海洋的风涛险恶，船队在广州大星洋遭遇到暴风，险些沉没，所幸暴风为时不久，很快风平浪静，转危为安。

永乐二年，明成祖又派郑和前往日本。这次日本之行是与讨伐屡屡进犯我国沿海的日本倭寇的军事行动有关，据史料记载，郑和一行到日本后，除了进一步密切两国的睦邻友好的关系，中心议题是商讨共同剿灭倭寇的事宜。后来，日本王不得不出动军队清剿倭寇，并将捕获的部分匪徒交给中国处置。

在两年的时间内，郑和从航海实践中学到的东西比书本上得到的要多得多。他对海洋不再感到畏惧了，对东洋、西洋的海况不再完全陌生，关于沿途的岛屿、海岸的山脉、海流的规律、风向的季节变化，他都积累了不少第一手资料。尤其是历代流传下来的航海针路簿、各种海图和牵星过洋的图样，他广为搜集，仔细印证，还做了不少修正和补充。在茫茫大海上航行，白天黑夜怎样观测太阳和月亮的升降，来辨别东西南北的方向；在漆黑的夜晚航行，怎样观察罗盘指针的变化，根据针位来指引正确的航向；怎样测量夜空中星座的位置，来测定船只航行到了什么地点。这些当时的天文航海技术，郑和虚心地向有经验的船长学习，一次次地实地操作，也渐渐地精通了。

当郑和掌握了航海技术，大海变得更加可爱，充满无穷的魅力了。不过，这仅仅是一个良好的开端，郑和知道他肩上担子的分量，他将要率领一支规模空前的庞大舰队，去迎接大海的挑战，等待他的将是严峻的考验。

郑和像一只初生的海鸥，经历了大海的洗礼，如今已经成长起来，他将展翅高飞，迎接大风大浪的洗礼。

郑和第一次下西洋是1405年，最后的一次航行是1433年结束的，前后一共持续了28年。

从明成祖单独召见郑和这天开始，中国历史上最伟大的一次航海活动，就紧锣密鼓地进入了筹备阶段。

1405年，明成祖正式任命郑和为正使太监，担负起率领船队出使西洋的重大使命。这时候的郑和，人们赞扬他"才负经纬，文通孔孟"，已经历练成为堪当大任的干才了。

也许明成祖在设想下西洋的计划时，就已经让郑和参与其中了，因为郑和在永乐元年出使暹罗途中，就按照明成祖的要求，带领着船队仔细勘察了沿途的海岛、山岳和洋流情况，并根据勘察结果反复校正以前的航海图。可想而知，当时其他的出使队伍肯定也肩负着同样的使命。

在任命郑和之前，明成祖就开始了下西洋的船队的筹备。在下令建造和改造海船的同时，专门在南京的龙江船厂内新设宝船厂。永乐三年，海船建造完毕。据《明史》记载，郑和第一次下西洋时，船队中共有船62艘，船长44丈4尺，宽18丈，是当时世界上大的海船。《明史·兵志》记载，"宝船高大楼，底尖上阔，可容千人。"船身上下4层，上桅杆9根，可挂帆12张，锚重数千斤，要动用2人才能起航，一艘船可容纳千人。当时，人们将这样的大型海船称为"宝船"，所组成的船队称为"宝船队"。也有人说，宝船队的"宝"指每次从西洋回来时满载的各种珍宝。

整个船队主要由三类船舶组成，分别是宝船、战船和补给船。宝船有大型和中型之分，大型即上面所述的船只，由于船体巨大，每次起航时，都要借助风力，用大桨划动，再由许多小船和纤夫牵引。当时，郑和等人坐的就是这种"宝船"，宏伟壮丽，宛如宫殿。船上建筑多达四层，顶层是船队统率者的卧室和客厅，如正使太监郑和、副使太监王景弘、少监等，大都是些宦官。此外，随行官兵的最高首领也在这里起居办公。第二、三层，主要是卫队和侍从，由官校、旗军、勇士、力士组成的使团仪仗队也住在这两层。最下一层，用来放置马匹。由于这样的宝船造价过于昂贵，用材讲究，工艺复杂，故后人推测，当时可能并没有《明史》记载的那么多，而是仅仅几艘，且只供郑和、王景弘等高级官员以及随船队往来的各国使团使用。

中型宝船又称"马船"，船身长37丈，宽15丈，大体上又可分为两类：一类用来承载一般行政人员和技术人员，包括负责文书和碑文事宜的舍人、掌管礼仪事务的鸿胪寺序班、船队粮饷和各国进贡物品的户部吏员、负责翻译和向海外传播中国文化的通事、负责预测气象的阴阳官、负责医药的医官医士等。另一类则用来承载给西洋各国的赏赐物品和船队携带的货物，这些物品包括：朝廷铸造的铜钱、丝绸、布匹、茶叶、瓷器、书籍、铁器及樟脑、麝香等。回程时，运载各国进贡的贡品，船队购买或采集的各国土特产，如香料、燕窝以及中国稀缺的珍贵药物。

船队中数量最多的是战船，船长28丈，大多是在福建船厂建造完工的，故又称"福船"。船上建筑可分为四层，顶层为露台，作战时用来发射弩箭和投射石块，最下层填埋土石，中间两层供官兵饮食起居。船底呈尖形，这样吃水较深，比平底船更利于海中航行。甲板上建有用作防御功能的凹凸形围墙和用于架设火炮的炮床。每艘战船可容纳官兵二三百名，设指挥使一名，千户、百户、总旗、小旗若干。整个船队有战船100多艘，配有官兵2万多名。据《卫所武职选簿》记载，船上军官多选自南京及其附近地区，士兵也大多来自江浙一带。由于明朝推行的是和平招抚策略，船上士兵大多时候不是用来作战，而是充当船只航行的壮丁，故又称"坐船"。

郑和下西洋

为了解决将士们的饮食问题，船队还专门配齐了几十艘补给船。每艘粮船可装粮食一万余石，每艘水船可装饮用水一千余吨，而所载粮食和水，必须满足船队两年的口粮和一年的饮用。为了能吃上新鲜的蔬菜，船上还配备了许多木盆，木盆中种着蔬菜和生姜。此外，船上还养着许多家禽和牛羊。为了减少运载压力，船队还配有渔网和鱼钩，以便从海里抓捕鱼虾。为确保船上物资充足，船队每到一处都会派人上岸，购买新鲜蔬菜、水果、肉类、蛋类和淡水。

由此可见，郑和率领的船队是一支以宝船为主体，以战船、补给船

名垂青史

郑和

为补充的规模庞大的船队，它们功能各异，有的载货，有的运粮，有的用于作战，有的用于居住，分工明细，种类较多。如此大规模的、有组织的船队，在世界航海史上也是非常少见的。

在28年之内，郑和前后七次下西洋，每次均动用船只近200艘，仅船只的建造、维修费用就是一笔天文数字的开支了，当时的朝廷竟然能够承担得起，可见明朝在永乐年间国力确实十分强盛。

奉旨远航，树立国威

永乐三年（1405）六月，郑和和助手福建人王景弘等人，率领27800余人，分乘"清和""惠康""长安""安济""清远"等62艘宝船和140余艘其他船只，浩浩荡荡从南京起航，循着长江，抵达苏州府太仓刘家港，进入大海，途经浙江温州港，到达福建长乐太平港，等待东北季风到来时驶向大洋。

太平港，原来叫马江，因为是郑和下西洋停靠的最后一个国内港口，希望讨个吉祥，才改名为太平港。这里不仅是供郑和船队停泊的港口，也是船队补充给养、修理船只的重要基地。

当时，恰巧有吕宋、浡泥两国前来朝贡的使者尚未回国。明成祖知道后，特命他们搭乘郑和的船队，并由其护送回国。两国使臣感激不尽，而他们也有幸成为宝船队接送的第一批外国使臣。据传，明成祖之所以选定郑和出任正使，是因为受了鸿胪寺序班袁忠彻的举荐。袁忠彻和父亲袁珙都是当时著名的相士，相面识人，技艺高超。从前，明成祖在北平做燕王时，袁珙就预言他在40岁之后会登基称帝，后果然应验。据袁忠彻记载，郑和"身长九尺，腰大十围，四岳峻而鼻小，眉目分明，耳白过面，齿如编贝，行如虎步，声音洪亮"。下西洋前夕，明成祖想选派郑和统兵出航，曾征询袁忠彻的意见，袁忠彻回答说："三宝姿貌、才智，内侍中无与比者，臣察其气色，诚可任。"明成祖大喜，就命郑和出任正使太监，王景弘为副使太监，协助郑和完成此次出使任务。当然，这也与郑和杰出的政治、军事才能，以及回族的特殊身份分不开的。

首先，郑和是"靖难"的功臣，深得明成祖的信任。其次，郑和懂兵法，有谋略，英勇善战，具有军事指挥才能。少年时，郑和就在军中服役，后转入燕王府，成年后又参加了靖难之役，随明成祖出生入死，转战南北，历经数次重大战役，具有实战经验。再者，郑和知识丰富，具有一定的航海、造船知识，并熟悉西洋各国的历史、地理、文化、宗教。此外，郑和还具有卓越的外交才能，下西洋之前，曾出使过暹罗和日本，具有外交经验。而郑和特殊的回族身份，也给他提供了很多便利。他熟悉伊斯兰教地区的习俗，又尊重佛教，而航海所经之处，不是信奉伊斯兰教，就是信奉佛教，共同的宗教信仰，有利于他们相互沟通，赢得当地民众的认可。

到了十一月，东北季风吹起的那一刻，郑和船队从太平港徐徐驶出。经过八九天的航行，船队到达了第一个目的地吕宋（今菲律宾马尼拉一带）。

吕宋国盛产黄金，因此，这里的百姓都很富有，社会也比较安定，很少有人为了蝇头小利发生争执，所以官府很少接到百姓的诉讼文书。这里距离福建漳州很近，两地之间经常有商船来往。这年，吕宋和浡泥（今文莱）都派遣了使者前来中国朝贡，适逢宝船队正要下西洋，这两国的使者就顺便随郑和的船队一起回国了，他们有幸成为宝船队接送的第一批外国使臣。

当庞大的船队来到吕宋的时候，近两百艘大船同时出现在港口的情

名垂青史

郑和

形，大概会令每一个目睹这一幕的吕宋人终生难忘。在庄严威武的仪仗队的引领下，郑和会见了吕宋国王，转达了明成祖的问候以及希望两国和平共处的美好愿望，并将明成祖赏赐给吕宋国王的礼物郑重地交到他的手中。

吕宋是个小国，能够得到明成祖这样的重视，无疑为国家安全提供了可靠的保障，所以吕宋国王很热情地接待了郑和的使团。

使团在吕宋只停留了很短的时间，就继续顺着季风向西南方向航行。不久，船队到达苏禄（今菲律宾苏禄群岛）。苏禄国信奉伊斯兰教，政权主要控制在东国酋长、西国酋长、峒酋长三位王侯的手里，其中以东国酋长权势最大。洪武初年，苏禄曾大举侵犯浡泥，几乎使浡泥亡国。此次郑和到达苏禄，主要是应浡泥使者请求，奉明成祖之命，前来化解两国之间的矛盾。苏禄统治者见明朝国力强盛，船队声势浩大，不敢用强，只得接受调解，两国化敌为友。随后，郑和率领船队前往浡泥。

在浡泥，郑和船队受到热烈欢迎，浡泥酋长麻那惹加那乃还派使者前去迎接。郑和则亲自前去拜谒，并举行仪式，代表明成祖册封麻那惹加那乃为浡泥国王，又将册封诰敕、国王令章，连同一些服饰和财物，一并赏赐给麻那惹加那乃。麻那惹加那乃感激不尽，热情款待郑和等人。为了感谢明朝的庇护之恩，三年后，麻那惹加那乃亲自率领浡泥使团前往南京朝贡，那是明朝第一次在本土接待外国国王。明成祖非常高兴，临别时又送给他许多财物。

协战占城，威慑安南

离开浡泥后，郑和船队前往占城。占城在浡泥的东北方，占城国位于中南半岛东南端，也就是位于今天越南的中南部，一向同中国友好。

从现在的地图上来看，从浡泥到占城的直线距离比长乐太平港到占城还要短一些。但据史料记载，从占城出发到浡泥却有足足40天的航程，比太平港到占城的时间要多一个月，所以，郑和的船队到达占城的时候，已经进入1406年了。

郑和下令船队在这里采买大批新鲜的蔬菜、水果，既改善了大家的伙食，也为继续航行做好了后勤准备。

郑和的船队停泊在新州港，受到占城国国王的隆重欢迎。国王头戴三山金花冠，身披锦花手巾，手臂及腕上戴着金灿灿的镯子，腰束八宝方带，脚上踏着玳瑁做的鞋，骑着大象，由五百多士兵组成的仪仗队簇拥着。士兵们有的手执锋利的刀剑，有的拿着皮革的盾牌，敲着大鼓，吹着椰壳做的号角，其余的将领都骑马随行。他们出城恭迎郑和，国王从大象身上下来，向郑和行礼。郑和将明成祖颁发的诏书和礼品交给国王，然后一同前往王宫所在地。

王宫屋宇高大，屋顶覆盖着长条细瓦，四周是砖灰砌筑的城墙，王宫的硬木大门雕刻着野兽家畜形状的装饰图案，防卫严密，四周有重兵把守。

平时，国王赤足，出入骑大象，或者是乘两匹黄牛驾的车子。国王的衣服为白色，其他人不得用白色。他的大臣们头戴用树叶编织、涂上金色的草冠，穿的衣服长不过膝盖，下身围以各色布巾，服色多为紫色。官员的房屋按职务大小、门第有所区别，民居多是茅草屋，屋檐不许超过三尺。老百姓的衣着也是上衣短袖衫，下身用一块有颜色的布围起来，赤脚。

占城国的人民多以打鱼为生，煮海为盐，少数人从事农耕，农业并不发达，出产的稻米米粒细长且多红色。当地人喜食槟榔，将槟榔裹上蒌叶，包上用牡蛎烧成的石灰，放在嘴里咀嚼，“往往坐卧不绝入

名垂青史

郑和

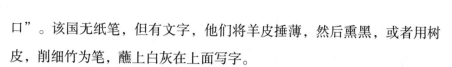

口"。该国无纸笔，但有文字，他们将羊皮捶薄，然后熏黑，或者用树皮，削细竹为笔，蘸上白灰在上面写字。

郑和的船队在占城国停留多日，接着又前往附近的宾童龙国和灵山，两地与占城国山岭相连，风土民情大同小异。

灵山土地肥沃，一年可收获两季庄稼，居民居住分散，多以渔业为生。灵山有一座方形的峻岭，山下溪泉萦绕，山巅有一块大石头酷似佛头，故名灵山。过往的船只都来此地汲取淡水，采伐柴薪，以备航行之用。

在占城，郑和得知安南国（今越南）国中有变。安南国王胡（大互）的父亲叫黎季犛，他从前安南王陈氏手中篡夺了王位后，就开始大肆屠戮陈氏家族的成员。最后，偌大的陈氏家族只有一个人幸免于难，这个人叫陈天平，他先逃亡到了老挝，又经老挝酋长护送，来到中国避难，恳请明朝庇护，主持正义。

1405年，明成祖派遣使者强烈谴责了胡（大互）的这一行径。胡（大互）表面上向明成祖承认错误，并表示将迎接陈天平回国就任安南国王，暗中却另有打算。明成祖虽也觉得这件事情进行得太过顺利，但这是他最希望看到的结果，毕竟"怀柔远人"的贤明君主不应该过多地干涉他国内政。

永乐四年正月，明成祖派军队护送陈天平返回安南，并一再叮嘱他们要小心谨慎。但明军进入安南后，不仅没有遇到麻烦，而且一路上不断有迎接并宴请陈天平的人，护送的明军将领就以为胡（大互）是真心迎接陈天平回来当国王的，于是放松了戒备。而胡（大互）则在明军必经的一个山谷中埋伏了一支十万人的军队，护送陈天平的明军毫无防备地进入了这个山谷，突然遇到安南军队的猛烈进攻，明军战败自不必说，可怜的是尚在做着国王梦的陈天平当场被杀。明成祖对胡（大互）的背信弃义忍无可忍，终于在这年的四月二十三日下令成国公朱能、新成侯张辅率领大军讨伐胡（大互）。

明朝的征南大军大约在六月到达安南，并在十月初九取得了首场战斗的胜利，最终在永乐五年四月擒获了黎季犛，彻底打败了安南，胡（大互）被迫逃亡海外。

战争过后，应安南百姓的请求，明朝将安南纳入自己的版图，称作交趾。

据记载，郑和船队是在1406年初到达占城的，而他到达此行的下一站爪哇时，已经是六月三十日了，从占城到爪哇不过20天的航程，由此推测，他离开占城应该在六月十日左右。

从一月到六月，整整五个月时间，他在占城做什么呢？由于历史上没有留下任何线索，我们只能这样推测：

陈天平被杀、明成祖下令讨伐胡（大互）这些事件发生的时间，与郑和的船队在占城海港上停泊的时间相吻合。

尽管由于当时信息传递的手段有限，在航程中的郑和不可能及时了解国内的消息，但当他到达占城后，这些消息肯定就传到了他的耳中，明成祖也有足够的时间给郑和下达命令。那么，他或许就是在等待明朝的大军从遥远的南京出发来到安南的战场，尽管这场战争的主战场在安南的内陆地区，但在紧邻安南的占城，有这样一支明朝重兵驻防，对安南的威慑力可想而知。而当明朝的征南大军到达安南后，他也就完成了使命，于是，就可以离开占城继续南下了。

名垂青史

喋血爪哇，荡平海盗

从占城国起航，西南行，顺风七昼夜，浩浩荡荡的船队从新门台海口入港，就到了暹罗国，即现在的泰国。

这是一个国土辽阔、森林茂密的热带国家，"周围千里，外山崎岖，内岭深邃，田平而沃，稼多丰熟，气候常热"，山岭之间的平原土地肥沃，种满了庄稼，农业发达。当地民风剽悍，崇尚武力，常侵扰邻国，该国军队使用槟榔木制作的标枪，以水牛皮做盾牌，在箭上涂上毒药，十分凶猛，而且擅长水战。该国国王用白麻布缠头，上身不穿衣，下围丝织手巾，加上锦绣腰带，出入骑象或乘轿子，侍者手持金饰长柄的大伞盖，伞面以菱革叶编织而成。国王的宫室华丽整洁，老百姓的民居为木楼，因这里气候潮湿，楼上用桄榔木（一种常绿乔木）或硬木劈成竹片状铺上，用藤条扎牢，上面再铺上藤席竹垫供人坐卧，楼下储存杂物，楼上住人。

当地的习俗是妇女当家，女人是家里的主要劳动力，大小事情由妇女决定。

暹罗国又是信奉佛教的国家，建有很多佛寺庙观，僧尼极多，老百姓的婚丧嫁娶都要由寺庙僧尼主持——僧尼在社会上有较高的地位。

当地出产黄连香、罗斛香、沉香、降香、白豆蔻等香料，还有花梨木、大风子、血结、苏木以及象牙、翠毛等物。当地人以甘蔗酿酒，晒海水取盐，市场上使用的货币是一种贝壳。

在船队停靠的日子，当地的商人纷纷与船队做生意，他们用罗斛香、苏木、犀角、象牙、翠毛、黄蜡、大风子油等，交换中国的青花瓷器、印花布、绸缎、金银铜铁、水银、雨伞等货物。

从占城国顺风航行，船队走了20个昼夜，茫茫大海之中出现一片星罗棋布的热带岛屿，船上的火长告诉郑和，这里是爪哇国，古时候叫阇婆国。郑和站在楼船上举目遥望，只见茂密的森林连绵不绝，银色的海滩椰林摇曳，风光迷人，便问火长，船队何处可以停泊，火长回答道："爪哇国土地很广，人口稠密，位于西洋各国的交通要道，它的居民分布在四处，一是杜板，一是新村，一是苏鲁马益，一是满者伯夷，这四处地方都没有修筑城郭。我们的船队只能停泊在海中，然后坐小船或舢板上岸去。按路程远近，先到杜板，再到新村，然后是苏鲁马益，最后是满者伯夷。"郑和立即下令船队准备收帆下锚，寻找一处避风的港湾停泊下来。

这里，就是今天印度尼西亚最重要的岛屿之一——爪哇。

永乐四年六月三十日，郑和的船队在爪哇登陆。

相传，爪哇国人的祖先是长相狰狞的魔王和怪兽结合生下的，所以爪哇的本土人长得又黑又丑，而且总是蓬着头发，打着赤脚，即使贵为国王，也只是头上多戴一顶黄金头冠而已。爪哇国的男子都不穿上衣，只在下身围上手巾。

爪哇人十分好斗，不论长幼，腰间都插着一把短砍刀，一旦发生冲突就拔刀砍人。而爪哇国对杀人者的处置很特别，行凶者如果被当场抓住，就会立即被杀，但如果能成功逃逸三天以上，就不再追究责任了。

全盛时期的爪哇，版图囊括了现在印度尼西亚的大部分群岛，还有马来西亚的南部。元世祖忽必烈曾经派使者到爪哇招抚，但爪哇不愿向元朝称臣，元世祖又派元军前往征讨，却战败而归。所以，爪哇同中国之间的关系向来不是很友好。

明朝建国后，爪哇分裂为东西两部分，由东王和西王分别治理，但相互间经常发生战争。郑和船队到达爪哇时，东王刚好被西王都马板打败，辖地也被西王接管。不幸的是，郑和船队登陆地正是原来东王的辖地，船队并不知道这里战乱未终，上岸贸易时，被西王的士兵砍杀了170多人。

尽管后来知道这是一场大大的意外，并不是他们刻意与船队为敌，但面对这么大的伤亡，郑和还是向爪哇的西王表达了强硬立场，并声称，如果爪哇不能给予恰当的回应，那么明朝将会继元朝之后再一次兴兵讨伐爪哇。

面对这么庞大的船队，特别是面对船队身后强大的明王朝，西王终究有些畏惧，于是认了罪，这场冲突才得以暂时平息。明成祖朱棣后来逼迫爪哇同意交纳六万两黄金，作为对这次事故的赔偿金。

随后，船队顺着印尼群岛的东部海岸线一路向北行进，大约八天之后，他们就到了旧港（今印度尼西亚苏门答腊岛巨港）。旧港，原名三佛齐。这里土壤肥沃，又是马来西亚半岛、印度尼西亚半岛各个港口之间的贸易往来中心，所以中国广东、福建有很多的人来此定居。

历史上，旧港曾多次被爪哇国侵占。洪武三十年（1397），旧港由于爪哇的入侵再次亡国，整个国家陷入一片混乱。但由于距爪哇本土较远，爪哇王朝的统治者没能将旧港完全控制在自己手中，所以，旧港实际上处于无政府状态。反倒是定居在这里的华人，势力逐渐壮大，成为旧港实际的统治者。

华侨们公推最早来这里定居的广东南海（今属广州）人梁道明为华侨首领，施进卿为他的副手。与此同时，还有在国内犯罪后逃亡到这里的广东人陈祖义，纠集了数千人，形成了自己的势力，倚仗着旧港的地理优势，以抢劫来往的商船为业。

郑和的船队本着明成祖"怀柔远人"的初衷，力求在东南亚建立起一个和谐稳定的国际政治、经贸环境，对于陈祖义这样危害贸易安全的海盗，当然要设法铲除。最初，他按照惯例，试图说服陈祖义解散他的海盗团队，改邪归正。陈祖义表面顺从，实际上却想趁郑和船队没有防备的时候对船队进行打劫。与他在旧港存在利益冲突的施进卿探听到他的计划，就来向郑和报告，使船队有了准备。陈祖义果然带人前来打劫，郑和船队官兵在交战中大获全胜，并且生擒了陈祖义等海盗头子。郑和将陈祖义带上宝船囚禁起来，准备带回京城让明成祖亲自定罪，施进卿的女婿丘彦诚也随船队到京城朝贡。后来，陈祖义被朝廷斩首，施进卿被封为旧港宣慰使，负责治理旧港。

根据《卫所武职选簿》记载，郑和船队在旧港与海盗的战斗并不是一举成功的，而是先后分为三次，前两次发生在永乐四年七月份，地点是旧港外洋和棉花屿，第三次在八月份，地点是阿鲁洋。棉花屿位于马来半岛西岸、马六甲海峡航道南侧的巴生港附近，阿鲁洋位于苏门答腊岛中北部、马六甲海峡航道南侧的勿拉湾附近。生擒陈祖义的那场战斗可能是三次中的一次，也许旧港还存在其他的海盗势力，所以郑和用了一两个月的时间，才将他们一并剿灭，前后共消灭海盗5000多人。从此，南洋海道畅通，商旅来往和外国使者前往明朝进贡的道路畅行无阻了。

郑和船队在旧港平定了陈祖义，然后一路北上，经过八天航行，到达了满剌加。

满剌加（今马来西亚马六甲）又称马六甲，位于马六甲海峡的东岸，扼制着太平洋和印度洋之间的交通要道。满剌加是暹罗的附属国，每年要向暹罗进贡黄金四十两。这里的居民都是信奉伊斯兰教的回民，民风淳朴，并不敢反抗国力相对强盛的暹罗。但自从1403年明成祖派遣宦官尹庆前来出使后，满剌加酋长拜里迷苏剌意识到，也许中国能将满剌加从暹罗的控制中解救出来。1405年，他派使臣来到中国朝贡，表达了希望得到明朝保护的请求。明成祖答应了他的请求，封他为满剌加国王，并且封满剌加国内的西山为镇国之山，以此确认了满剌加的明朝藩属国地位。郑和这次来到满剌加，还为国王带来了明成祖亲自撰写的《镇国山碑铭》，他们将这篇铭文镌刻成石碑，永远竖立在了满剌加的西山上。

苏门答腊距爪哇岛不远，郑和船队在海上航行了八九天，船队到达了苏门答腊（今印度尼西亚苏门答腊岛西北部地区）。爪哇吞并旧港后，当时的苏门答腊酋长宰奴里阿必丁意识到，爪哇的下一个进军方向很可能是自己，他于永乐三年派使团来到中国，向明成祖表明了苏门答腊所面临的困境。

同对待满剌加的方式一样，明成祖封宰奴里阿必丁为苏门答腊国王，此次郑和船队来到这里，就是为宰奴里阿必丁举行正式的封王仪式，也是想以此宣告中国与苏门答腊之间的统属关系，希望震慑爪哇，阻挡其侵略的脚步。

锡兰探宝，收获颇丰

船队从苏门答腊向西航行三天，又来到了一个全民信奉伊斯兰教的回族国家——南渤里[Lamuri，今苏门答腊岛西北角的亚齐河（Achin River）下游一带]。南渤里西北方的大海中伫立着一座很大的平顶山，人们称它为帽山（今苏门答腊岛北海上的韦岛）。在明初，帽山以西的海洋叫西洋，以东的叫东洋，所以确切地说，郑和的船队只有经过了帽山才真正算是下了"西洋"。

郑和的船队沿着帽山西行，渡过孟加拉湾，来到了西洋中的锡兰（今斯里兰卡）。因为这里是传说中佛祖释迦牟尼涅槃的地方，布满了佛祖的圣迹，所以成了佛教圣地。在别罗里码头（位于今科伦坡南部的贝鲁瓦拉）的山脚下，有一个形似足迹的水潭，传说就是当年佛祖留下的，虽然里面常年都只有浅浅的一层水，但却十分甘甜，据说不仅能包治百病，还能延年益寿。山脚边的佛寺中，供奉有佛祖的佛牙和舍利子，这些佛舍利是难得的佛门圣物。郑和虽说是个回民，但他受明成祖身边的谋士——高僧姚广孝的影响入了佛门，所以，他一定不会放过这次瞻仰圣物的机会，此后他还多次来到这个寺庙供奉香火，为下西洋的船队祈福。

锡兰盛产宝石，这里有一座高耸入云的大山（今斯里兰卡的阿聃峰），山上矿藏很丰富。据说，在下游的沙石中，人们如果能耐心寻找，一会儿就能找到一颗宝石，这些宝石就是因海水的冲刷从山上掉落又顺着海水流到这里的。

锡兰还盛产珍珠，锡兰也许是世界上最早懂得珍珠养殖的国家之一，这里的海中有一片洁白的沙滩，锡兰人在上面挖了一个巨大的池，叫珠池。每隔两三年，他们就将一些从海里采集来的螺蚌投到珠池中放养。螺蚌在多沙的珠池中活动，很多沙粒会被吸入蚌壳，由于蚌体柔软多水，肉质很嫩，有的沙粒会在摩擦中进入螺蚌体内分泌珍珠物质的地方，成为珍珠的凝结核。日复一日，螺蚌分泌的珍珠物质会将沙粒层层包裹，形成天然珍珠。待珍珠渐渐长大，锡兰人再到珠池来挖珠，每次都收获颇丰。天然珍珠颗粒硕大，珠形圆润，色泽光亮，每一颗都价值不菲，所以养殖和采集珍珠，成了国王的特权。

当地气候炎热，物产富饶，农业发达，除了出产宝石和珍珠，还出产龙涎香、乳香等香料，农产品有大米、豆类、瓜、茄子以及芭蕉、菠萝蜜等水果，牲畜有牛、马，家禽有鸡、鸭。当地人敬重大象和牛，不食牛肉，仅食牛奶，私自宰牛是违法的，要判很重的罚金或死罪。

锡兰人就用这些宝石和珍珠来换取郑和船队的麝香、丝绸、铜钱、瓷器、樟脑等物品，也经常将宝石和珍珠作为贡品，献给中国的皇帝。

尽管锡兰是有名的佛教圣地，然而国王亚烈苦奈儿却是位异教徒，他不仅不信奉佛教，还屡屡亵渎佛牙、舍利子等佛教圣物，且统治手段异常残暴，引起锡兰人民的强烈不满，有很多人不得不逃亡到附近海岛上，以抢劫往来船只为生。当时，郑和曾劝说锡兰国王亚烈苦奈儿信奉佛教，善待子民，与邻国和睦相处。亚烈苦奈儿不听，态度非常蛮横，甚至想谋害郑和使团。此事预先为郑和所觉察，但从睦邻友好的大局出

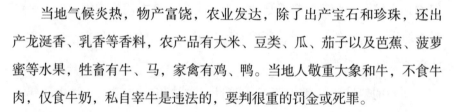

名垂青史

郑和

发，不到万不得已，郑和还是尽力避免与锡兰国之间发生战事，他只好采取"三十六计走为上计"，当即率领船队离锡兰国而去。

古里立碑，平安归来

郑和船队从苏门答腊国往西南方向航行，经过小帽山，顺风行十个昼夜，就到达了位于现在印度洋里的岛国——溜山国（今马尔代夫）。

溜山国由印度洋北部两列平行的珊瑚岛礁群组成，大大小小的珊瑚岛礁和浅滩有两千多个。各岛地势低平，露出海面平均才两米，最高才6米。这里地处赤道，湿热多雨，到处是椰风蕉雨、阳光沙滩的热带海岛风光。

郑和派出的船队到达溜山国后，船员们发现在珊瑚礁群中航行必须小心翼翼，稍有不慎，船只就有触礁搁浅的危险。他们注意到，这里"四面皆海，如洲渚状"，岛礁像一个个浮出海面的沙洲和小块陆地。大的岛礁有8个，有人居住，有商船往来贸易。小的岛礁很多，数以千计。这一带水道复杂，有的地方水很浅，暗礁密布，不熟悉航道，很容易发生触礁沉船事故。外来的船只都尽量回避，不敢靠近这一带航行。船只如果遇到风浪急流，迷失航向，一进入岛礁群，是很难出来的，大船尤其要小心提防。

溜山国从国王到臣民都是信奉伊斯兰教的穆斯林，民风淳朴。岛民多以捕鱼为生，岛上有很多椰树，椰子为外国商人喜欢收购的产品。当地的工匠将一种长得很小的椰壳制成酒盅，以花梨木为底托，外面涂上漆，作为酒具。又用椰壳纤维制造绳索，卖给外国造船使用。

溜山国人造船也很特别，船上没有一根铁钉，而是在船板上钻孔，再用椰索连接捆扎，然后在孔内塞上木楔子，涂上沥青使之牢固。

当地的商业贸易以银币交易，但有意思的是，这里却供应外国通行的货币——贝壳。原来马尔代夫的许多珊瑚岛礁盛产一种贝壳，当地人采集贝壳，堆积如山，等到贝壳里面的肉腐烂后，将贝壳洗净，然后贩卖给暹罗、榜葛刺国等国作为市面上流通的货币。

溜山国土地很少，几乎没有农业，但渔业发达。当地渔民将捕捞的马鲛鱼切成块，晒成鱼干，放在仓库里保存，是外国商船欢迎的特产。当地还出产一种质地很好的丝嵌手巾，另有一种织金方帕，是穆斯林男子喜爱的缠头布，价格不便宜，一块方帕可卖五两银子，可见当地有发达的手工业作坊。

此外，当地还出产一种叫龙涎香的香料，据称是渔民在珊瑚礁中采集到的，形状如同沥青块，"嗅之不香，焚有鱼腥气，价高以银对易"，这种香料价格十分昂贵。

郑和的船队在溜山国购买了龙涎香，也采买了不少的椰子和鱼干。

郑和船队继续沿着印度半岛西海岸向上航行，先后到达了小葛兰（今印度奎隆）、柯枝（今印度科钦）以及此行的终点——西洋大国古里（今印度喀拉拉邦的卡利卡特）。

这里，既是印度半岛西海岸最重要的三个海港，也是三个信奉佛教、尊敬大象和牛的国家。

小葛兰土地狭小贫瘠，没什么出产，这里的国民都是印度本地土著，比较贫穷。

柯枝在小葛兰西北方，这里的气候与其他地方有很大不同，虽然长年温暖如夏，不见霜雪，但是一年分为十分明显的旱季和雨季。每到五六月份，日夜大雨如注，街道水流成河，一直要下到七月才会结束，这即是雨季。过了八月中旬再没有一滴雨，漫长的干旱炎热的旱季开始了，一直要持续到第二年的上半年，才会有零星的夜雨，然后又一轮雨季开始。所以当地居民一到上半年就忙着修缮房屋，准备好食物，以防雨季的到来。

柯枝国的农作物有稻米、谷子、豆、麻、黍子，饲养的家畜、家禽有大象、马、牛、羊和鸡、鸭。当地不少居民以种植胡椒为业，胡椒是各国商人采买的商品。

郑和的船队在柯枝国停泊期间，当地大商人专门收购宝石、珍珠、香料、珊瑚，和中国人做生意。他们收购天然的珊瑚，雇工匠将珊瑚加工成珠子，然后高价出售。

在柯枝，除了国王，其他人共分成五等：最高等的是南毗人，他们是印度最高等种姓——婆罗门的一员，一般都是僧侣；其次是信奉伊斯兰教、善于经商的回族人；再次等的被称为哲地，这是印度的一种贸易种姓，一般都是商人和高利贷者；第四等人称为革令，他们一般从事贸易的中介工作；最下等的贱民叫木瓜，人数最多，通常以打鱼和做苦工为生，国王不允许他们经商，并勒令他们住在海边不超过一米高的房子里。

很多柯枝人以种植和经营胡椒为生。胡椒在当时不仅作为调味品和防腐剂，更主要的还是用来制作香料，市场需求量很大。在柯枝，每年的胡椒收获季节，就会有胡椒商人到各个胡椒园收购胡椒，然后等待外国商人前来购买，价格大约是每两百千克五两银子。富有的哲地们也参与胡椒贸易，但更多的是到各地收购珍珠、宝石、珊瑚等珍宝，以此同外国商人进行贸易，这其中当然包括郑和的宝船队。

中国人很早就知道胡椒的价值了。在公元前的西汉皇宫里，就有一座宫殿叫椒房殿，专供皇后居住。因为这座宫殿墙壁的内外墙粉刷物中混合了胡椒粉末，所以气味芬芳；因为胡椒有多籽的特性，多籽谐音"多子"，让皇后住在椒房中，还带有祝福皇后多多孕育皇子的寓意。在郑和生活的明代，中国对胡椒的消费需求量依然很旺。

从柯枝出发，三天后船队到达了古里。古里国当时是西洋大国，各国商船云集，是个非常繁华的商贸港口城市。该国与柯枝一样，人民按种姓分为五等，等级森严。

古里国王是南毗人，南毗人信奉佛教，宏大的佛殿覆盖着金光灿灿的铜瓦，并以铜铸造佛像。佛殿旁边掘有水井，国王每天清晨从井里汲水浴佛。

当初来到印度半岛传教的回族人，在古里也受到特别的尊敬。这里与柯枝一样，回族人的地位仅次于南毗人。由于南毗人是僧侣，不太处理政务，古里的所有大头目都由回族人担任，所以，实际上掌管国家事务的就是这些回族人。当郑和的宝船队到达古里后，负责组织商人与船队进行贸易的也是回族人。

位居社会上层的是信奉伊斯兰教的穆斯林，当地有二三十座清真寺。古里国农民多种植胡椒，富裕人家广种椰树，少的几百株，多的有千株。椰树用途极广，嫩果可取果汁做饮料，又可酿酒；果肉可榨油，或熬糖，可做食品；果壳可做碗、酒盅等日常器具，或镶嵌金银做工艺品；椰子果实的外皮可做绳索，椰树干可做架屋的建筑材料，连椰树的叶子也可盖房子。

当地物产丰富，蔬菜有萝卜、葫芦、茄子、菜瓜、冬瓜、姜、葱、蒜、芫荽（香菜）等，水果有芭蕉、菠萝蜜、木别子（木蟹）等，家禽、家畜有鸡、鸭、水牛、黄牛、羊等。但当地人不吃牛肉，只食乳酪酥油。另外，这里常见的鸟类有孔雀、鹭鸶（白鹭）、乌鸦、鹰、燕子等。

当郑和的船队抵达古里国时，船员、水手古铜色的脸膛儿上，一个个绽开了笑容。郑和站在宝船的甲板上，眺望着岸边连绵的椰林、金光闪闪的佛寺和不时在林梢露出的清真寺，心里也无比欣喜。天空布满乌云，椰树长长的叶片在风中摇曳，空气中充满着潮湿的大海的气味，而船队高高的桅杆上的旌旗也飘舞不定，有经验的火长提醒郑和，西南季风悄然而至，这就意味着返回祖国的时机为期不远了。

郑和下令船队做好返航的准备，该采买的食品、补充的淡水都要抓紧时间办妥，负责与当地商人从事贸易的官员即刻上岸看货。郑和还派出联络人员上岸，与古里国王接洽，商谈会见的外交事宜。

原来，永乐三年（1405），明成祖朱棣就封古里国的酋长沙米的喜为国王，1407年，郑和来到古里国负有一项重要的使命，他将作为钦差大臣，代表明朝皇帝将代表国王身份的证书——诰命和银印，亲手赐予沙米的喜，同时也对大小首领给予赏赐。

郑和船队的到来，受到了高规格的礼遇，古里国国王沙米的喜亲自率领文武百官迎接远方的贵宾，举行了隆重的欢迎仪式。为了纪念这件盛事，郑和还在古里立碑勒铭，碑文写道："其国去中国十万余里，民物咸若，熙嗥同风，刻石于兹，永示万世。"意思是说：古里国距离中国有十万多里，但是这里的人民安居乐业，世道昌明，和中国是一样的。在此刻石立碑，永远地告诉后人。古里国国王为了答谢中国皇帝，让工匠以50两赤金提炼出头发一样细的金丝，上面缀以各色宝石珍珠，编织成一条宝带作为礼品，并派使臣亲自送给中国皇帝。

古里是当时世界上最负盛名的香料交易市场，所以，郑和宝船队在这里停留了比较长的时间，以便进行贸易。当宝船队进入古里港口的那一刻，古里国王就开始为这次盛大的贸易活动做准备了。他亲自选择了两位善于经商的回族头目作为自己的全权代表，负责这场贸易活动，由这两个头目和宝船队商量一个合适的贸易日期。

古里的贸易活动是相当规范的。据记载，到了贸易正式开始的那天，先由宝船队将他们带来的中国货物陈列出来，双方经过讨价还价，最后由革令宣布议定的价格，双方再不能悔改。然后，富有的哲地们再将他们收购的胡椒、宝石、珍珠、珊瑚等货物拿出来商量价格。这个议价的过程比较复杂，需要持续一个月到三个月的时间，双方在价格确定之后才能展开交易，或者以物易物，或者用金银、铜钱购买。现存的史料对宝船队在古里的贸易活动记载得这么详细，可见当初船队在古里的贸易占船队贸易量的比重应该是很大的。

古里是郑和船队在印度半岛西海岸最重要的贸易港口，也是船队前往阿拉伯、地中海、非洲地区的中转站。古里经济繁荣，物资丰富，船队如果要横渡印度洋，需要在这里补充一年所需的食物、水和各种生活物资。所以，对郑和船队来说，古里有着极其重要的意义。船队这次来到古里的另一个重要目的，就是建立两国间的友好关系，为此后在这里建立航行中转站做准备。

明王朝虽然始终以和平外交作为郑和船队出使的宗旨，但这种外交是建立在各国臣服于中国、中国教化各国的思想基础上的，明王朝在其中始终扮演着高高在上的角色。从随行文人留下的文字中，我们也可以看出，他们对各国的奇风异俗，除了好奇之外，也觉得这是不够开化的表现。但在这块石碑的碑文中竟然将古里和明王朝相提并论，虽然古里的确要比爪哇等东南亚国家文明程度高一些，但我们也不能排除另一个因素，那就是这个中转的据点对于郑和船队具有十分重要的意义。而且，石碑既然竖立起来了，那么古里应该也答应了船队的这个要求，毕竟这对古里并没有任何的坏处，还会因此增加更多的贸易机会。

至此，郑和船队秉奉明成祖的对外交往宗旨，"宣德化而柔远人"，完成了此次出使的全部任务，安然返航。

在古里国完成使命后，郑和向古里国国王辞行。

永乐五年的夏天，当印度洋上吹起湿热的西南季风的时候，郑和的船队开始返航了。船队沿原途返回，经柯枝、小葛兰、锡兰、苏门答腊、满剌加、旧港到达爪哇，然后从爪哇直接往北航行至昆仑岛。

这座昆仑岛位于湄公河的入海口，与占城遥遥相望。船队一旦经过了昆仑岛，只需七天航程就可以回到国内了。

名垂青史

八月份，宝船队抵达了太仓。两万多名官兵连同上百艘战船留在了太仓，只有60多艘宝船有机会前往京城。

九月初二，郑和率领宝船队到达京城。这是个秋高气爽的日子，船队从长江驶入江东门登岸。江东门岸人山人海，热闹非凡，郑和嘱咐下属们将带回来的各国贡品和商品打点妥当，然后前往宫中觐见明成祖。

这次出使非常成功，郑和不仅带领使团与多个国家建立了友好关系，而且协助明朝军队打败了安南，活捉了海盗陈祖义并将他一路押送回了京城，更重要的是，他们还成功地使古里成为以后下西洋的航行中转站。

明成祖对郑和这次出使的成果非常满意，他下令在京城仪凤门外卢龙山（今南京狮子山）下建造寺庙，赐额"静海"。明成祖也对自己制定的这种外交政策更加自信了，他迫不及待地想让船队再度出发，三天后就下令改造249艘海船，以备今后下西洋之用。

船队在旧港取得的胜利也令明成祖十分欣喜，他亲自下令将押解到京城的陈祖义处以死刑。九月初八，他又宣布设置旧港宣慰使司。在此之前，宣慰使司一向只在国家边境的少数民族地区设置，这次在旧港设立宣慰使司，并委任施进卿为宣慰使，等于在南洋地区建立了从属于明王朝的华人政权，他们与明王朝的关系要比其他国家与中国的关系紧密得多。

九月底，明成祖对旧港战争中的有功将士一一进行了升赏。据记载，在战斗中擒杀贼寇有功的军官，哈只由正千户升为指挥佥事，何义宗、宗真等由副千户升为正千户，王道官、卢琐儿由总旗升为试百户，胡旺、陈真生、咎成等人，由小旗升为总旗，孙仁武、李隆戍、李进保、李荣等人，由士兵升为小旗。另外所有下洋者，均有奖赏，位居指挥的立功者能领到宝钞100锭，丝绸衣服4套；千户获钞80锭，丝绸衣服3套；百户获钞60锭，丝绸衣服2套；医士、番长获钞50锭，丝绸衣服1套；校尉获钞50锭，棉布3匹，旗军、通事、军伴等人均获钞、布赏赐。

这些赏赐在当时意味着什么呢？这是荣誉，还是一笔不小的经济收入。

"钞"是洪武年间开始发行的纸币，每1000文为1贯，每5贯为1锭。朝廷规定：钞一贯相当于银子1两，大米1石。

明成祖对下洋官兵实行这么丰厚的赏赐，一方面当然是犒劳他们在战斗中付出的努力，另一方面也是在激励官兵们继续参加下西洋的行动。从残存的《卫所武职选簿》中我们可以看到，记录在案的一百多名军官中，因为战争和疾病等原因死亡的人数占总人数的39%，虽然书中并没有指明他们是否是在下西洋过程中去世的，但却不能排除其中很多人是在南洋感染瘟疫而死的可能性。有一定地位的军官尚且如此，普通士兵死亡的概率恐怕就更高了，所以跟随宝船队下西洋确实危险重重，明成祖需要通过这些物质奖励，鼓励官兵们战胜对死亡的恐惧，继续为下西洋保驾护航。

但总的来说，这次有功将士得到的赏赐，是相当丰厚的。

名垂青史

郑和

第 四 章

怀柔远人皆归附，
二下西洋施仁政

永乐五年（1407）冬天，郑和奉命第二次下西洋，这次航行是紧接着第一次回国之后马上起程的。这次航行所到之处，基本上与第一次相同。船队除了到达印度西南的柯枝、小葛兰和古里后，还到了印度西海岸的甘巴里（今印度泰米尔纳德邦的哥印拜陀）、阿拨把丹（今印度阿默达巴德附近）等地。此次下西洋，"怀柔远人"的政策已见成效，万国来朝的盛况指日可待。

途经占城，爪哇催金

经过短短几个月休整的宝船队，于永乐五年（1407）的冬天，再次从太仓刘家港出发，顺风而下，开始了第二次下西洋。

永乐六年的春天，郑和船队到达的第一站是占城。占城是南海沿岸离中国最近的国家，郑和二下西洋必经此地。当船队到达占城的时候，发现占城与两年前已经完全不同，明朝与安南战争的结果，使占城得到安全的保障，占城人对明朝充满了感激和尊敬。他们去年就前往南京朝贡，向明成祖表达谢意。宝船队这时再度来到占城，占城国王又派他的孙子舍杨该向使团送上了大象和各种土特产品作为贡品。其中有一种贡品叫伽蓝香，是沉香木中的珍品。沉香本身已是一种贵重的高级香木了，而伽蓝香只有占城出产，芳香浓郁，香气扑鼻，所以极为珍贵。此外，犀牛角和象牙也被作为贡品，它们的贵重就更不必说了，占城人就是用这种方式，再次表达了对明朝的感激之情。

离开占城后，按照既定的航线，船队的第二站是爪哇。此前，明成祖曾下令，让爪哇缴纳六万两黄金作为杀害170多名明朝官兵的赔偿，但爪哇看到郑和船队已经回国，明朝又远在数千里之外，就迟迟没有缴上这笔赔偿金。明成祖对此很不满，于是，敦促爪哇国王缴纳罚金，成为这次船队到爪哇的又一任务。由于郑和的一再催促，爪哇不得不在当年的十二月向明朝缴纳了一万两黄金。明成祖所需要的只是爪哇这种臣服的态度，所以他减免了尚未缴纳的五万两黄金。爪哇也很快意识到，这种臣服的关系并不会对本国造成任何实质上的伤害，反而能从渐渐频繁

名垂青史

的朝贡贸易中获得大量的财富，因此也就不再抵制与中国的交往，还频繁地派遣使者前往中国朝贡。当然，明成祖也赏赐了他们不少财物。

离开爪哇后，郑和船队又先后造访了旧港、满剌加、苏门答腊、南渤里，并从这里再次驶入印度洋。在旧港，郑和宣读了明成祖册封施进卿的圣旨，这是明王朝在南洋地区建立的第一个具有从属关系的华人政权。

浡泥来使，两国交好

郑和的船队还在印度尼西亚群岛沿岸各国出访的时候，永乐六年（1408）八月二十日，浡泥国王麻那惹加那乃带着他的年仅4岁的王子以及王室臣僚150余人组成的使团抵达明朝京城的皇宫。

麻那惹加那乃是明朝第一位来到中国访问的海外国家首领，明成祖对他的来访非常重视，他不仅命令中官杜兴等人即刻前往福建迎接慰问，并且下令使团进京的沿途地方官员，必须隆重款待并细心照料使者的饮食起居。

使团抵达京城郊区的乌蛮驿，礼部主客司的官员早早在那里迎候。到了宫中奉天殿，麻那惹加那乃国王向明朝呈上了金镂的表文，献上了龙脑、片脑、鹤顶、玳瑁、犀牛角、龟筒、金银八宝器等贡品。麻那惹加那乃对明成祖说："您的王朝统一了华夏大地后，我的国家也因此受益，您册封我为国王以来，我浡泥国就风调雨顺，别的国家再也不敢轻易冒犯我国的疆土了，这都是您赐予我们的恩惠。我们远在海外，唯恐您不能感受到我们的诚意，所以不远万里前来觐见。"明成祖对他的远道而来倍感欣慰，对他的表现也十分满意。明成祖认为，在无数海外国家的国王中，只有浡泥国王麻那惹加那乃才算得上是真正的贤者，能领会自己"怀柔远人"的心意，因此，他赏赐了麻那惹加那乃和使团其他人员不少金银器具和用绫罗绸缎做成的服装。

浡泥的使团来到京城后，住在接待贵宾专用的会同馆。除了参加明成祖安排的会见，他们还同明朝的礼部官员进行了会谈，并参加了各种类型的宴会和娱乐活动，明成祖特许大臣们以对待亲王的礼仪来接待浡泥国王。此外，明朝政府还经常设宴款待浡泥贵宾，派太监陪同他们参观游览，并安排他们参加各种娱乐活动。

在15世纪初期，中国是世界上最强盛的国家，东方文明的中心，浡泥国王一行此时来到中国首都南京，受到明朝政府最高的礼遇，盛情的款待，享受到中国先进的物质文明和精神文明，这在中外文化交流上也是一件盛事。他们在南京参观访问，亲见中国文物典章之美，军容仪威之盛，百姓安居之乐，并感受到南京历史文化的无穷魅力。

就在这一年的十月初一，或许是长时间的旅途劳顿，或许是在南京水土不服，尚在盛年的浡泥国王麻那惹加那乃竟然在南京不幸病逝了。国王仰慕大明王朝的声名和文物，感激明朝君臣上下的至诚招待，弥留之际，遗言王弟和子嗣世世代代不忘天子的恩德，要求体魄托葬中华。明成祖惊闻噩耗，深表悲悼，下令罢朝三天，以表达哀思，赐予浡泥国王谥号为"恭顺"王，将浡泥国的东山封为"长宁镇国之山"。为了表示对浡泥国王的尊重，遵从国王的遗愿，按王的规格将他安葬在南京西南郊外的石子岗，并特意选择了几户西南地区的少数民族人家来南京为他守墓，岁时拜祭不辍。

明成祖封麻那惹加那乃的儿子遐旺继承为新的浡泥国王，赏赐冠服、玉带、仪仗、鞍门、服物、器皿及金银、丝绸等。在遐旺的请求下，明成祖还敦促爪哇国王都马板取消了爪哇每年向浡泥索取的40斤片脑的进贡。

十二月，继任浡泥国王遐旺率领使团回国时，明成祖又将他们在会同馆中使用过的一切贵重器物全部作为赏赐，还另赏黄金一百两、白银一千两。在遐旺等人离开启程后，明成祖朱棣又下令礼部在龙江驿站摆宴设席明成祖对浡泥国的重视程度，确实非比寻常。

麻那惹加那乃在中国访问的过程中，处处感受到明朝政府对海外远国深厚的友好之情，不禁为之感激万分。明成祖还派船队护送使团回国，到达浡泥后，船队将明成祖亲自撰写的镇国之山碑文镌刻在石碑上，竖立在浡泥国的东山。

从此以后，中国与浡泥之间的传统友好关系得到了进一步发展，浡泥国王墓前神道石翁伸展，两国长期保持了良好的外交关系。浡泥国王来朝，也成为郑和下西洋的外交活动取得成功的典型事例，万国来朝的局面似乎指日可待。

出使锡兰，虔诚礼佛

其实，就在浡泥使团回到国内的时候，郑和率领宝船队来到了锡兰。

郑和这次有备而来，他向那座供奉着佛牙和佛舍利的寺庙布施了大量的财物，包括金1000两，银5000两，各种颜色的绸缎50匹，织有金丝的绸缎旌旗4对，其中红幡2对、青幡1对、黄幡1对。此外，还有古铜香炉5个，黄铜灯盏5个，戗金香盒5个，金铸莲花6对，香油2500斛（斛是古代的容量单位，明代一斛等于50升），蜡烛10对，檀香10炷。郑和事先在国内刻好了布施碑，碑上的日期是永乐七年二月初一。这块碑，用三种文字镌刻，碑右侧用汉文，左上方是泰米尔文，左下方是波斯文，至今还保存在斯里兰卡科伦布国家博物馆里。

在现在的藏传佛教中，红幡象征火焰，青幡象征绿水，黄幡象征土地，郑和供奉这四对不同颜色的旌旗，一定有其独特的含义。

由于锡兰举国信仰佛教，宝船队这次盛大的礼佛活动，也是希望增进同包括锡兰统治者在内的锡兰人民的感情，以促进两国的友好交往。当然，郑和通过这些价值不菲的供奉，也是希望佛祖能够保佑船队一路平安。

随后，郑和船队同第一次下西洋的时候一样，又先后出使了小葛兰、柯枝和古里。不同的是，在离开小葛兰后，郑和率领船队第一次出访了甘巴里（今印度西部的甘巴湾）和阿拨把丹（与甘巴里相邻）这两个国家。这是印度半岛西海岸上的两个小国，同样信奉佛教，百姓以种植稻谷和打鱼为生，并没有什么特别的出产，也不如柯枝和古里那么繁华，但是民风淳朴。这两个国家此前从来没有和明朝交往过，郑和这次带着锦绮纱罗来到甘巴里和阿拨把丹，将这些物品赏赐给他们的国王，以此开启了同这两个国家外交的大门。果然，永乐十三年（1415），甘巴里国就派遣使者来到中国朝贡了。

出使暹罗，造访真腊

郑和船队又一次在古里等待季风，伺机返航，航线依旧是从古里出发，经苏门答腊到满剌加。

与上次不同的是，这次船队从满剌加直接到达了暹罗（今泰国）。暹罗古代为暹罗与罗斛二国，在14世纪中叶的时候，两国合并，始称为暹罗斛国。

洪武十年（1377），暹罗王子昭禄群膺率领使团来中国朝贡，明太

名垂青史

郑和

祖在高兴之余，就赏赐了一个"暹罗国王之印"给他们，从此暹罗斛国就改称暹罗了。

暹罗是南洋地区比较强盛的一个国家，它一方面保持着与中国的良好关系，一方面却也开始窥伺周边的小国了。有一次，占城前往中国朝贡的船只被风吹到了暹罗，暹罗强行扣留了这些船只，借此向使团索取财物。一海之隔的苏门答腊和满剌加也成了暹罗的属国，满剌加每年要向暹罗奉上黄金40两，暹罗还强行夺取了明朝赏赐给两国国王的王印和诰敕。

明成祖听到这些消息后很生气，准备派使者到暹罗去谴责已成为国王的昭禄群膺。但当时又发生了另外一件事：永乐四年（1406），暹罗派往中国的使团在安南被杀，整个使团只有一个叫李黑的人活了下来。明朝打败安南后，李黑就被明朝的军队带回了京城。明成祖对使团的不幸遭遇感到十分惋惜，他派专人护送李黑回国，并且让人转告暹罗国王好好抚恤死去使臣们的家属。可能就是这样，派使臣前往暹罗训诫昭禄群膺的事被搁置了下来。

恰好这一年郑和回程途经满剌加，可能满剌加的国王对暹罗又有所抱怨，所以郑和就直接到暹罗拜访了暹罗国王。郑和向昭禄群膺转达了明成祖对他的不满，他说："占城、苏门答腊、满剌加是和你的国家一样受到我大明朝封赐的，你怎么能恃强凌弱扣留他们的使臣，抢夺他们的诰敕和王印呢？今后你应当以安南为鉴，与邻国和睦相处，将扣留的使者送回，并且归还诰敕、王印。"安南这时候已经亡国了，明成祖让他以安南为鉴戒，必然使昭禄群膺感受到了危机。暹罗国王自知理亏，况且郑和并没有因为率领了一支强大的舰队前来而对其进行恐吓和威胁，于是答应一一照办改过，并向使团献上了大量的贡品，并恳请郑和回国后向明成祖转达自己的忏悔之意。郑和不费一兵一卒，圆满解决了暹罗与诸邻国的纠纷，巩固了苏门答腊、满剌加等国与中国的关系，促进了东南亚一带地区的安宁。

暹罗号称"千佛之国"，崇信佛教，国民无论男女，多为僧人或尼姑，也在庵寺居住，持斋而戒，特别是富贵之家，尤其敬佛。郑和在调解好暹罗与邻国的关系后，即从尊重暹罗国的宗教信仰出发，前往暹罗国最大的一座佛寺——玉佛寺参拜佛祖，并布施财物。当地政府为了纪念郑和奉行的友好睦邻邦交政策，后来特地将大城的帕南车寺改称为三宝公庙，并"祀中官郑和"。

船队离开暹罗继续向北航行，途经真腊沿海，顺便对这个以建筑艺术闻名于世的文明古国进行了访问。

郑和的船队经过几天时间就到达了真腊（今柬埔寨）。真腊幅员辽阔，物产丰富，盛产林木、椰竹、沉香、黄蜡、豆蔻、紫梗、大风子油等，并以大象、犀牛等珍禽异兽驰名于世，都城中有30余座富丽堂皇的宫殿庙宇。由国王主持的一年一度的朝会，用来盛饭菜的餐具都是黄金打造的，所以有"富贵真腊"的美名。真腊北面与占城接壤，占城虽然总是受到安南、暹罗的侵犯，但却比真腊强盛一些，所以洪武年间屡次夺取真腊向明朝朝贡使团的财物，后来在明太祖的训斥下才停止了劫掠，因此，真腊和明王朝的关系一向很融洽。在处理土著与华人的关系时，真腊有一条非常特殊的规定，就是如果土著杀死了华人，就要被处死，而如果华人杀了土著，只需要赔偿罚金即可。由此可见，华人在真腊受到特别对待，地位较高。

真腊国王得知郑和船队到来，忙派遣使者前来迎接，并热情款待。郑和向他宣告明成祖的旨意，希望两国永结盟好，继续通商往来。

郑和一行在对真腊国王作了礼节性的拜访之后，便应邀游览了著名的吴哥古迹。真腊崇尚佛教，早在12世纪上半叶，建于其都城吴哥城的吴哥寺窟，为世界著名的佛教文化古迹。郑和使团重要成员费信在《星槎胜览》中曾对吴哥的建筑群作过概括的介绍："其国门之南，为都会

郑和纪念馆

之所，有城池，周七十余里，石河广二十余丈，殿宇三十余所。"吴哥古建筑有许多精美的佛塔以及众多的石刻浮雕，蔚为壮观。佛塔全部用巨大的石块垒砌而成，有些石块重达8吨以上。佛塔刻有各种形态的雕像，有的高达数米，生动逼真。吴哥寺中的5座莲花蓓蕾似的佛塔高耸入云，是高棉民族引以为骄傲的精美建筑。

吴哥古迹中的空中宫殿和女王宫，也以其精美绝伦的建筑艺术，令郑和使团成员们在参观时大饱眼福、流连忘返。建于12世纪的空中宫殿是一座全石结构建筑，筑于一座高12米的高台上，呈金字塔形，分三层。台中心建有一塔，塔上涂金，光芒四射，四周有石砌回廊环绕。由于台高，给人一种悬在空中的感觉，故有"空中宫殿"之誉。

女王宫原名湿婆宫，长200米，宽约100米，坐西朝东，中心为三座并列的塔形神祠和左右对称的配殿。塔祠的外围有三道围塔，内外围塔之间有拱门、镂花石柱和石碑等。整个塔祠巍峨壮观，建筑奇巧别致。每座塔祠上都刻有各种鬼神的雕像，塔基及其两侧神龛和门楼上也是千姿百态的浮雕，内容多是记载古代高棉人民的生活情景，以及抵御外族侵略的战斗场面。这些雕像细腻优美，给人以轻灵飘逸和奇特美妙的感受，也给郑和留下了非常深刻的印象。后来，郑和在南京主持建筑大报国寺和琉璃宝塔时，就吸收了吴哥古迹中的建筑艺术精华。

船队离开真腊后，于永乐七年夏天回到了京城。但这次明成祖并不在南京，他已经在这年二月份前往北平准备北征了。然而他并没有将下西洋这件事遗忘，早在这年的三月份，他就下达了命郑和第三次下西洋诏书。诏书说："太监郑和将要前往西域的忽鲁谟斯（今伊朗霍尔木兹岛）等国公干，船队所需士卒，希望你按照要求准时调拨。"可是，当时郑和的船队还远在数千里之外。

名垂青史

郑和

第五章

扬帆远航常遇险，
三下西洋清航道

郑和第三次下西洋是紧接着第二次归来之后开始的，在永乐七年（1409）起航。有了前两次下西洋打下基础，具有雄才大略的明成祖希望这次宝船队能向西洋的更深处前进。根据明成祖给郑和诏书中提到的地方，说明郑和这次出使，是准备穿过阿拉伯海到达西亚的。此次下西洋，郑和不仅完成了使命，而且还为东西方商船往来扫清了航道。

再访占城，国王臣服

永乐七年（1409）十二月，宝船队从福建五虎门出发，扬帆出海，浩浩荡荡向南驶去。

郑和船队第一个到达的仍然是占城。当占城国王得知宝船队即将抵达新州港（今越南中南部平定省的归仁港），就赶紧乘着大象前来迎接了。占城国王的肤色很深，头上戴着三山金花冠，身上披着锦花手巾，手腕脚腕上都戴着金镯子，脚上穿着用玳瑁壳做成的鞋子，腰间系着八宝方带。他端坐在大象背上，远远望去，活脱脱就是一个金刚。他的前后是由五百名士兵组成的仪仗队，他们有的拿着刀枪，有的擂鼓，有的吹着椰壳筒。仪仗队后，是乘着马跟随国王出迎的头目们。

身着锦衣华服的郑和率领部下上岸后，先举行了一个隆重的仪式，就是宣读明成祖给占城国王的诏书，并奉上皇帝赏赐的各色物品。这时，占城国王下了大象坐骑，跪着行走到使团面前，匍匐在地，听郑和宣读诏书，并对皇帝的赏赐表示感谢，又将准备的贡品一一贡献出来。通过这个仪式和占城国王谦卑的态度，使团成员们明显感受到了占城对明王朝的臣服。

由于现有的文献并没有郑和第三次下西洋航线的明确记载，因此，我们只能根据前两次的航线推测，船队离开占城后，大概又先后去了爪哇、旧港，然后到达满刺加，再从满刺加出发到达了苏门答腊、南渤里、锡兰、小葛兰、柯枝和古里。但从现有的史料来看，1409年至1411年并没有明朝使者到过爪哇和旧港，倒是去过暹罗。那

么,船队也有可能是直接从占城开往暹罗、满剌加的。这种说法还是比较可信的。

前往暹罗,追捕逃犯

早在永乐五年(1407)七月,明成祖皇后徐氏逝,年仅46岁。明成祖非常悲恸,谥其曰仁孝,史称"仁孝皇后"。 1409年,暹罗国派遣使者前往南京,祭奠仁孝皇后。明成祖在宫中摆设酒宴,款待暹罗国使者。当时,有个奸民名叫何八观,在国内犯了罪,无处安身,秘密逃往海外,并在南洋某地纠集了一批人,共同反抗明朝,后辗转流窜到暹罗国。

所以,郑和船队此次直接从占城前往暹罗,有一个明确的目的,就是商议中国流人何八观的遣返事宜。

何八观在国内犯了罪,而且是反对朝廷的重罪。作为海盗,陈祖义还可以被容忍甚至被招安,但反朝廷的何八观就只有死路一条了。郑和第一次下西洋时,有可能也肩负着追捕何八观的使命,所以当郑和船队到来的时候,他就逃到了暹罗。

永乐七年十月初一,暹罗派使臣前来朝贡时,明成祖就让他回去转告暹罗国王昭禄群膺,让他将何八观等人遣返中国。但直到十二月份,暹罗都一直没有动静,因此郑和不得不再次来到暹罗。

何八观这件事,原本和暹罗没有什么利害关系,但是暹罗有可能想借此机会获取一些利益,才一再拖延。郑和来到暹罗后,经过一番交涉,暹罗才同意遣返。

最后,在永乐八年,暹罗国到中国朝贡的时候,他们将何八观等人带了回来。

对追捕逃犯的事情，明朝之所以这么兴师动众，大概是由于当时逃亡海外的人比较多，既影响了明朝的统治秩序，也对明朝的声誉产生了消极影响。明成祖试图通过郑和宝船队追捕何八观等流人的行动，对国内私自出国的人民形成警示，也告诫海外各国不要再收容中国流人。这一举动影响深远，直到万历年间，还有逃亡海外的人被遣返中国的例子。

建立基地，使团来朝

郑和船队在暹罗完成了使命，随后又一路南下，前往满剌加。这次的航线与上次大同小异，主要在南洋群岛一带活动，最西没有越过印度半岛西岸。

虽然满剌加占据着东西方的交通要道，但却是个小国，一直被暹罗控制着。因为暹罗抢夺了明朝赐给满剌加国王的王印和诰敕，郑和在永乐七年（1409）第二次下西洋的返程途中，就曾带领使团到暹罗，谴责了国王昭禄群膺，昭禄群膺也表示以后要与邻国和睦相处。但事实上，满剌加却还是暹罗的属国，仍然需要每年向暹罗进贡黄金40两。

满剌加臣服于中国，中国需要保护它的国家地位。满剌加将作为宝船队西行的第二个中转地，中国有必要采取措施保障它的安全。所以，郑和这次到达满剌加后，代表明朝廷为拜里迷苏剌举行了隆重正式的封王仪式。

实际上，早在永乐三年，明朝就已经封拜里迷苏剌为王了，但这次明成祖特别赐给他双台银印和与此匹配的服饰，以表示满剌加的特殊地

名垂青史

郑和

位。明朝在海外封王时，一般只赐一台银印，即使在本国，也只有六部尚书这样的二品官员才有资格拥有双台银印。

明朝这一政策果然很有效，从此以后，暹罗再也不敢轻易侵扰满剌加了，直到1511年被葡萄牙占领，满剌加获得了长达一百年的独立发展时间。

这次下西洋，郑和的船队在马来半岛的满剌加停留了很长一段时间。船队在满剌加停泊的日子，郑和不仅非常忙碌，心情也很烦乱。他从一艘船走到另一艘船，查看船工水手住的狭小舱房，又到士兵们的大统舱里检查。风浪的颠簸，炎热的气候，艰苦的生活，船员水手病倒了不少，那些不太习惯海上航行的士兵，更是狼狈不堪，晕船的、生病的人数也不少。检查时发现各船储备的粮食也不多了，蔬菜本来就难以保存，天气热，很多都腐烂了，整个船队的后勤供应都急需解决。

郑和的双眉紧锁，走出船舱，信步来到甲板上透透风。有好多天，他和王景弘等高级官员上岸，在满剌加附近的山岭海岸勘察地形，又到市场了解商品和物价。

回到宝船上，郑和又仔细查看了海图上下西洋的航线，找一些有经验的火长询问有关情况。

几天后，他在宝船上的官厅召集高级官员、将领开会，宣布了一个重要决定。

郑和指着舱壁上的航海图说："我们现在所在的满剌加，位置非常重要，为此我决定在此建立中转站，作为船队的海外基地……"

话音刚落，所有的官员、将领交头接耳，议论纷纷。在满剌加待的时间不短了，不论是船员水手还是士兵，都盼着早日起程。

"总兵大人，我们的船队只是路过此地，还要抓紧时间继续向西航行，为什么要在此建中转站？有此必要吗？"一位将领大声问道。

郑和摆了摆手，微微一笑，没有正面回答，而是问大家："各位，你们船上有病号吗？你们统领的部队有伤员吗？"

听郑和这样一问，众人纷纷报告，船员水手有不少人生了病，部队也有不少病号，人数加起来还真不少。

"这些病号还能继续航行吗？"郑和的目光环顾众人，自问自答道，"当然不能，他们要抓紧时间治疗，有的要上岸好生休养些日子，争取早日恢复体力。因此，如果在满剌加有一个船队的基地，配备医官医士，这些病号就可以得到及时治疗，迅速恢复健康。等船队返航时，再随船回国，这是建立船队基地的理由之一。"

郑和接着又说，在长达一年以上的航行中，对于两万多人的船队，物资供应和各种生活用品的及时补充是至关重要的。尽管沿途停靠的国家也能补充一些，但是各地情况不同，临时采买也常不尽如人意，有时还买

不到粮食、蔬菜以及急需补充的物品，这对于维持一个庞大船队的后勤保障是很不利的。如果有船队基地，可以修建一些粮库、食品库，以及各种用品的仓库，还有武器库，委派专人在当地采购，精心保管，船队可以随时补充用品，这就为航行提供了可靠的物资储备。另外，船队在沿途各地采买的大宗香料和异国的物品，也不必随船远行，可以贮存在仓库里分类保管，回国时再装船运走，这就大大减少了不必要的损耗。

郑和停顿片刻，继续说："还有一点也是很重要的，有了船队基地，那些因风浪、触礁以及航行事故受到损坏的船只，可以在海滨码头的船坞就地修理。我们抽调一批技术熟练的工匠，当地也容易找到修船的原料，添补损坏的船具，这就大大节省了时间，保证了航行的顺利。"

郑和扳着手指，历数了建立船队基地的诸多好处。他最后说，建立船队基地，可以根据需要，将庞大的船队化整为零，分成若干个小船队去执行各自的任务，由不同的航线分别访问不同的国家。当他们完成任务后，又返回基地休整。等所有的船队集中后，就可以择日一同起程回国，这就大大加快了进度，节省了时间。

听郑和这样一讲，在座的官员、将领疑虑顿消，极表赞成，一致认为这是富有战略眼光的重要举措。郑和见大家没有异议，便让副使王景弘讲话。

王景弘摊开一张事先绘好的平面图，向大家具体介绍了船队基地的地点、规模大小、工程进度，他特别谈到了从各所属部队、船只抽调的人力，向大家分派了具体的任务。

"军令如山，从明日五更起，除各船留守人员值班外，各就各位，立即行动！"郑和下达命令。

于是，一场热火朝天的建船队基地的战斗打响了。船队整齐地停泊在满剌加的海滨码头，上万名年轻力壮的士兵和熟练的工匠纷纷上岸，他们有的上山挥动斧头，砍伐树木，有的运输木料，有的锯木头，有的开山修路，有的加固码头。在很短的时间内，用木栅栏做墙垣，建成了一座有四个城门的城，还建了一座高高的更鼓楼，每天报时。

走进城内，平直的大道两旁依次盖了许多房屋，有官员办公的木楼，有士兵的营房，有战地医院和一排排病房，城内专辟一块空地建起一座座粮仓和各种仓库。城中有很好的排水系统，挖了一口口水井，既保障了饮水安全，也用于防火。

在不远的海边码头附近，铁锤的叮咚声，嘈杂的锯木声，你呼我应的吆喝声，不绝于耳，热火朝天。那些损坏的船只拖入船坞，由工匠们就地修理，很快就可以扬帆出海了。

一座防卫森严、设施齐备的中国城——当时叫"官厂"，从此矗立在满剌加的海边。

当然，明朝能够在满剌加建立"官厂"，得益于这两次的外交斡旋，郑和使团帮助满剌加获得了独立，并因此取得了满剌加国王的信任，他允许郑和将满剌加作为船队的中转地，并且还帮助他们在这里建起"官厂"。

郑和决定在满剌加兴建船队基地，充分显示了他作为军队统帅运筹帷幄的指挥才能，也显示出作为一位伟大航海家的远大眼光。

郑和船队有了满剌加的基地，就可以轻装前进了。损坏的船只已经修好，各船补充了大量的粮食、蔬菜、淡水，生病受伤的人员全部转移到基地治疗养伤，人员虽然减少了，但重新组合编队，战斗力却反而增强了。更重要的是，由于有了基地，船队具有高度灵活的海上航行能力，可以随时分成几支小船队，穿插进行短距离的航行。郑和的船队由此实现了在较短的时间内访问更多的国家的目标，也借此开辟了许多新航线。

位于马来半岛和苏门答腊岛之间的海峡（马六甲海峡）是沟通太平洋和印度洋的天然水道。海峡从西部的韦岛到东部的皮艾角，全长1080公里，包括新加坡海峡全长1185公里。东南口最宽37公里，西北口最宽达370公里，呈喇叭形。它是东西方商船往来的必经之道，战略地位非常重要。郑和在满剌加建立了基地，后勤装备有了保障，于是可以大胆地向印度洋挺进，向更加遥远的陌生海洋航行了。

此后，郑和又在印度半岛的古里、波斯湾的忽鲁谟斯（今伊朗阿巴斯附近）设立了基地，船队的活动更加灵活便利了。宝船队每次到达满剌加，都将此前在占城、爪哇等国贸易所得的货物卸下来，暂时安置到官厂中。船队减轻了负荷，加快了西行的速度，第二年从印度洋航行归来的时候，再把这些货物装船运走。

永乐九年，满剌加国王拜里迷苏剌为了表示对中国的感谢，亲自带领使团来中国朝贡，七月十五日，使团到达中国。这是继浡泥国王麻那惹加那乃之后，第二个率领使团来到大明的外国国王。

明成祖听说后大喜，对满剌加使团来访非常重视，他派宦官海寿、礼部郎中黄裳前往福建为使团接风，又在会同馆做好了迎接使团入住的准备工作。

名垂青史

十天后，拜里迷苏剌带着540多人的庞大使团到达京城，觐见了明成祖，并献上了贡品。当天，明成祖在接待过浡泥使团的奉天门举办国宴招待使团成员。奉天门东西长58米，南北宽30米，本是明朝皇帝接见臣子商议国事的地方，也许只有这里，才能显示明朝对满剌加使团来访的重视，也才能容纳得下如此庞大的满剌加使团和为数众多的明朝接待人员。

此后的近两个月内，明成祖又多次设宴款待满剌加使团，还让礼部为拜里迷苏剌国王送去了两件金丝绣成的龙衣、一件绣有麒麟的绸缎衣服，还有各种金银器皿、帷幔被褥等生活用品，拜里迷苏剌的妻子和臣子也各有赏赐。明成祖还允许使团利用这次机会在中国进行贸易，用满剌加特产交换中国的丝绸、瓷器等物品。

九月十五日，明成祖为结束访问的满剌加使团举行了盛大的欢送宴会，并再次赏赐大量的金银和绸缎，仅国王拜里迷苏剌一人就得到了鞍马2匹、黄金100两、白银500两、钞40万贯、铜钱2600贯、锦绮纱罗300匹、绢1000匹。

因为郑和的船队已在当年的六月份回国，所以郑和一定也参加了明成祖为拜里迷苏剌举行的各种外事活动。

东南亚岛屿林立，像浡泥、满剌加这样的小国很多，他们周围的强国一旦发现有利可图，就会通过武力将这些小国置于自己的控制之下，而这些小国通常没有对抗能力。郑和下西洋之前，安南对占城，占城对真腊，暹罗对满剌加，苏禄对浡泥，爪哇对旧港和苏门答腊就存在这样以大欺小的关系。

郑和下西洋之后，这些矛盾被一一化解。这是因为所谓"怀柔远人"，就是不仅要使各国同中国保持良好的关系，还要使各国之间和睦相处，而形成这种局面的关键就在于防止大国侵犯小国的利益。所以，郑和下西洋以来，由国王率领使团前来朝贡的浡泥和满剌加都是从"怀柔远人"政策中获益的小国。虽然在这个过程中难免会有以武力威胁达成目的的嫌疑，但那些相对强大的国家除了再也不能侵犯他国之外，并没有什么实际的损失，这与后来西方在殖民扩张时代以武力掠夺各国资源是完全不同的。

岛屿采香，意外收获

在满剌加的附近，分布着统称叫九州山的岛屿，地处热带，到处都是茂密的丛林，山上盛产沉香木和黄熟香木。郑和在前两次下西洋经过时，从当地居民那里获悉这一情况，就已有上山采香的打算。在第三次出使来到满剌加时，因为事情比较多，在满剌加逗留时间比较长，有部分官兵得有空闲，郑和便派其中一些人去九州山采香。

九州山四面环海，景色秀丽，山上林木丛生，枝叶茂密，郁郁葱葱，沉香、黄熟香等香木遍山都是，似世外桃源。沉香是很有名的香料，若是将其砍断，堆积数年，直至外围腐烂，仅存树心，其香清远，放入水中，竟可下沉，"沉香"之名即由此而来。而黄熟香的"香"，其实就是砍断黄熟香树流出的色黄而成熟的树脂。郑和这次派官兵入山，意外地采到长八九丈、直径有八九尺的特大香树6株，都是黑花细纹，香清味远，实在是罕见。这么巨大的树木，官兵们运走时，却并不费劲，岛上的土著见了，都瞠目结舌，惊叹大明王朝官兵的威力如天上神兵一般。

郑和派官兵入九州山采香，为便于与当地居民交流，特派费信随行，做一些翻译事宜。后来费信在《星槎胜览》一书中记载了永乐七年官兵入山采香之事，为人们了解郑和官兵在海外岛屿上的经历，留下了一段珍贵的史料。

名垂青史

这次采回的香木，运回国内，实为罕见珍品，但在九州山却是自然之物，无须用钱或物交换，径直入山采伐即可获得。由此说明一个问题，郑和船队"入海取宝"，并不是所有的"宝物"都要花费钱财才取得的。

下洋官兵在海外岛屿上采集珍贵土特产的事例是很多的。今天的马六甲，是个吃燕窝的好去处，春节期间到酒店吃燕窝、去超市买燕窝送礼都极为普遍。可据当地传说，第一个吃燕窝的中国人竟是郑和。

传说郑和的远洋船队在海上遇上了大风暴，停泊在马来群岛的一个荒岛处，食物紧缺，无意中发现荒在断石峭壁上的燕窝。于是郑和命令部属采摘，洗净后用清水炖煮，用以充饥。数日后，船员们个个脸色红润，中气颇足，郑和顿时明白了燕窝的功效。郑和于是又采集了一些燕窝，回国后献给明成祖，从此，燕窝成了东南亚一些国家来中国朝拜的贡品。据文献记载，燕窝数量较多地输入中国，大约是在17世纪后期，每年有12.5万磅约400万只燕窝从爪哇的巴达维亚（现雅加达）运往中国，这与郑和七下西洋经过的国家是吻合的。

就算郑和不是吃燕窝的第一人，郑和及其船队在下西洋的途中吃过燕窝，并将燕窝献给明成祖，也不是没有可能的。燕窝多产于悬崖绝壁顶端，采摘燕窝是险而又险的劳作，攀登于悬崖峭壁之间，踏空穴、扒缝隙，有时借助绳索如荡秋千于峡谷之中，举手投足，扣人心弦，一旦失足，即坠入深壑，粉身碎骨。郑和官兵当年若是有过采摘燕窝的经历，那该是怎样一种冲天豪气啊！

锡兰之战，郑和大捷

宝船队离开满剌加的九州山，继续向西前行，一路经过苏门答腊和南渤里，第三次进入印度洋，再次到达锡兰。

当时，郑和船队之所以在刚回国之后不久又奉命出使，重要原因之一就是要解决锡兰国王亚烈苦奈儿称霸海上的问题。这个问题，在郑和下西洋之前，就已经存在。当时，亚烈苦奈儿拥有不少于5万之众的军队，称霸于南亚地区，经常侵扰邻国，甚至屡屡出兵劫持邻国与其他国家之间相互往来的使臣，使各国深受其害，叫苦不迭。

对于中国，亚烈苦奈儿同样不放在眼里。据锡兰史籍记载："1405年，有中国佛教徒一队，来锡兰献香火于佛齿圣坛，为国王维哲耶巴牙六世（也即亚烈苦奈儿）所虐待。"这一事件，不仅在海外信仰佛教的国家中损害了中国的威信，而且明显反映出亚烈苦奈儿对中国是持一种十分不友好的态度。

既然明成祖已经有意让郑和率领宝船队远航忽鲁谟斯，就下决心要清除东南亚航路上的一切不稳定因素。永乐七年（1409）三月，他在给郑和下达第三次出使西洋诏书的同时，也颁发了一份"敕谕四方海外诸藩王及头目人等"的诏书，诏书中要求各国"不可欺寡，不可凌弱"，实际上就是针对暹罗、爪哇、锡兰这样的国家而言的。

为此，郑和第二次出使时已经感受到亚烈苦奈儿的强横是个很头疼的问题，而锡兰一带是郑和航海西域各国的交通要道，如果不能妥善解决，势必要影响到将来通往西域各国航路的畅通。因此，郑和第一次、第二次下西洋时，均从多方面对亚烈苦奈儿进行劝说、警告，试图以和平方式解决锡兰问题，但都未能奏效。不但如此，在第一次来锡兰时，亚烈苦奈儿甚至还想要加害郑和，只是因为被郑和及早觉察，才没能得逞。郑和回国时，及时向明成祖朱棣禀报了这一情形。在明成祖的支持下，郑和旋即受命再次前往锡兰做进一步的外交努力。

锡兰山国是位于印度半岛南端的岛国，就是今天的斯里兰卡，前面已经提到过。

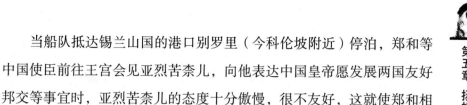

当船队抵达锡兰山国的港口别罗里（今科伦坡附近）停泊，郑和等中国使臣前往王宫会见亚烈苦奈儿，向他表达中国皇帝愿发展两国友好邦交等事宜时，亚烈苦奈儿的态度十分傲慢，很不友好，这就使郑和相信那些有关亚烈苦奈儿的传言了，于是郑和对他有了戒心。

果然，就在这时，停泊在别罗里港的船队发现，锡兰山国的大批军队正在向港口集结，船队的将领紧急向郑和报告，情况表明，亚烈苦奈儿正在暗中调兵遣将，对中国船队所在的码头进行包围。郑和发觉情况不妙，这绝不是友好的表现，而是另有企图，亚烈苦奈儿很可能会对中国船队采取行动。于是，郑和当机立断，立即下令船队拔锚起航，以迅雷不及掩耳的速度，撤离了别罗里港。当亚烈苦奈儿的水师匆忙赶到时，只见远方的海平面上白帆点点，越走越远，他们气得直跳脚，只能望洋兴叹了。

又过了几个月，大约已经是永乐九年初，当郑和船队返回时，又经过锡兰山国。不料，这一次亚烈苦奈儿改变了策略，完全换了一副面孔。他一面假惺惺地向郑和解释上一次完全是误会，一面又信誓旦旦地表示要和中国建立睦邻友好邦交，通商贸易，向明朝进贡，说得天花乱坠。但是，郑和有了上次的经验，对他始终保持警惕。

过了几天，亚烈苦奈儿再次郑重邀请郑和到王宫继续会谈，从港口前往王宫所在地有四五十里山路。郑和为防不测，率领精兵强将担任护卫，应邀前往。但是，他万万没有料到，这是亚烈苦奈儿设下的调虎离山计。当郑和抵达王宫后，亚烈苦奈儿却避而不见，让他的王子纳颜出面，同郑和谈判。纳颜开口就要郑和交出船上的金银宝物，否则中国船队休想离开锡兰山国，言下之意就是不交钱，就要血洗中国船队。郑和当即拍案而起，怒斥亚烈苦奈儿背信弃义，厚颜无耻，然后带领随从愤而离开王宫。由于郑和有精锐将士贴身护卫，亚烈苦奈儿不敢对郑和轻易下手。

但是，当郑和带领将士匆匆忙忙地返回港口时，发现崎岖不平的山路上堆满了砍倒的树木，阻塞了通道。这是亚烈苦奈儿使出的一招毒计，让郑和无法及时赶回船队，军中无帅，必然大乱。

就在郑和他们在山路上克服障碍、艰难前进时，亚烈苦奈儿调集锡兰山国的全部兵力约五万军队向港口挺进，打算一鼓作气，将船队一举歼灭，劫夺船队全部的金银宝物。

形势万分严峻！停在港口的船队得不到最高统帅的消息，必然是群龙无首，缺少指挥，很容易被敌人击溃。但是，如果郑和率部队继续在山路上一边清除路障，一边前进，等赶到港口，必定贻误战机，败局已定，怎么办？

正在这进退维谷的关键时刻，从年轻时就跟随朱棣南征北战的郑和，显示了卓越的军事指挥才能。他深知，战争的艺术，最高的境界是出其不意，攻其不备。

亚烈苦奈儿自以为聪明，以为郑和离开王宫必定直奔港口，以便尽快回到船队。他事先让士兵砍伐山上的树木，推下山来，将山路堵塞，就是要拖住郑和，使他无法及时赶回船队，只要拖上两个时辰，他的全盘计划便可以实现了。

郑和这时当机立断，放弃了赶回港口与船队会合的打算，他在山路上临时召集了各路将领的战前动员会，简要地分析了敌人的意图，以及敌我双方的优势与劣势，接着他说："从山路设置的路障来看，敌人的意图是明显的，那就是争取时间，拖住我们，不让船队知道我是死是活，以便动摇军心。为此我决定，马上挑选20名精明强干、善走山路的将士，立即出发，不惜一切代价，翻山越岭，以最快的速度赶回港口，向王景弘大人报告，带上我的口信，由王大人代行我的职权，统率全军，指挥船队，誓死抵抗，歼灭一切来犯之敌。"

郑和下达命令后，很快挑选出20名年轻的士兵，由一名将领带领，向港口方向飞奔。

郑和目送他们的身影消失后，对身边一个个脸色凝重的将领说："好了，现在敌人的注意力都集中在港口的船队，据我估计，亚烈苦奈儿的王宫现在一定兵力空虚，这个赌徒把老本都押在港口了，所以我们要杀他一个回马枪，打他个措手不及。你们看此计如何？"

众将领一听，顿时面露喜色，"太棒了！咱们杀进王宫去，活捉番王！把他的老巢给端了！"他们非常赞同郑和的决策。

郑和于是向众将领分派各自的任务：兵分三路，一路从正面佯攻，吸引守卫王城的敌军主力，另外两路从左右包抄，形成东西两翼合围，突破王宫的城垣，直捣王宫。

当郑和的部队神不知鬼不觉地由山间小道悄悄地向王宫方向挺进时，亚烈苦奈儿还蒙在鼓里。这时他正在王宫里和王后一边饮酒，一边等候胜利的捷报。

突然一个番将慌慌张张地跑来报告："大王，不好了，中国军队攻进王城，正在向王宫一路杀来……"亚烈苦奈儿一听，大惊失色，"快，快，传我的命令，要死守王宫，不许后退，你赶快派人到港口去，调救兵回来保卫王城……"

但是，亚烈苦奈儿已经来不及了，郑和的将士已经攻入王城，杀死大批守城的番兵，先头部队与王宫的卫队展开了殊死的拼杀。番兵在中国军队的前后夹击下节节败退，溃不成军，许多人缴械投降。亚烈苦奈儿见势不妙，企图从王宫后花园逃跑，不料正好与郑和亲率的一群将士狭路相逢，正所谓冤家路窄，郑和一声令下，将士们一拥而上，将亚烈苦奈儿和他的王后一起活捉了。

不过，即便到了这般地步，亚烈苦奈儿仍不肯认输，他气急败坏地说："你们别高兴得太早，我的几万援军马上就会赶到，你们快放了我，否则锡兰将是你们中国人的坟墓……"

郑和生擒了亚烈苦奈儿等人后，没有松一口气，立即命令将士搜索残敌，然后封锁王城，将主要兵力投入王城的城垣上，做好迎战敌军反扑的准备。

郑和通宝钱币

果然，当将士们稍事休整不久，从港口方向返回的敌军开始攻城。这场战斗打得十分惨烈，守城的将士勇猛顽强，敌方死伤惨重，加上船队派出的中国大部队随后赶来增援，使敌军腹背受敌，军心涣散，很快就溃败了。

锡兰军队发现王城失陷，又惊又怕，急忙调转矛头，联合其他守军，一起围攻王城。郑和凭险拒守，顽强地坚守了六天六夜。第七天凌晨，郑和趁锡兰兵将熟睡之际，押着亚烈苦奈儿等人从王城悄悄撤出来。因为王城周围所有的道路都有锡兰军队把守，郑和一行人硬是从王城旁的丛林中砍出一条道路来，后来又被锡兰军队发现，于是只能边战边退，艰难行进了20余里，终于在傍晚时分抵达宝船队。整个战事残酷而激烈，副使朱真、千户何义宗、百户沈友、试百户刘海、总旗孙贵、刘移住、小旗田永、郑忠、张山、胡光复、廖兴，士兵杨林、冀斌、许旺、刘和、郑足、刘春等人，皆奋勇杀敌，张原等人牺牲。

这次意外的战事，郑和的船队虽然取得了胜利，但他带领3000人孤军深入锡兰王城，也造成了惨重的伤亡。而且，锡兰国王亚烈苦奈儿以及在锡兰王城中被俘虏的其他人被带上了宝船，锡兰国内势必局势动荡，需要尽快向明成祖汇报锡兰的情况，并由明成祖册封一位贤明的新国王，以使锡兰尽快稳定下来，于是船队便押着亚烈苦奈儿，直接回国了。

这一仗打得险象环生，而郑和指挥若定，士兵们勇猛无畏。曾随郑和参加此役的随从翻译费信，在《星槎胜览》中对锡兰山之役作了生动

名垂青史

郑和

真实的记述："永乐七年，皇上命正使太监郑和等赍捧诏敕……赏赐国王头目。其王亚烈苦奈儿负固不恭，谋害舟师。我正使太监郑和等深机密策，暗设兵器，三令五申，使从衔枚疾走，夜半之际，信炮一声，奋勇杀人，生擒其王。"

费信的这段记载非常重要，从"谋害舟师"一句，说明锡兰山国之役是属于自卫反击性质的正义战争；从"深机密谋""三令五申"之句，说明郑和军事指挥上不但富有智谋，而且十分谨慎；从"信炮一声"一句，说明郑和舟师在武器装备方面确实有热兵器——火炮，这是在有关郑和下西洋的第一手资料中，证明郑和舟师有"炮"的唯一记载。

永乐九年六月十六日，郑和将大部分的战船和士兵留在太仓刘家港，仅率领宝船队745人回到了京城。

郑和回到京城，向明成祖解释了未能到达忽鲁谟斯的原因，献上了亚烈苦奈儿等俘虏。按照惯例，明成祖的大臣们商议处置俘虏的办法。大臣们都主张将亚烈苦奈儿处死，以此对其他蠢蠢欲动的国家示以警戒。但明成祖经过再三考虑，还是宽宥了亚烈苦奈儿，只将他和其他俘虏暂时拘禁在京城。同时下令礼部在亚烈苦奈儿的亲属中挑选下一任锡兰国王的人选。

礼部经过调查，选定了耶巴乃那为锡兰新国王人选。

永乐十年七月十三日，明成祖派遣使者到锡兰，册封耶巴乃那为国王，并且允许亚烈苦奈儿跟随使臣回到锡兰。

锡兰问题终于顺利解决，这也意味着郑和的船队终于肃清了下西洋航路上最后一道顽固的障碍，他们的船队下一次将往西洋更深处进发。

锡兰之战，人数对比悬殊，但凭借郑和的足智多谋和船队官兵的英勇善战，最终明军以少胜多，使西洋各国再次见识了明朝强大的军事实力。虽然明成祖期望并一直强调以和平的手段确立各国对明朝的臣服，但短期内，这样的军事威吓显然更能壮大明朝在海外的声势，因此明成祖非常满意，对参战的有功将士大加封赏。

郑和回到京城时，明成祖就举行了隆重的欢迎仪式，赏赐官兵钞5150锭。

郑和回京不久，明成祖又派遣宦官赵唯善和礼部郎中李志刚到太仓，赏赐驻守在那里的下西洋官兵每人钞10锭，这样就一共花费了钞20万锭左右。

八月，礼部和兵部又发布了共同拟定的封赏条例。从这份条例中，我们可以发现，这次不仅财物的犒劳比俘虏陈祖义时多了近一倍，立功的将士还能根据立功的等级得到不同程度的升迁，立了奇功的能升两级，立了头功的可升一级，如果立功的将士已经牺牲，那么他的子孙可以世世代代继承职位。这次封赏，让下西洋的将士们很受鼓舞。他们意识到，虽然他们大多数时候都"坐"在战船上，但也同国内的征北军一样有建功立业的机会。对于船队的普通士兵来说，他们或许不能像船队中的官员那样从贸易中获利，但通过建立战功，一样也能得到皇帝的封赏。

十月，兵部再次论定锡兰之战功勋，锦衣卫指挥佥事李实、何义宗，都升为本卫指挥同知，正千户彭以胜、旗手卫正千户林全，都升为本卫指挥佥事。

从此之后，锡兰山国平定下来，海路更加通畅了，明王朝的威望更是震慑了那些恃强凌弱的国家。

锡兰山国之役以中国部队的大捷而宣告结束，它的胜利显示了郑和卓越的军事指挥才能和临危不惧、有勇有谋的大将本色。他虽然生擒了见利忘义的国王亚烈苦奈儿和所有的王族，但并没有加害于他们，而是带上船一道返回中国，交给皇帝处置。这也说明郑和作为一位外交家，在处理国与国之间的关系上是相当谨慎的。

由于郑和三次下西洋获得巨大的成功，许多国家纷纷派使臣到中国来朝贡，中国与西洋各国建立了睦邻邦交，明成祖十分高兴。

名垂青史

郑和

第 六 章

筹备休整再出海，
四下西洋抵非洲

通过郑和前三次下西洋，中国帮助占城收回失地，调解暹罗争端，肃清海盗，维护了当地的和平和人民的安定生活，在当时的国际争端中发挥了重要作用，同时也说明明王朝已经在东南亚和南亚诸国树立了威望。明成祖为此获得了巨大的成就感和荣耀感，更加坚定了俯仰八方、挥斥方遒的豪情。于是，永乐十一年（1413），明成祖又下达了第四次下西洋的命令。郑和这次出使，除了重复前三次出使的航程以外，还访问了西亚及非洲各国。

衣锦还乡，拜祭亡父

郑和第四次下西洋之前，经明成祖批准，于永乐九年（1411）十一月回到久别的故乡云南昆阳州和代村，与家人团聚，并给他的父亲扫墓。从小时候离开故乡到现在，差不多有30年了。30年的岁月变迁，物是人非，郑和不禁伤感不已，这也是郑和唯一一次回到家乡。

"少小离家老大回，乡音未改鬓毛衰；儿童相见不相识，笑问客从何处来。"用这首唐诗形容郑和回乡的情景，真是再合适不过了。郑和离开家时，还是个小孩子，如今已是不惑之年，仪表堂堂、威风凛凛的汉子。当他们弟兄姐妹见面时几乎都不敢相认，年迈的老母见到跪在地上的儿子更是老泪纵横，悲喜交加。久别重逢，骨肉团聚，自有说不完的话题。

"衣锦还乡，光宗耀祖"是多少游子的梦想啊。郑和现在的确可以算是衣锦还乡了，但他并没有太多的兴奋，毕竟当年的那场战争，给他带来的伤痛太多：少年时被迫接受宫刑，父亲早亡却多年不知，得知后又不能立即回乡拜祭。这次回来，郑和就是专门去拜祭他的父亲——那个年仅39岁、去世却已经整整30年的马哈只。

相聚的日子过得飞快。不知不觉，一个多月一眨眼过去了。临行前，全家人坐在一起，吃最后一顿团圆饭。老母亲亲自下厨房，做了好些家乡菜，那是郑和小时候最爱吃的。不料，大家入座时，却发现郑和不见了。

大家都不知道他到哪里去了，都很纳闷儿，还是他的哥哥马文铭最

名垂青史

郑和

郑和航海馆

了解郑和，他走出院子，径直来到滇池岸畔。

果然，湖边一棵老柳树下，郑和坐在草地上，默默地凝视着晚霞映红的湖水。这里，是他小时候折纸船、做小木船，和兄妹们玩耍的地方，他在这儿钓鱼、游泳，还和父亲一起划船，驶向湖对岸……

马文铭没有打扰郑和，他知道，郑和正在寻找消逝的童年，回忆童年欢乐的时光。尽管他如今已是指挥千军万马的统帅，但是家乡的一切，对他来说是最珍贵的。

在少年时玩耍过的乡野间，他看到了那座坟冢，也切身体会到了什么叫物是人非。但他并没有太多的时间为自己和父亲的命运伤感，他需要赶快回到京城，需要去做第四次下西洋的那些好像永远也做不完的准备工作。

是的，郑和正在向滇池告别。明天，他又将扬帆远航，去迎接大海的狂风恶浪……

这次回乡，郑和没有留下过多的痕迹，只是命人在墓碑阴面的右上角刻了几行小字，记下他为父亲祭扫这件事。

今天，在云南晋宁县昆阳镇月山西坡的马哈只墓墓碑上，碑阴刻有三行小字："马氏第二子太监郑和奉命于永乐九年十一月二十二日到于祖家坟茔祭扫追荐至闰十二月吉日乃还记耳。"从碑阴题记可知，郑和归里扫墓是永乐九年十一月到永乐九年闰十二月之间，他只在家里与家人团聚了短短的一个半月。

长期休整，认真筹备

永乐九年（1411）六月，郑和第三次下西洋回国后，没有像以前出使那样，回国不久，在当年就又奉命再下西洋，而是在国内休整了两年，直到永乐十一年冬方才再次扬帆出航。

永乐十年十一月，明成祖朱棣下达了第四次下西洋的命令："永乐十年十一月丙申，遣太监郑和等赍敕往赐满剌加、爪哇、占城、苏门答腊、柯枝、古里、南渤里、彭亨、急兰丹、加异勒、忽鲁谟斯、比剌、溜山、孙剌诸国王锦绮纱罗彩绢等物，不得有差。"

等郑和第四次下西洋时，明朝政府已经在东南亚和南亚诸国树立了威望。在海路和陆路方面，经过郑和三次出使，从南洋群岛到南印度一带已经完全贯通，没有阻碍。而且，郑和的船队训练了一大批远洋航行的技术人才，并积累了丰富的航海经验。同时，马六甲等地建立了中间转运站，使远航补给有了保证。为此，明成祖的豪气更加阔大了，在他的支持下，郑和进一步去访问南亚以西的远方国家。他率领庞大的船队渡过印度洋，驶向波斯湾，穿过红海，沿东非之滨南下，最远到达赤道以南的东非沿岸诸国。

第四次出航计划的终点站是忽鲁谟斯，可能的话还要去天方国，

名垂青史

航行时间更长，航路更复杂，需要做的准备工作更多。而此前的三次远航，时间长达六年，宝船队的船只已经产生了很大的磨损，因而维修和改造船只，成为第四次远航筹备工作的重点。

明成祖对此极为重视。永乐十年九月，他下令浙江、湖广、江西及镇江等地建造海运船130艘，十一月，又下令扬州等地建造海船61艘；永乐十一年十月，他再次下令江西、湖广、浙江及镇江等地改造海船共63艘。这些新造或改造的船只中，大部分被用于第四次下西洋。郑和回到京城后，首先就是要督掌下西洋船只的修造工作。

永乐十年十一月，明成祖正式下令郑和率领船队出访，所列出的访问国名单中，天方国赫然在列。

天方国远在西亚，是伊斯兰教的圣地，郑和的祖父和父亲都曾前往那里朝圣过。他们或许给幼小的郑和讲过那些旅途趣事，但已经40多岁的郑和显然对这些往事没有什么印象了。然而，作为一名出色的使者，他明白在出使他国时，如果想要博得对方国家的好感，就必须融入对方的文化。既然天方国是那么神圣的伊斯兰教圣地，自己又是信仰伊斯兰教的回族人，那么如果再有一个通晓阿拉伯语的信徒随行，那就更好了。

永乐十一年四月，他终于在西安物色到了一个理想的人选——哈桑。

哈桑是西安羊市大清真寺的掌教，掌教就是清真寺中所有宗教事务的掌管人。元朝时，清真寺的掌教一般都是外来的传教士，到明朝，才渐渐改由接受外来传教士教导的本地信徒担任。因而，哈桑即便不是外来传教士，也应该是外来传教士的第一代弟子，他对伊斯兰教的教义以及阿拉伯语肯定相当熟悉。

郑和来请哈桑出山时，古都西安正是早春时节，渭河两岸的柳条一片鹅黄，大雁塔下的桃花也开得绚烂。这天，西安羊市大清真寺来了一位不同寻常的贵客，尽管他轻装简从，但是他那轩昂的气度和从容的举止，给人印象不同凡响。跟在他身后的几位地方官，亦步亦趋，表情十分谦卑，更加使人们不由猜想，此人的来头一定不小，他究竟是谁呢？

　　大清真寺的掌教哈桑事先得到了通知，早早地就和寺里的阿訇们肃立在门前迎接。那人进到寺里，也按照穆斯林的习俗，先去净手洗脸洗足，然后虔诚地进入礼拜堂向真主祈祷。等做完这些宗教仪式后，他让随从将赠送清真寺的礼物抬上来，礼物很是贵重，掌教哈桑连连称谢，又在院内一间清净典雅的会客厅与客人会面。

　　宾主入座以后，哈桑彬彬有礼地问道："客官尊姓大名，不知来小寺有何见教？"

　　陪同前来的一位地方官欲向哈桑亮出客人的身份，不料这位客人摆了摆手，然后突然用阿拉伯语对哈桑说："长老，听说您曾去过麦加朝觐？"

　　哈桑眼睛一亮，立即用地道的阿拉伯语答道："客官所言极是，我年轻时在福建泉州清真寺，随西洋番船从海路去麦加朝觐，后来又在麦地那大清真寺研习《古兰经》等回教经典，遍访名师，在那里修行了五年之久。那是二十多年前的事了，不知客官怎会知道？"

　　"长老在天方待了五年，怪不得阿语讲得如此标准，我只是懂一点儿皮毛，让长老见笑了。"来客又说道，"你从海路去麦加，回程也是从海路回国的？"

　　"正是，那次也巧，有几艘阿拉伯商船要来广州做生意，我便搭船回国。"哈桑接着讲起沿途各国的情况，来客听得很认真，不时插话询问。

　　"果然名不虚传，长老对那一带航路很熟悉，不知长老可有意再陪下官去一趟麦加？"那位客人突然问道。

　　哈桑听他这样一说，心中一惊，顿时恍然大悟，连忙叩首在地，"客官莫不就是大名鼎鼎、名扬四海的钦差总兵郑和……郑大人？"

　　那人含笑扶他起来，"你还没有回答我呢。"

　　哈桑不停地点头，激动不已地说："回大人的话，在下一辈子的心

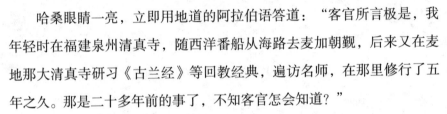

愿就是重返麦加圣地，朝觐真主，若能随大人前往，就是粉身碎骨也在所不辞，那是在下的福分……"说罢，两人相视一笑，继而又哈哈大笑起来。

原来，他俩是用阿拉伯语在对话，其他人也听不懂，陪同的地方官一个个张口结舌，不知所云，也笑了起来。

郑和这次专程来到西安，是为了准备第四次下西洋，航行到比前三次更遥远的阿拉伯国家，沟通明王朝与阿拉伯国家的外交联系。但是，船队缺乏通晓阿拉伯语的翻译人才，经多方寻访，得知西安羊市大清真寺掌教哈桑，不仅通晓阿拉伯语，而且对阿拉伯国家的情况和风俗习惯十分熟悉，于是郑和尽管公务繁忙，还是抽空专程从南京赶到西安，亲自面谈，这样就有了前面的一番对话。后来，郑和让哈桑做了宝船队的通事，也就是翻译人员。为了表示对他的感谢，郑和还出资重修了这座清真寺。

由这件小事也可看出，郑和作为一位指挥千军万马的统帅，事无巨细，十分认真，连找一个翻译这样的小事，也千里迢迢亲自过问，不肯让部下代劳，这也说明郑和尊重人才、礼贤下士的领导作风。另一方面也说明，郑和下西洋的航海活动，也为各方面的人才提供了施展才华的舞台。后来，哈桑作为船队的翻译随郑和第四次下西洋，另一位阿拉伯语翻译马欢，同样也是这次随船而行的。

在船队中担任通事的还有马欢和郭崇礼。马欢，字宗道，又字汝钦，因为是浙江会稽（今浙江绍兴）人，所以自号会稽山樵。马欢也是回族人，信奉伊斯兰教，精通阿拉伯语，从这次参加郑和下西洋开始，他前后三次下西洋，并与郭崇礼合著了一本记录下西洋见闻的书，叫《瀛涯胜览》，这本书与《星槎胜览》一样，是研究郑和下西洋历史的基本资料。

郑和第四次下西洋，动用宝船63艘，加上其他类型的海船，组建了一支由100余艘巨舫组成的庞大舰队，参加的人有官校、旗军、勇士、通事、民稍、买办、书手通计27670人。若按《瀛涯胜览》所举官、军、指挥等的具体数字，累加起来，参加这次出使人员总计28568人，是我们目前所知七下西洋调动人员最多的一次。

奉祀天妃，修建行宫

名垂青史

郑和在第四次出海前，还有一件很重要的事情必须完成，那就是奏请明成祖，在福建长乐为海神天妃修建南山行宫，明成祖无不应允。

据传，天妃实有其人，姓林名默，又称林默娘，北宋福建莆田人，湄州都巡检林愿的小女儿。相传，她出生时红光绕室，异香氲氲。因生下一个月后也不闻啼声，故取名"默娘"。自幼聪明过人，读书过目成诵；16岁，通晓变化，妙用玄机，驱邪治病，济世活人；28岁，以未嫁之身，扶危救困。那年夏天，父兄同船出海航行，突遇风浪覆舟。林默娘赴海救父生还，而兄长落水遇难。她陪同母亲驾船到海里寻找，忽见一群水族聚集在海面之上。众人十分惊异。林默娘知道它们是受水神之命前来迎接她。这时，海水变清，其兄尸体浮了上来。于是，他们将尸体运了回去。同年九月九日，林默娘在山头坐化，当地人感其恩德，将其肉身立庙祭祀。她去世后常显威灵，香火不绝。她经常在海上显圣救难，被各地航海人奉为圣神，东南沿海一带尊称其"妈祖"。历代皇帝均有封赠，如南宋高宗敕封为"灵惠昭应夫人"，元世祖敕封为"护国明著天妃"，始有"天妃"之说。

那么，郑和为什么也相信天妃确有其人呢？

原来，相传郑和第一次出使，前往暹罗的途中遭到暴风雨，船队在即将支撑不住的时候，天妃显灵庇护，使船队逃过一劫。回到京城后，郑和奏请明成祖在京城宝船厂附近建了一座天妃庙。后来船队下西洋的时候，又多次在暴风雨中化险为夷。郑和认为，这除了穆罕默德和佛祖的保佑，必定也是仰仗了天妃的帮助，因而更加坚定地要在各地供奉天妃。因为要以南京的天妃宫为尊，所以这次将要在福建长乐修建的就称为天妃的南山行宫。

从现代科学来分析，古人所看到的天妃幻象，很可能和海市蜃楼一样，是由光线的折射和反射造成的。但在古代社会，人们缺乏预测和抵御海上暴风雨的可靠方法，而对天妃的信仰，恰恰能起到安定人心的作用，信仰天妃，成为郑和完成使命的心灵支柱。

解决争端，"诸番镇服"

经过长达两年半的筹备和休整之后，永乐十一年（1413）的冬天，郑和率领宝船队终于再次从福建长乐太平港起航，开始了第四次下西洋的航行。

这次航行，他们先后到达了占城、暹罗、旧港、爪哇、满剌加，并按惯例在这些国家宣读明成祖的诏书、颁发赏赐并进行贸易等活动。

从满剌加出发四天后，船队到达了哑鲁国（今印度尼西亚苏门答腊岛东岸巴鲁蒙河河口）。这个小国位于满剌加与苏门答腊之间，居民都是回族人，以农耕和打鱼为生，并没有什么特别的出产，所以郑和只是到这里例行赏赐。

从哑鲁往西，只用一两天的时间，船队就到达了苏门答腊。

苏门答腊三面环山，仅北面朝着大海，早晚温差很大，特别是每年的五月到七月，瘴气弥漫，外来人很容易吸入瘴气而感染疟疾等传染病后死亡。

苏门答腊人靠种植水稻和一些常见的热带蔬果维持生计，马欢似乎对其中的臭果"赌尔焉"（马来语）情有独钟。他在《瀛涯胜览》中这样介绍：这种水果长得像中国的水鸡头（芡实），但有七八寸长，皮上有尖刺，熟了就会裂开，闻起来像臭牛肉一般，但里面的白色果肉却很甜美。果肉中的籽也可以炒了吃，味道和栗子相仿。"赌尔焉"，其实就是现在人们熟悉的榴梿，它原产于马来半岛，现在我国海南、广东也有种植，不知是否就是由郑和的船队从海外带回来的。

苏门答腊只有胡椒可以用来进行贸易，与出产黄金的吕宋、出产象牙和犀牛角的真腊、出产珍珠和宝石的锡兰相比，这里物产并不丰富。但是，对郑和的宝船队来说，苏门答腊与相去不远的满剌加一样重要，因为它地处南海和印度洋的交界地带，是宝船队西行的中转点。

郑和早在1405年第一次下西洋时，就为苏门答腊国王宰奴里阿必丁举行了封王仪式，并因此使苏门答腊逃脱了被爪哇兼并的命运。从那以后，苏门答腊就屡次来中国朝贡，两国建立了友好关系。这也为郑和的宝船队在此建立航行中转点提供了方便，同在满剌加一样，船队也在这里建了"官厂"，用来储存贸易和生活物资。

但是，当郑和的船队第四次出使苏门答腊时，这里正在发生战事。

苏门答腊是东西洋海上交通的要道，是郑和分开船队做扇形远航的始发基地之一。因其所处位置重要，明成祖朱棣很注意与苏门答腊建立良好的关系，多次派遣使者前往访问，使两国间的友好关系逐步得到加强。

但是，在永乐五年以后，苏门答腊的情况变得复杂起来，导致郑和在第四次出使时发生了擒获苏门答腊"伪王"苏干剌的事件。

对于这次战役的爆发，据《明实录》中的记载，苏干剌阴谋篡夺王

名垂青史

位，且怒郑和只对苏门答腊国王赏赐，而"赐不及己"，于是领兵数万来攻打郑和下西洋官军，从而挑起了这场战争。若仅据《明实录》提供的史实，郑和起初并没有与苏干刺作战的打算，只是迫于自卫，才"率众及其国兵与战"。这样，郑和第四次下西洋时发生的苏门答腊之战，仅属正常防卫性质的战争。而通过有关史料的分析，我们已能做出判断，苏门答腊海战有其特殊的背景。

当时，在苏门答腊的西邻有一个小国，叫作那孤儿国，国土很小，人口只有几千，脸上都刺着三尖青花纹。其国王脸上也刺有花纹，所以又叫花面王。老花面王死后，花面王继位，对苏门答腊很不友好，经常率兵侵犯。永乐五年，由于苏门答腊没有坚固的城防设施，所以花面王没有遇到多大的阻力就攻入了苏门答腊境内。苏门答腊国王宰奴里阿必丁率军迎战，战斗中中了毒箭，没多久就赴了黄泉。当时王子年纪很小，不能为父报仇，王后却气愤不过，下令说："谁能替我夫君报仇，保卫我的疆土，我就嫁给他，和他一起主宰这个国家。"有个渔夫站出来说："我能打败那孤儿王。"渔夫后来真的杀了那花面王，敌兵也随之退走。王后就嫁给渔夫，称其为老国王，国家政事也交给他管理。永乐七年，老国王派使者入贡中国，明成祖朱棣赐其使钞币、金织袭衣等，以示嘉奖。也就是说，明成祖认可了渔夫的新身份。

后来，之前年幼的王子锁丹罕难阿必镇长大成人，他不愿意接受渔夫国王的统治，况且这个渔夫国王有自己的嫡子苏干刺，他肯定会将王位传给嫡子，而不是自己这个前国王的儿子，所以他秘密地谋害了渔夫国王，并取而代之，登上了王位。

老国王虽然被杀，但他的势力并没有完全消灭。他的儿子苏干刺，带着全家逃到山里，当了山大王，并时不时率军队滋扰新国王，扬言要为老国王复仇。已当上苏门答腊国王的锁丹罕难阿必镇为了确保王位，消除苏干刺这一心腹之患，便在自己新即位之时，急欲得到明朝政府的承认，于永乐十年九月派遣使者到中国，一方面向明朝政府报告已即苏门答腊王位的消息，请求明朝政府正式封王，赐给诰印；另一方面，也请求明朝政府帮助平息苏干剌的叛乱。

在明成祖看来，由宰奴里阿必丁之子继承王位，当然要比那个渔夫更名正言顺一些，所以，他答应了锁丹罕难阿必镇的请求，这个使命自然就交给了在次年下西洋的郑和船队。

从《卫所武职选簿》来看，郑和的船队到达苏门答腊时，应该是在永乐十二年的八九月份。船队到达苏门答腊后，郑和按照惯例，对国王锁丹罕难阿必镇进行了赏赐。新国王对郑和的来访异常欢迎，再次向郑和提出帮助平息苏干剌的叛乱的请求。郑和在进一步了解了苏干剌的军事实力后，认为这一场战事非同小可，根据第三次下西洋时遇到的锡兰之劫的经验，郑和不能不考虑现在立即着手解决苏干剌问题带来的后果。郑和最担心的是，现在正在出访途中，计划中的航程还没有走完一半，还没有进入"西洋"，如现在就出手帮助平息苏干剌的叛乱，一旦卷进去，在时间和实力上消耗过多，势必影响这次整个出访计划的完成。于是，郑和决定在船队返回时再解决苏干剌的问题。他在与锁丹罕难阿必镇商谈时，一方面告知明成祖朱棣已有扶持新国王的旨意，一方面坦诚地对他讲明了有关的情况，承诺在返回时一定帮助平息苏干剌的叛乱。

郑和并未食言，在他结束远航非洲返回之际，率舟师回到苏门答腊，出兵擒拿了苏干剌。

当郑和舟师回到苏门答腊时，苏干剌不由得寝食不安，密切注视着郑和舟师的动向。当他探听到郑和舟师已在王城附近布防时，更感到郑和舟师是自己夺取王位的一大障碍，加上怨恨郑和"赐不及己"，于是就采取先发制人的战略，出动全部兵力来攻了。

这次苏门答腊战役是郑和下西洋中战斗规模最大的一次战役，在锡

名垂青史

兰山国之战时，虽然锡兰山国方面出动了5万兵力，也是一场大战、恶战，但郑和的目的并不是要全歼这5万之众，所以采取了避实就虚、擒贼先擒王的战术，达到预期目的后，就撤出战斗，来一个"三十六计，走为上计"。所以，锡兰山国战役虽然险恶，但"大战"持续的时间并不长，双方都没有拼到底，战事前后也就进行了七八天。这次苏门答腊战役就不一样了，是与苏门答腊国的军队联合作战，并且是与对方正面交锋，一战到底。

关于这次战役的具体经过，在现存史料中缺乏记载，只知道苏干剌在苏门答腊本土被打败后，逃到南渤里国，郑和舟师与苏门答腊国军队一起，对苏干剌军穷追猛打，乃"追至南渤里国，并其妻子俘以归"。并将苏干剌在永乐十三年归国时押解回国。

这场战争非常惨烈，在《卫所武职选簿》中，很多在这次战争中立功的将士名后都注明了"厮杀有功"，因这次战争得到提升的士兵军官有140多人，现在有姓名可查的仍有20多人，而在这20多人中又有超过4人立了奇功，升了两级。

同时，这次战役的胜利，又一次显示出郑和杰出的军事和政治、外交能力。郑和官兵与苏门答腊国军队合起来有数万之众，两军对垒，是一场大战，郑和必须具有善于指挥大兵团作战的能力。另一方面，郑和指挥的是一支有苏门答腊国军队参加的大兵团，他必须要运用政治、外交的才干，才能让锁丹罕难阿必镇放心地将军队交给他指挥。

郑和舟师和锁丹罕难阿必镇所部联军活捉了苏干剌，意味着苏干剌对锁丹罕难阿必镇王位的威胁宣告结束，新王的地位得以稳固，为此他很是感激，时常进贡。生擒苏干剌是郑和下西洋时期的第三次军事行动，也是最后一次在海外用兵。

战争结束，锁丹罕难阿必镇登上王位后面临的最大挑战因此消除，苏门答腊和中国的关系变得更加紧密，中国在苏门答腊建立的"官厂"

也更加安全可靠了。

苏门答腊一战，不仅威震南洋，"诸番镇服"，密切了中国与苏门答腊的友好关系，而且对保障下西洋的顺利进行具有十分重要的战略意义。

扇形远航，殊途同归

郑和第四次下西洋与前三次下西洋相比，这次下西洋的航程要多出一倍左右，需要拜访的国家也相应增加。因此，郑和派出了很多分船队"舟宗"来分担任务，由随行的副使太监等人担任分船队的首领，前往不同的国家，返航时约定在古里、满剌加、苏门答腊等几个中转点集合，再一起回国。

郑和船队这次出使，除访问东南亚、南亚诸国是重复前三次出使的航程，其访问西亚及非洲各国，则是经历了新的航程。

按照事先预定的方案，郑和与王景弘一起，共同率领大舟宗船队去非洲访问，由各位副使分别率分舟宗访问忽鲁谟斯、祖法儿、阿丹等阿拉伯国家。

郑和前三次航行，都是"西洋近国"，明成祖认为"远者犹未宾服"，因此命令郑和再扩大航程，遍访西洋更边远诸国，忽鲁谟斯即成为首选之地。此后三次航行，郑和船队开赴更遥远的海域，横跨了整个印度洋，直至非洲东岸，故忽鲁谟斯之行，实为郑和七下西洋具有重大转折意义的一次航行。

忽鲁谟斯即今伊朗，地处波斯湾与阿曼湾交汇处，是进入波斯湾的第一个重要港口，阿伯拉人又是当时全世界出名的精明能干的商人，所以这里商船云集，十分繁华。据巩珍《西洋番国志》记载："其处气

名垂青史

候有寒暑，春则开花，秋则落叶，有霜无雪，雨少露多。""土瘠谷麦寡，然他方转输者多，故价殊贱。民富俗厚……人多白皙丰伟，妇女出则以纱蔽面，市列廛肆，百物具备。"

明成祖大概对忽鲁谟斯也有所耳闻，所以在郑和第三次下西洋时，曾要郑和前往拜访。这次下西洋，忽鲁谟斯仍旧是船队的首要目的地，所以郑和率领宝船队的主要力量前往忽鲁谟斯。

大约是在永乐十二年（1414）年底或永乐十三年（1415）年初，郑和率领宝船队到达了忽鲁谟斯。郑和率领使团上岸之后，发现这里确实同传说中一样繁华，商旅云集，贸易发达。

这里的国民都是信奉伊斯兰教的回族人。忽鲁谟斯国从国王到普通老百姓皆信仰伊斯兰教，尊谨诚信，每日要做五次礼拜，沐浴斋戒。他们皮肤白皙、体格健壮，而且衣着整洁。因为善于经商，所以这里的人大都很富裕。偶尔有人因为变故陷入贫困，大家也会对他进行救助，并为他提供做生意的本钱。

忽鲁谟斯气候四季分明，冬天不太冷，有霜无雪，全年雨量稀少。当地农作物不多，米麦等粮食均由外地贩运而来。干果类有核桃和松子，瓜果有葡萄、石榴、西瓜、甜瓜、花红、桃、万年枣（可能是指椰枣）等，但这些蔬菜、水果、干果与中国的品种有很大的不同："其胡萝卜色红大如藕。甜瓜尤大，有高二尺者。核桃色白壳薄，可以手碎（用手轻轻一夹，壳就碎了）。松子长寸许。葡萄干有三四种，一种如枣干紫色；一种如莲子大，无核结白霜；一种仅如豆，颇白。石榴大如茶盅。花红大如拳，香美。"蔬菜有葱、韭、蒜、萝卜、菜瓜等，牲畜有骆驼、马、驴、牛、羊。

由于各国商人云集，忽鲁谟斯有繁华的市场，终日熙熙攘攘，商贸发达，到处摆着来自各地的"诸番宝物"，各色宝石如刺石（一种玫瑰色宝石）、祖把碧（一种苍绿色宝石）、祖母绿（绿宝石）、猫儿眼

（金绿宝石的一种）、金刚钻（钻石）、珍珠、珊瑚树、琥珀等应有尽有。还有出自阿拉伯地区的各色纺织品，如十样锦剪绒花单、青红丝嵌手巾等。这里有各种店铺，唯独没有酒馆，因为按伊斯兰教教规，饮酒是违背教规的，要受到法律的制裁。市场上很热闹，舞刀弄棒耍杂技卖艺的，看病卖草药的江湖郎中，应有尽有。

中国的船员水手上岸后还发现，街上有很多店铺出售烤羊肉、烧鸡、薄饼和一种叫"哈里撒"的面食，当地人的主食多以酥油拌米饭。因为岛上种植的稻谷和麦不多，居民食用的米、面一般都从集市上购买，人口少的家庭习惯直接买熟食食用，三四口之家往往在街上的店铺买熟食，家里多不生火做饭。

不过，由于伊斯兰教是禁酒的，所以全城找不到一家酒馆，不免令人扫兴。当时，随郑和下西洋并担任通事的有三位，分别是哈桑、马欢和郭崇礼。哈桑原是西安羊市大清真寺的掌教，信奉伊斯兰教，精通阿拉伯语。马欢，浙江会稽人，回族，信奉伊斯兰教，也精通阿拉伯语。郭崇礼，事迹不详，应该与马欢相似，也精通阿拉伯语。回国后，两人合著了一本书《瀛涯胜览》，详细记述了他们下西洋时的所见所闻，其中记述了以下两件事：

在忽鲁谟斯，市面上人气很旺，还有各种各样的杂耍表演。他们见到了一些杂技表演，演员拿出一根木棒，将它竖在地上，然后牵来一只小白羊。这时，他拍着双手，嘴里念念有词。不一会儿，小白羊竟随着他的节拍不停地跳动起来，并慢慢走到木棒旁边，纵身一跃，两只前脚准确无误地站到木棒顶尖儿上。接着，演员又拿出一根木棒，竖在小白羊后腿近旁，然后发出一声号令，小白羊将后腿一跃，分毫不差地也站到木棒顶尖儿上。当小白羊站在木棒上时，身体左右摇摆，观众都很担心，生怕它会摔下来。可小白羊一点儿也不在乎，在木棒上轻轻摆动，像舞蹈一般。人们报以热烈的掌声。随后，演员又把两根木棒抬起来，

名垂青史

在其下面再接一根木棒，一连接了五六次，把小白羊抬到一丈多高。观众非常担心，生怕小白羊会摔下来。可小白羊并不害怕，仍悠然地轻轻摇摆。观众拼命喝彩，掌声不断。这时，"啪"的一声，木棒突然断开，小白羊从空中摔落下来。众人大惊失色。就在小白羊快要落地时，演员抢步上前，把它接住，抱在怀里。观众这才松了口气。

接着，又一个演员牵着一只猴子走上台，开始表演耍猴。他用厚布蒙住猴子的眼睛，蒙了好几层，确信猴子已看不见东西了，这才挑了一名观众，要他打猴子头一下，然后走开。那名观众照着做了，演员把布解开，猴子立即到人群中寻找，找了几个来回，终于把那个人找了出来。观众轰然雷动，可谁也猜不出什么原因。这其中大概有些玄机，但却给通事马欢他们留下了深刻的印象。

郑和的船队在忽鲁谟斯受到国王友好的接待，郑和向国王赠送了贵重的礼物，忽鲁谟斯国国王也委派使臣随船队前往中国，并回赠了狮子、金钱豹、阿拉伯马等珍稀动物和宝石、珍珠等礼品。此前，忽鲁谟斯同明朝从来没有过外交上的正式往来，郑和来到忽鲁谟斯后，首先对该国的国王、妃子和大臣进行了赏赐，以表示明成祖希望与忽鲁谟斯建立友好关系的愿望。国王在了解明朝使臣的来意后，表示也会派使臣跟随郑和的宝船队前往中国朝贡，并准备了马和其他特产作为贡品。

另一支分舟宗在副使太监的率领下，从古里出发，来到了祖法儿国。

祖法儿国（也称佐法儿）位于阿拉伯半岛南端，是现在的也门佐法尔。马欢《瀛涯胜览》记载："自古里国开船投西北，好风行十昼夜可到，其国边海倚山，无城郭。东南大海，西北重山。国王国人皆回教门，人体长大，貌丰伟，语言朴实。"费信在《星槎胜览》"祖法儿国"条中记载："临海聚居，石城石屋，垒起高三五层者，若塔其上"，可见这是一个颇有特色的国度。

也就是说，从古里国开船，向西北方向，顺风十昼夜可达。该国依山面海，气候温和，不冷不热。农作物有米、麦、豆类和各种杂粮，蔬菜有瓜、茄子，家畜、家禽有牛、马、羊、驴、鸡、鸭，也饲养猫和狗。骆驼有单峰和双峰两种，人们出行多骑骆驼。

祖法儿国的居民信奉伊斯兰教，当地人身材高大魁梧，国王贵族用白细布缠头，穿细丝嵌圆领的青花长袍，或金锦衣袍，足穿番鞋或皮靴，平民百姓也是缠头穿长袍，足穿靴或鞋。每逢礼拜日，上午市场禁止交易，男女老幼都要沐浴，用蔷薇露或者沉香油涂抹身体和脸，再换上干净衣服。当地人使用香料很普遍，用小土炉焚烧沉檀、龙涎香等香料，以熏身体，芳香经久不散。

祖法儿国气候常热，一年之中，气温常像中国八九月份的样子。其国物产丰富，据巩珍《西洋番国志》记载，土产乳香，其香乃树脂也，树似榆而叶尖长，斫树取香而卖。土地肥沃，适于各种农作物生长，米麦豆粟稷麻谷及各种蔬菜都有种植，盛产瓜茄，尤多芥瓜。山中有驼鸡，身形如鹤，脚高三尺，行走如骆驼，土人捕获来卖。在西亚诸国中，祖法儿以盛产乳香等香料而闻名。郑和使团这次来祖法儿国访问，并向国王颁发了明朝皇帝的诏书并赏赐各种礼品，国王很高兴，便通过头目告知国人，用乳香、血竭、芦荟、没药、安息香、苏合油、木别子等香料与中国船队携带的丝绸、瓷器进行交易。

另一支分舟宗船队则到了剌撒（Rasa，今属也门）和阿丹（Aden，今也门亚丁）。

《星槎胜览》中记载剌撒"倚海而居，土石为城，连山旷地，草木不生，牛羊驼马皆食鱼干。民俗颇淳，气候常热，田瘠少收，唯麦多有，数年无雨，凿井绞车，羊皮袋水，田女拳发，穿长衫，妇女妆点兜头，与忽鲁谟斯同。……地产龙涎香、乳香，千里骆驼，余无物也。货用金银、色缎、色绢、瓷器、米谷、胡椒之属"。《星槎胜览》作者费信，还在这一条记载后附诗一首："海丘名剌撒，绝雨亦无寒。层石垒

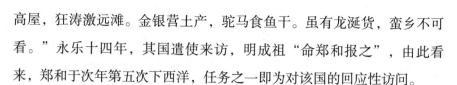

高屋，狂涛激远滩。金银营土产，驼马食鱼干。虽有龙涎货，蛮乡不可看。"永乐十四年，其国遣使来访，明成祖"命郑和报之"，由此看来，郑和于次年第五次下西洋，任务之一即为对该国的回应性访问。

"阿丹在古里之西，顺风二十二昼夜可至"，"地膏腴，饶粟麦。人性强悍，有马步锐卒七八千人，邻邦畏之，王及国人悉奉回回教。"《瀛涯胜览》这样描述阿丹国。阿丹即今也门共和国首都亚丁，是一个天然良港，也是世界各地船舶东西往来必经之地。

阿丹因其在国际贸易中的重要地位，是郑和船队前往古里以西远航必访的西亚国家。

这次郑和船队分舟宗来访，本着与阿丹建立持久的友好合作关系的愿望，也对这个素有所闻的国家作了一番全面的了解。此后，在永乐十五年及宣德五年（1430），郑和第五次、第七次奉使刺撒时，都曾访问了阿丹，"其王甚尊中国，闻和船至，躬率部领来迎。人国宣诏讫，遍谕其下，尽出珍宝互易"。

在阿丹国采风问俗、参观访问的同时，郑和使团成员又进行了贸易活动。阿丹国的商业相当发达，各类店铺林立，各色货物应有尽有，叫卖声相闻，呈现一派繁荣景象。郑和使团在此用纶丝色缎和青花瓷器等与当地商人交易，同时购进香料和一些比较罕见的珊瑚树和宝石等。

郑和船队这支分舟宗结束在阿丹国的访问后，下一步是去天方国访问。郑和在第四次下西洋出航前，就有去天方国的打算。在西安羊市大清真寺1523年（清嘉庆二年）《重修清净寺记》中记载："永乐十一年四月，太监郑和奉敕差往西域天方国，道出陕西，求所以通译国语，可佐信使者，乃得本寺掌教哈三焉。"为了到天方国访问，特地到西安去访求"可佐信使者"，可见郑和对这次天方之行是十分重视的。

郑和船队从阿丹港口起航，往西北穿越红海，即到天方国港口秩达。《瀛涯胜览》载："天方，古筠冲地，一名天堂，又曰默伽。水道自忽鲁谟斯四十日始至，自古里西南行，三月始至。"天方今属沙特阿拉伯，其地"于西域为大国，四时常似夏，无雨雹霜雪，唯露最浓，草木皆资之长养。土沃，饶粟、麦、黑黍。人皆颀硕。男子削发，以布缠之，妇女则编发盖头，不露其面"。

关于郑和本人是否到过天方，史学界至今意见尚不一致。至于郑和究竟是否到过伊斯兰教的圣地——天方国的麦加，前面说过，第四次航行之前，郑和亲自到西安找哈桑，请他做翻译，就是因为他懂阿拉伯语，而且在天方国生活过多年。懂阿拉伯语的马欢也是这次加入船队的，郑和第四次下西洋打算访问天方国，与阿拉伯世界建立外交联系，这是肯定无疑的。

但在所有涉及第四次航行的文献记载中，都没有提到天方国。尤其是由郑和亲自刻石勒碑的《天妃灵应之记》碑和《娄东刘家港天妃宫通番事迹》碑，也没有提及此事。倘若郑和在第四次下西洋时果真访问了天方国，却不予记载，这是不合情理的。因为天方国是阿拉伯世界的泱泱大国，与天方国建交、开展贸易是件大事，何况郑和本人就是一个虔诚的穆斯林，他如果到过天方国，必定要参拜圣城麦加，会留下许多佳话的。

名垂青史

在马欢著的《瀛涯胜览》、费信写的《星槎胜览》以及巩珍的《西洋番国志》里，凡是提到"天方国"的条目，都注明是宣德五年第七次下西洋时，郑和的船队分出一支小分队同往古里国，领队的是洪保。当他得知古里国派人去天方国，于是派遣七人搭乘古里国的船前往麦加。也就是说，郑和本人和大规模的船队一直没有到达麦加，去天方国的仅仅只有七个中国人，这还是最后一次下西洋发生的事。

为什么一直期望赴天方国的郑和始终未能如愿呢？这里有两种可能：一是航程遥远，时间上来不及，如果船队去了麦加，当年无法返回

国内。另一种可能是在前往天方国途中，出现了意想不到的情况，打乱了郑和的计划。

那么会出现了什么特殊情况呢？唯一合理的解释便是船队遇到了红海的强劲风暴。风向的突变，使船队不仅不能驶入红海，前往天方国的麦加圣城，反而不得不掉转船头，随风漂泊，向南方的非洲东岸航行了。

总之，不论是上面提到的哪一种情况，郑和与向往很久的圣城麦加失之交臂了，这不能不说是郑和终生最大的遗憾。

船队的主力经亚丁湾，过曼达海峡，向着遥远而神秘的非洲大陆挺进。

像人类历史上所有的航海家一样，郑和此刻面对的是完全陌生的海洋，没有一张前人的航海图可以告诉他们船队驶向何方，船上最有经验的水手也不知道海洋的尽头在何处，更没有人知道会遇到什么危险。

至此，郑和师团已经访问了阿拉伯半岛各主要国家，现在唯一主宰他们的信念是勇往直前，以顽强的意志和大无畏的精神，劈波斩浪，去探险，去发现新的世界……

史无先例，到达非洲

郑和在第四次出使中，要完成比前三次出洋多得多的使命，其中以完成对非洲沿岸国家的访问为当务之急。要想做到这一点，就不能沿印度洋海岸西行，必须另辟蹊径，开辟横渡印度洋直达非洲的新航路。

郑和的船队前三次下西洋所经过的航线，对于许多老船工、老水手来说并不陌生，他们当中有不少人是在福建当地招募的船老大，以前就在漂洋过海的商船上干过，不止一次前往东南亚、西亚的港口，他们的航海经验对于郑和船队的顺利航行至关重要。但是第四次下西洋，对于许多人来说，却是闯入了一片完全陌生的海洋了。

郑和在与王景弘经过了周密的调查研究之后，决定采取从小葛兰径航东非沿岸的木骨都束的方案。于是，在送走分赴西亚各国的分舟宗后，郑和率领船队从古里来到小葛兰国。

在小葛兰国，郑和为船队横渡印度洋做了最后的准备，对船舶进行维修，又给船队补充了一些副食和淡水，趁着印度洋上的东北季风正盛之际，从小葛兰扬帆起航，开始了横渡印度洋的壮举。

首先到达的国家是溜山国，即今马尔代夫。溜山国位于锡兰山西南650海里的海域里，由露出水面及部分露出水面的大大小小近2000个珊瑚岛组成，是印度洋上的"千岛之国"，这里是郑和船队横渡印度洋的必经之地。

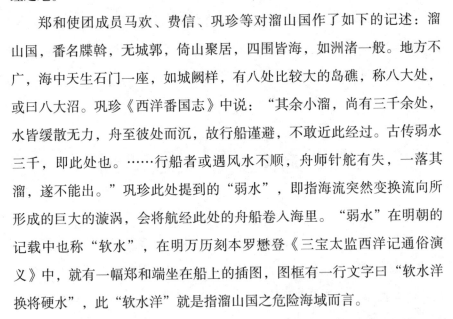

郑和使团成员马欢、费信、巩珍等对溜山国作了如下的记述：溜山国，番名牒干，无城郭，倚山聚居，四围皆海，如洲渚一般。地方不广，海中天生石门一座，如城阙样，有八处比较大的岛礁，称八大处，或曰八大沼。巩珍《西洋番国志》中说："其余小溜，尚有三千余处，水皆缓散无力，舟至彼处而沉，故行船谨避，不敢近此经过。古传弱水三千，即此处也。……行船者或遇风水不顺，舟师针舵有失，一落其溜，遂不能出。"巩珍此处提到的"弱水"，即指海流突然变换流向所形成的巨大的漩涡，会将航经此处的舟船卷入海里。"弱水"在明朝的记载中也称"软水"，在明万历刻本罗懋登《三宝太监西洋记通俗演义》中，就有一幅郑和端坐在船上的插图，图框有一行文字曰"软水洋换将硬水"，此"软水洋"就是指溜山国之危险海域而言。

结束对溜山国的访问后，郑和船队从官屿出发，径向着非洲东岸驶去。起初的航程很顺利，船队犁海而行，随着时间的流逝，那神秘的非洲一天天靠近了。不料在整个航程走了将近一半时，船队遇上了暴风。

名垂青史

面对暴风雨的肆虐，郑和临危不惧，镇静地指挥各船掌稳船舵，迎着巨浪，利用船体坚固、高大宽广的优势，劈波斩浪而行。在晃荡得厉害的船舱中，众人已点燃妈祖像前的香烛，默默地祈求天妃娘娘显灵搭救。对天妃的虔诚信仰，鼓舞了大家战胜风暴的斗志，经过众人奋战，加以宝船庞大坚固、性能优良，船队总算抵御住了这次突如其来的暴风的袭击，安然无恙地渡过了危险。

经受了暴风雨的洗礼，郑和船队在经过前后近20个昼夜的航行后，终于完成了横渡印度洋的壮举，来到了一个陌生的大陆。

从船上往陆地上望去，郑和他们看到，这里到处是荒山秃岭，寸草不生，天气炎热，水源缺乏，干旱极了。于是他们决定登岸去寻找当地居民，搞清楚这儿究竟是什么地方。他们见到了当地居民，这里的居民身材矮小，皮肤黑色，头发卷曲，上身裸露不穿衣服。翻译用阿拉伯语问话，他们都摇头表示听不懂。原来，这儿不是阿拉伯半岛，而是红海的西岸边，内地连着广袤的大陆。

郑和和他属下的官员上岸，登高眺望，只见西方天际，隐隐约约有层层山峦。

郑和同部下商量说："记得过去来中国访问的各国使臣中，也有相貌类似这个地方的人，叫什么木骨都束国。问他们国家在什么地方，他们说不清楚，只告诉是在离中国很远很远的地方。现在，我们既然已经到了这里，索性再向西南开去，看看究竟会到什么地方。"大家都点头表示同意。

船队出了红海海口，绕过大陆的东北角，继续向西南驶去。这时，船队航行在赤道附近，天气越来越热，迎面吹来的海风好像热蒸汽似的使人透不过气来。只有到了夜间，暑热才稍稍减退一些。那些在船上守望的导航人员，发现明亮的北斗七星快要落在海平线以下，渐渐看不见了。有经验的水手知道，他们已经越来越靠南边了。可是右岸神秘的陆地，还一直向南延伸，好像没有尽头——原来这块陌生的大陆就是非洲。

郑和的船队沿着非洲的东海岸向南航行，首先到了一个荒凉的渔村，叫作哈甫泥（今索马里的哈丰角），接着到了一个荒凉的村落。当地居民以标枪和盾牌为武器，骑着单峰骆驼，有的骑大象而行。这里的大象皮肤灰黑色，双耳较小，身躯高大，和印度的大象有些不同。又航行了三天，他们到了一个国家，叫作木骨都束，即今日东非索马里的摩加迪沙。

索马里有"非洲之角"之称，位于非洲最东部的三角形半岛上，好像一个犀牛角突出在印度洋与亚丁湾之间，地理位置十分重要。它三面临海，沿海是狭长的冲积平原，气候终年高温，干旱少雨。

当时，木骨都束还是一个滨海小城，用大石堆成的城墙呈不规则的四方形，有军队守卫。居民住房一般也是用石块叠成的，高的有四五层，上面住人，下面用作厨房和厕所。

这里天气十分干旱，有时，一连好几年都不下雨。为了解决饮水问题，当地人开凿深井，上面架起辘轳，用羊皮袋汲水。城外一片旷野，再远是黄红色岩石的荒山，土地非常贫瘠，草木稀少。虽有一些田地，种些粮食，但因天旱，收成极少。当地居民养的牛、羊、骆驼、马，也因缺乏水草，只好吃晒干的海鱼。当地出产乳香、龙涎香，还时常可以见到有非洲豹出没。

木骨都束是郑和使团访问非洲的第一站，郑和刚刚踏上非洲这块神秘而陌生的土地，就在当地引起了轰动。因为在非洲的历史上，从未有过如此之多的中国人来访，也从未见过如此巨大的船舰和如此庞大的船队。原来，早在1415年，木骨都束和邻国卜剌哇（古国名，在今非洲东岸索马里的布拉瓦）、麻林地（古国名，在今非洲东岸肯尼亚的马林迪一带，也有学者认为是坦桑尼亚的基瓦尔）一道，派遣使者访问过中

名垂青史

郑和

国，得到明朝的国书和赠送的礼物。木骨都束国王闻听郑和船队来访的消息，欣喜异常，立即派大臣将郑和一行迎入王宫，给予最高的礼遇。郑和向国王和王妃赠送了中国的丝织品、瓷器和茶叶。

郑和访问非洲，除了要使明朝的声威远播，其经济上的目的，就是开展贸易。以郑和船队先进的航海技术，完全可以驶过好望角，与欧洲人建立航海贸易关系。但在当时的中国人看来，欧洲还相当落后，对欧洲的毛织品、酒类等物产也不感兴趣，反倒对非洲的龙涎香等香料、象牙和野生动物更感兴趣。所以，郑和船队这次在木骨都束开展贸易，在货物的品种、数量，贸易的规模，以及同当地商人、居民交往接触的程度上，都是史无前例的。

离开了木骨都束国之后，郑和又依次访问了卜剌哇（今索马里东南岸布拉瓦）、竹步（今索马里南部朱巴河口的准博）、麻林（今肯尼亚东岸的马林迪）等国。

由于这里接近赤道，白天烈日凌空，阳光直射，人站在太阳底下却几乎看不见影子。夜晚，船上异常闷热，可以听见岸上丛林中不时传来野兽出没咆哮的声响。船队穿过赤道，向赤道以南更遥远的地方驶去。

据《明史》卷326记载，卜剌哇国"与木骨都束接壤。自锡兰山别罗里南行，二十一昼夜可至"。"其国，傍海而居……少草木，亦垒石为屋。有盐池，但投树枝于中，已而取起，盐即凝其上。俗淳，田不可耕，蒜葱之外无他种，专捕鱼为食。所产有马哈兽，状如獐；花福禄，状如驴（斑马）；及犀、象、骆驼、没药、乳香、龙涎香之类"。竹步国"所产有狮子、金钱豹、驼蹄鸡、龙涎香、乳香、金珀、胡椒之属"。

郑和船队携带大量的金银、丝绸、锦缎、瓷器、漆器等，与非洲这些沿岸国家开展了广泛的贸易活动，换取了大量的龙涎香、没药、乳香、象牙等当地特产，以及一些像"麒麟"（长颈鹿）、斑马、狮子、犀牛、金钱豹、驼蹄鸡之类的奇珍异兽，并同当地人民建立了友好的联系。

郑和本想继续南航，进一步了解这个神秘的大陆究竟有多大，可是，麻林地人劝阻说，再往南走，可以到桑给巴尔（今坦桑尼亚的一部分，在东非印度洋沿岸，由桑给巴尔、奔巴两岛和附近小岛组成），那里尽是连绵不断的荒野，内地都是原始森林，林中毒蛇猛兽出没，人迹罕至。

除此之外，船队出航的时间太久，长期的海上航行，炎热的气候，风浪的颠簸，恶劣的生活条件，许多水手士兵都病倒了。船队中开始出现烦躁不安的情绪，也有人抱怨发牢骚，许多人都盼望早点儿返航。

在今天的布拉瓦郊区还有一个很大的村庄，叫作"中国村"，又名"郑和屯"。据说当年郑和使团曾来过这里，这个村子的名字就是为了纪念郑和的来访。这些非洲国家，正是由于郑和第四次下西洋，开辟了新的航线，勘察清楚了海道，从而首次派遣使节来到中国，与明王朝建立了友好的外交和贸易关系。因此说，郑和第四次下西洋有着非同一般的意义，它为中国和东非沿岸各国开启了互相认识的大门。

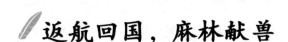

返航回国，麻林献兽

马上就要到三四月份了，也就是到了约定返航的日子了。郑和一打听，前往天方国的路途还很遥远，因此此行只能放弃天方之旅。

黎明时分，当火红的太阳从大海中跳出，金色的光芒照亮了非洲东海岸的热带丛林，也唤醒了林中的鸟儿的时候，突然从四面八方响起一阵阵欢快的鼓声。这节奏昂扬的鼓声在丛林上空回荡，令人振奋，令人热血沸腾。伴随着阵阵鼓声，从森林深处的村寨，从海边的渔村，走出许多载歌载舞的黑人男女，他们有的举着长矛盾牌，有的戴着美丽的花

名垂青史

郑和

环，踏着鼓点，兴高采烈地朝海滩而来。

走在最前面的是国王，他头戴金冠，手持黄金的权杖，坐在粗藤条扎的椅子上面，由七八个黑人武士抬着。队伍后面是几个很大的木头笼子，其中最大的一个木笼比两个人还高，抬起来特别费力，因此人们只好将笼子放在圆木头上面，慢慢地往前推，推几步又将后面的圆木搬到前面，这样一步一步往前挪动。围观的人们跳着唱着，许多孩子更是跑前跑后，忙个不停。

在距海滩不远的洋面上，霞光映照着一艘艘船上高高升起的风帆，桅杆上端的彩旗迎风飘拂，有十几艘小船正在迎着涨潮掀起的浪头，朝岸上飞快地驶来。

郑和站在船头，不时举起右臂向岸上招手。船队马上要离开非洲返航了，他是来向当地的国王辞行的。

这里是麻林地。几天前，郑和拜会了国王，转达了明成祖对他的问候，并赠送了丰厚的礼物，有精美的丝绸、漂亮的瓷器，还有金银饰品。国王很高兴，表达了与中国建立友好邦交的愿望，并设宴款待远方的客人。

现在船队要回国了，国王不仅亲自率领臣民前来送行，还向中国皇帝回赠了礼品，这就是关在木笼里的动物。不过，这些生活在非洲热带草原的野生动物，是中国人以前从未见过的。

郑和一行上岸后，在海滩上举行了隆重的交接仪式。

非洲的阳光像一团燃烧的火焰炙热逼人，不一会儿暑热难耐，海滩的沙子都烫脚了。但是几百名麻林地男女青年载歌载舞，忘情地踏着疯狂的鼓点，兴奋地喊呀、唱呀、跳呀。灼人的骄阳烤着他们黝黑油亮的肌肤，头上戴着花冠的女子满脸汗水，仍然不停地扭动身躯，拍着巴掌。体格魁梧的麻林地武士们，有的手握短刀，有的举着盾牌，在阳光下表演对阵厮杀，喊声震天。那激昂的舞步、旋风似的动作、威武的呐喊，令人热血沸腾，引起围观的人们一阵阵喝彩。

郑和一行为麻林地人民的热情所感染，也情不自禁地踏着鼓点，跳起舞来。

当表演结束后，国王让随从将木头笼子推了过来。这些笼子里装了些什么呢？郑和好奇地仔细端详笼子里的怪兽，先是看见了狮子，这是大家都认识的，百兽之王嘛，"狮子形如虎，黑黄无斑纹，头大口阔，尾有毛黑长如缨，声吼如雷，诸兽望见蛰伏不敢动"。

再看那个最高的木头笼子，郑和一行不禁惊讶万分。那里关着的是一头高大的动物，它正瞪着一双惊慌的眼睛，忐忑不安地东瞧瞧西望望，不知道究竟发生了什么事，也不知道要怎样处置它呢！只见它从高高的木头笼子里伸出长长的脖子，从脚到头足有五六米高，光是脖子就差不多两米，四肢又高又强健，前肢长，后肢稍短，身上有斑点状的花纹。它的额头宽，嘴巴稍尖，竖立着一双大耳朵，头顶上还有一对骨质短角。蹄子阔大，像牛蹄一样。尾巴短小，尾端长有一簇黑毛。

郑和一行围着木头笼子都看呆了，这究竟是什么动物呢？说是梅花鹿吧，梅花鹿没有这么高大的。说它是马吧，它的腿前高后矮，没法子骑。只有它的尾巴和四蹄像牛，但和牛的差别太大。郑和看见这种动物虽然高大无比，性情却很温驯，只是吃树叶，便通过翻译问这是什么动物，翻译问国王，国王回答说："它是祖剌法。"可是"祖剌法"又是什么呀？谁也不知道是什么意思。

忽然，郑和想起这只怪兽的样子很像中国古代传说中的麒麟，因为古书上说，麒麟的形状有鹿身、牛尾、马蹄、龙头，头上还有一根角，全身鱼鳞状。

"这是麒麟呀！"郑和兴奋地说。众人一听，也随声称这只神兽为"麒麟"了。

实际上它是非洲的长颈鹿。长颈鹿是非洲撒哈拉沙漠以南的森林边

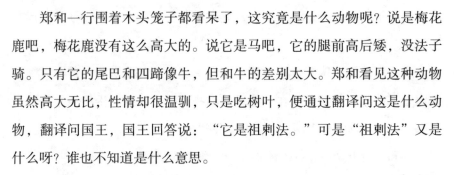

缘和稀树草原上特有的动物，也是陆地上最高的动物。雄性长颈鹿身高五六米，大约有两层楼高，就连大象站在它旁边，个头儿也只有它的一半。长颈鹿奔跑的速度也很快，每小时可达50公里。长颈鹿性情温和，以树叶为主食，最喜欢吃的是金合欢树和含羞草的叶子。由于它的身体太高，长颈鹿休息时通常站立不动，只有当其他的长颈鹿在一旁守护，它才会偶尔坐下来歇一会儿。

郑和为什么特别高兴呢？因为麒麟是传说中太平盛世才会出现、象征吉祥的瑞兽，轻易是见不到的。如今在遥远的非洲得到这只非同寻常的神兽，一旦运回国去，不仅皇帝十分满意，国人也会大开眼界。

另外一个木笼里的动物，郑和等人也是头一回见到。它的样子很像马，但全身密布很多黑白相间的条纹。郑和问国王这是什么动物，国王说它叫"花福禄"（也有一种说法叫"花福鹿"），就是非洲的斑马。

郑和向麻林地国王辞行，更是感谢国王赠送的厚礼。不过，把这些礼物搬上小船，又从小船搬上大船，可是费了大劲。国王亲自指挥，召唤黑人青年们都来帮忙，他们抬的抬，扛的扛，有的人还趟着齐腰深的海水，推着小船，费了大半天时间，才算完成了这项艰巨的任务。

这里需要说明的是，据有关记载，郑和下西洋时，赠送长颈鹿的国家不止一个，榜葛剌、忽鲁谟斯和阿丹国也先后赠送了长颈鹿。但是，南亚和西亚并不产长颈鹿，这些国家很可能是从非洲得到的长颈鹿，然后又作为珍贵礼物转赠给中国的。只有麻林地国赠送的长颈鹿，真正是来自它的故乡的。

美丽而神秘的非洲大陆渐渐远去，那山峦起伏的海岸，郁郁葱葱的原始森林，那辽阔的热带草原，以及热情好客能歌善舞的非洲土著居民，给郑和以及中国船员、将士留下了难忘的印象。

当郑和的船队返回祖国时，船上可真是热闹呢！据统计，郑和下西洋时带回的野生动物（主要是各国贡品），先后七次加起来约有23种，如狮子、金钱豹、长颈鹿、斑马、鸵鸟、犀牛、大象、骆驼、火鸡、鹦鹉、孔雀、黄黑虎、六足龟、黑熊、白猿、黑猿、白鹿、五色鹦鹉、白獭（帕）、马哈兽（大角羚羊或非洲大羚羊）、麋里羔兽（印度羚羊）等，这也是野生动物迁徙史上值得研究的一件大事。

可以想象，将这些珍禽异兽装上船，漂洋过海，运往中国，即使是在今天，也是相当繁难之事。为了保证这些珍禽异兽的健康，还得派专人照看，为这些特殊的客人预备了它们喜爱的各种食物。在漫长的航行途中，又是在风浪颠簸的大洋上，照料这些动物可是件操心的事，因为这些珍禽异兽是各国赠送给中国皇帝的厚礼，一定要小心翼翼地护送回国，一点儿也不敢马虎。

除此之外，船队上还增加了许多尊贵的客人，这就是各国派往中国朝贡的外交使臣。有的国家非常重视与明朝建立友好的外交关系，渴望到中国来学习悠久的中华传统文化，亲眼看一看经济高度发达的中国，于是派遣高规格的访华代表团，随船队前来中国。比如在第四次下西洋返回时，满剌加国国王偕王妃及大臣等共540人组成庞大的代表团访问了中国。

船队上突然来了这么多的贵宾，各国客人的饮食习惯不同，风俗各异，单是安排他们的食宿，就是相当繁重的工作。为此，郑和更加忙碌，不仅抽调一部分人专门负责接待工作，腾出一部分舱房供客人居住，他还要经常去嘘寒问暖，以尽主人之责。

郑和的船队频频出访东南亚、南亚、西亚以至非洲的许多国家，大大促进了中国和各国的友谊，密切了各国的友好交往，出现了有史以来各国使臣纷纷来中国朝贡的空前盛况。除了一般的使臣，还有一些国家的国王也亲自率团来中国访问，这是历代封建王朝从未有过的，这也正是明成祖实行的和平外交政策的成功之处。

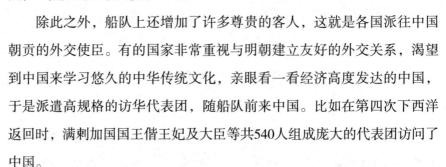

名垂青史

郑和

永乐十三年七月，第四次下西洋的郑和船队平安地返回祖国了。此行，他还带来了印度尼西亚、印度半岛以及阿拉伯地区、东非等十多个国家的使者。当船队停靠在太仓刘家港码头时，立即引起巨大的轰动。从船上陆续上岸的各国宾客，他们的肤色和身上穿的奇装异服引起人们的极大好奇。等到从船上卸下一个个装着珍禽异兽的木头笼子，人们更是惊讶不已，他们蜂拥而至，争相转告，把偌大的码头挤得水泄不通。

中国十分欢迎这些使者的来访，尤其是麻林的使者。作为本次下西洋航线上距中国最远的一个国家，麻林向明成祖进献了瑞兽"麒麟"，得到了空前的重视。礼部尚书吕震为此专门向皇帝请求，希望在麻林使者进献"麒麟"的那天，能够由自己率领满朝的文臣武将向皇帝献表书祝贺，但遭到明成祖的否定。

明成祖清楚，从明太祖开始，地方官向朝廷进献所谓祥瑞之物，被认为是一种邀宠的谄媚举动，因而一直不予提倡。他可能也觉得，作为宗主国，中国如果为一个小国的贡品如此兴师动众，未免有些小题大做，有损大国身份。当然，由于进献瑞兽的是远道而来的麻林，意义自然又是不一样的。所以，虽然否定了吕震的提议，这位帝王还是对郑和下西洋取得这样的成果感到由衷的欣慰。

十一月，明成祖朱棣亲自在南京皇宫的奉天门主持欢迎仪式，接受"麻林地国及诸番国进麒麟、天马、神鹿等物"。尤其是麻林地进贡的麒麟，使整个明朝宫廷都轰动了，让大臣们也一饱眼福。为此，宫廷画家为麒麟作画，不少文人学士纷纷题诗作赋，把麒麟的出现比作明朝的太平盛世的象征，极尽歌功颂德之能事。不过，客观地看，麻林地等海外国家来中国献麒麟等动物，确实是国家兴旺、声威远播的结果。如果不是中国强盛，郑和远赴非洲，和各国建立友好的邦交，也不可能出现这样空前绝后的盛事。

从郑和第四次下西洋开始，每次出使，都要远至阿拉伯及东非遥远之国，以当时对世界地理的认识水平，郑和沿东非海岸南下访问的一系列国家，似乎囊括了极远的海外国家。这些远方国家纷纷随郑和船队来中国朝贡，便被看作是体现了"际天极地"的国度都心仪于中国。所以，当永乐十三年，在当时被视为"去中国极远"的麻林国，因郑和使团的来访，遣使来中国贡"麒麟"，在当时被认定是明初对外方针已初步实现的重大事件。

正因如此，麻林国来献麒麟，受到了明成祖的热烈欢迎。文献记载："麻林与诸番使者以麒麟及天马、神鹿诸物进，帝御奉天门受之，百僚稽首称贺。"明成祖还亲自到奉天门去迎接，这样的接待规格也够高了。

事实上，从郑和下西洋的实际记载来看，每次郑和都带回大量的奇货珍宝及珍禽异兽，如珍珠、珊瑚、玛瑙、宝石、香料、麒麟、犀角、象牙、狮子、孔雀、鸵鸟等。一开始明成祖对宝物是有兴趣的，但老是献麒麟等物，后来也就烦了。

明茅瑞徵《皇明象胥录》卷七《麻林传》中就有这样一段话："永乐十三年，献麒麟，礼部尚书吕震请至日率群臣上表贺，上不许，曰：往翰林院修五经四书、性理大全成，欲上表进贺，朕则许焉，麒麟有何损益？其罢贺，厚赐遣之。"就是说，当时有一位朝臣要求写表相贺，却遭到明成祖的拒绝。可能明成祖也知道，麻林国所献的不是麒麟，只不过是顺水推舟，乐得其成。若要写表相贺，万一弄错了，岂不要贻笑后人？

名垂青史

第 七 章

万国宾服龙心悦，
五下西洋耀国威

第四次下西洋是永乐十三年（1415）八月结束的。又经过两年准备，第五次下西洋在永乐十五年（1417）秋天开始了。由于前四次下西洋的影响，出现了万国来朝的景象，在这一刻达到了巅峰。第五次下西洋返回后，又跟随郑和船队来了许多外国使臣，并向中国进献了很多珍禽异兽，令国人大开眼界。

万国来朝，修缮神宫

截至永乐十四年（1416），除了古里、爪哇、满剌加、占城、锡兰、南渤里、苏门答腊、忽鲁谟斯、柯枝等国之外，木骨都束、溜山、剌撒、卜剌哇和阿丹也首次来到中国朝贡，因郑和下西洋而出现的万国来朝的景象，在这一刻达到了巅峰。

在万国来朝的热闹中，郑和却回忆起这十年来四下西洋的风风雨雨。

永乐十四年，郑和已经45岁了，比记忆中的父亲年纪还要大一些，咸涩的海风早已将他的双鬓染成了霜色。出海的时候，每当飓风来临、天昏地暗之际，他总是怀疑自己是不是已经走到了生命的尽头，但想起自己从云南一路走来的艰辛，又迸发出强烈的求生欲望。他真诚地向天妃祈求，希望她能够护佑这支为大明、为自己带来无数荣耀的庞大船队，而他也确实一次次地在暴风雨中挺了过来，也更加相信天妃的存在。

他又一次来到位于京城西北郊江边的天妃庙。船队每次出发前和回国后，郑和都会在这里向天妃祈求和拜谢。这座建成于1407年的天妃庙，两年后改名天妃宫，现在已经渐显破旧。他决定向明成祖请求修缮这座天妃宫，以报答天妃多年来对船队的庇佑，也希望她今后能够继续保佑自己的船队。明成祖很快批准了他的请求。

郑和本身是内宫监太监，主管的就是营造，又有皇帝的支持，所以第二年的春天，修缮工程就竣工了。

天妃宫修缮一新，回廊的墙壁上，画着海洋中各种奇异景象，这都是画师根据郑和的描述绘制的。天井里，种着郑和从海外带回来的婆罗

名垂青史

郑和

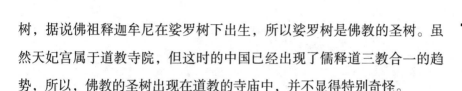

树，据说佛祖释迦牟尼在娑罗树下出生，所以娑罗树是佛教的圣树。虽然天妃宫属于道教寺院，但这时的中国已经出现了儒释道三教合一的趋势，所以，佛教的圣树出现在道教的寺庙中，并不显得特别奇怪。

天妃宫中，立着一块《御制弘仁普济天妃宫碑》。碑文是由明成祖在永乐十四年四月六日亲自撰写的。他在碑文中讲到：同他的父亲朱元璋一样，他想使中国的文化能够传播到海外，教化海外的那些野蛮民族，使他们渐渐步入文明社会。为了实现这一目标，他派郑和率领宝船队出使海外诸国。但他们却在海上遭遇了飓风袭击，当时天地间一片晦暗，雷电交加，海浪滔天。所幸不久之后天妃从云层中穿梭而出，顿时红光遍布海面，光芒流动到船中，使船队像点满了烛火一样熠熠生辉，不久天空中的乌云就渐渐散开，海面也恢复了平静。为了感谢天妃的帮助，他给天妃赠了一个封号——护国庇民妙灵昭应弘仁普济天妃。他认为，自己作为君王，最多能使治下的人民过上安定富足的生活而已，至于国家和人民的命运，只有神灵可以左右，因而，希望天妃能够继续护佑船队。

永乐十四年十二月丁卯，麻林、卜剌哇、木骨都束、阿丹、沙里湾泥、剌撒、溜山、忽鲁谟斯、古里、柯枝、甘巴里、锡兰山、南渤里、苏门答腊、满剌加、爪哇、彭亨、急兰丹、占城诸国及旧港宣慰司使臣结束了在中国的访问。各国使臣在回国之前，进宫来向明成祖朱棣告辞。

明成祖念及他们不畏艰险，远涉海路而来，其仰慕中国、忠诚之心实在可嘉，于是又赐给文绮袭衣、永乐通宝钱等，命郑和等赍敕及锦绮纱罗彩绢等物，趁护送各国使臣回国之际，再往西洋各国访问。

永乐十四年年底，明成祖宣敕郑和第五次下西洋。次年五月，郑和率领宝船队和各国使臣共两万多人到达了福建，照例在这里等待季风的来临。但这次船队停靠在了泉州，而不是往常的长乐太平港，因为郑和准备到泉州的阿拉伯人三贤、四贤墓前行香。

三贤、四贤是唐朝时来到泉州传教的两个阿拉伯人，与他们同时来中国传教的还有两个人，分别去了广州和扬州。他们被尊为贤人，应该是出于对这四个人品格和业绩的肯定，据说这四个阿拉伯人是中国回族人的祖先。在泉州的这两人排行为三贤和四贤，他们去世后，被安葬在泉州的一座山上。据说，三贤和四贤安葬在此以后，人们在夜间经常看到山上散发出一道道光芒，泉州人就称这两座墓为圣墓。圣墓是否真的有灵异之处，我们不得而知，但当时的各国使臣很多是信奉伊斯兰教的回民，郑和的这个举动，无疑会增强他们对郑和甚至对中国的认同感。

护使归国，柯枝封王

　　郑和第五次出使，奉朝命是在永乐十四年（1416）冬，但照例是在次年秋后，在长乐港等季风来临时起航。这次航行，先要护送亚非诸国使臣回国，由近及远，一般先到占城，然后到爪哇依次经旧港、满刺加、彭亨，到苏门答腊、南渤里，再向西航行至锡兰山，然后到柯枝、古里。由古里向西北航行到忽鲁谟斯，又南下入阿拉伯海，而至刺撒、阿丹，从阿丹过曼德海峡，抵达木骨都束、卜刺哇、麻林等东非国家。再从麻林向东航行，横渡印度洋，经过溜山、锡兰山等地回国，于永乐十七年七月回到南京。

　　郑和这次来到柯枝国，是受明成祖朱棣的委托，为柯枝国举行了镇国之山的敕封仪式，并将柯枝国内的一座山封为镇国山。这在郑和第五次下西洋中，是一件大事。

　　柯枝国与中国的友好关系在明永乐年间有较大的发展。永乐元年，明成祖遣中官尹庆赍诏抚谕其国，赐以销金帐幔、织金文绮、彩帛及华

名垂青史

盖。次年，柯枝国王可亦里遣其巨完者答儿来贡。永乐六年，明成祖复命郑和使其国。次年，可亦里再遣使入贡。永乐十年，郑和再次出使其国。该国连续两年派遣使者来中国访问，请赐诰印，封其国中之山。于是明成祖命郑和于第五次出使之际，赐可亦里印诰，正式封他为柯枝国王，并封其国中之山为镇国山，刊碑以记其事，明成祖朱棣亲自撰写碑文。石碑现在已经无处可寻了，但石碑上由朱棣亲自撰写的碑文，在很多文献中还有记载。从碑文中可以看出，柯枝的使者来到中国后，将柯枝国内的风调雨顾都归功于郑和的宝船队带来的中国文化，在这种文化的启沃下，柯枝国内的人民尊老爱幼，勤于耕织，人与人之间和睦相处，再也没有发生争斗的事件。明成祖对此表示很欣慰，并再次强调："只要各国的君主施行仁政，并不再对他国有征伐的举动，我就会像对待自己的子民一样对待海外各国的子民，使普天之下的百姓都能过上安逸的生活。"

可见，明成祖的这种外交政策，其目标虽然是为了使各国臣服，但这种臣服只是让各国的君主实行仁爱的统治，而不是对他们加以掠夺。在郑和船队的影响下，十多年来，东南亚的国际环境确实改善了许多，无论是习惯于征伐的大国，还是被侵略的小国，都得到了休养生息的机会。

苏禄来华，东王病逝

在郑和第五次下西洋的同时，发生了另一件对外交流史上的大事，那就是苏禄国王来华。

永乐十五年（1417）八月甲申初一，当郑和的宝船队还停泊在泉州的时候，苏禄东国酋长巴都葛叭答腊、苏禄西国酋长麻哈剌吒葛剌马丁、苏禄峒酋长之妻叭都葛巴刺卜，各率其亲属及随从头目，组成多达340余人的使团，奉金缕表来朝贡，且献珍珠、宝石、玳瑁等物。这是继浡泥、满剌加国王来访之后，又一个海外国家的首脑人物亲自率领使团来中国进行友好访问。

因为明成祖已经在三月份前往北平，所以使团也一路北上，于八月初一到达北平，向明成祖献上用黄金书写的文书，请求得到他的接见，同时献上苏禄盛产的珍珠、宝石、玳瑁等贡品。

这是明王朝接待的第三个由国王亲自率领的使团。明朝政府对苏禄国贵宾的来访很重视，给予热情友好的接待，"赐予视满剌加国王"。八月辛卯（初八），明朝政府封巴都葛叭答腊为苏禄国东王，麻哈剌吒葛剌马丁为苏禄国西王，叭都葛巴刺卜为苏禄国峒王，并赐诰命及袭衣、冠服、印章、鞍马、仪仗。随从头目300余人，各赐冠带、金织文绮、袭衣不等。经过这次正式封以王爵，苏禄国三王的名分确定下来，苏禄与中国的关系更近了一层。苏禄国贵宾在北京生活期间，照满剌加国王例，受到最高规格的接待，出入有仪仗侍卫，一切用具皆为宫廷所用贵重生活用品，经常出席各种盛宴，被安排与明朝上层头面人物会晤，并参加一些有趣的娱乐活动。八月庚戌（二十七日），苏禄国东王巴都葛叭答腊等圆满结束了对中国的友好访问，满载着中国人民对苏禄人民的深厚情谊辞归。明朝政府对苏禄东、西、峒三王"人赐金相玉带一只，黄金百两，白金两千两，罗锦文绮二百匹，绢三百匹，钞一万锭，钱三千贯，金绣蟒龙衣、麒麟衣各一袭。赐其随从头目文绮、彩绢、钱钞有差"。这种丰厚的赏赐，已不是按一般"臣属"关系所能赐予的，尤其是赠给金绣蟒龙衣之类只有王侯才能穿着的"朝服"，更是尊重巴都葛叭答腊等作为一国之主的身份，这说明朱棣和朱元璋一样，对海外诸国的要求是"其王或臣或宾，盖慕中国之风，为安生灵而已"，而"非有意于臣服之也"。明成祖朱棣对待海外国家的这种态

名垂青史

郑和

度，因苏禄国东王巴都葛叭答腊在中国病逝，而表现得尤为明显。

永乐十五年九月十三日，巴都葛叭答腊南归途经德州时，不幸因病去世。明成祖朱棣闻讣，不胜痛悼，命祭葬如王礼，并派礼部郎中陈士启前往主祭，赐谥"恭定"。在祭文中，朱棣赞扬巴都葛叭答腊"聪慧明达，赋性温厚，敬天之道，诚事知几，不惮数万里，率其眷属及陪臣国人，历涉海道，忠顺之心，可谓至矣"。朱棣之所以对巴都葛叭答腊特别怀有好感，看重的是这位苏禄东王仰慕中华的"忠顺之心"，是他能够遵循中国对外方针的"诚事知几"，表现了作为海外文明尚未发达国家君主难能可贵的"贤德"。朱棣高度评价了苏禄东王巴都葛叭答腊为发展中国与苏禄之间友好关系所作的贡献："身虽死殁，而贤德令名昭播后世，与天地相为悠久，虽死犹生，复何憾焉！"时至今日，人们仍在纪念这位为发展中菲友谊而献身的苏禄国王。朱棣的远见卓识，已为历史所证实。正是出自对海外岛国"非有意于臣服"，努力寻求中国与海外各国之间"与天地相为悠久"的真诚友谊，才会使朱棣具有这种远见卓识。

永乐十六年九月初一日，朱棣又亲自为苏禄东王墓碑撰写了碑文，对巴都葛叭答腊表示了深切的缅怀与悼念之情，赞扬这位偏远岛国的国王在伤病的困扰下仍然远道而来朝贡。朝廷在德州为苏禄东王建造了巍峨壮观的陵墓，还允许他的次子和三子留在德州，让他们世世代代看守陵墓，又让他的妃子和仆从留在德州，为东王守孝三年。长子都麻含则继承东王的王位，同西王和峒王一起回到了苏禄。

明成祖这么隆重地操办巴都葛叭答腊的葬礼，当然是为了维护两国的友好关系，但将巴都葛叭答腊的两个儿子留在中国守墓，则是没有先例的，此前浡泥国王麻那惹加那乃在南京病逝后，也只是从西南地区选择了几户少数民族人家来为国王守墓而已。明成祖此举，是为了让苏禄人了解中国礼仪，还是为了其他，我们现在已经不得而知了。

苏禄国属今菲律宾，一般认为，苏禄国王这次来访，是对郑和使团访问苏禄国的一次回访。但是郑和船队究竟有没有抵达过菲律宾群岛，古代的历史文献中却没有记载，这个历史悬案在海内外学术界长期备受争论。近年来，人们在菲律宾最南端的苏禄省（古苏禄国所在地）省府霍洛城城郊的巴笼山麓发现了郑和舟师履菲的新证据：在巴笼山麓的明代郑和下西洋军师白本头祠庙中，发现汉字楹联，并在白本头公茔附近，寻觅到倒伏于林莽之中的英文墓志一方。通过对墓铭考释和楹联印证，可得到如下结论：郑和下西洋时期，其军师白本头率船航行到爪哇遇飓风，船只在海上漂流，便来到了苏禄。白本头与苏禄国王结下友谊，死后葬在苏禄，世世代代受岛国百姓供奉。

各国使臣，进献珍禽

郑和第五次下西洋归来，是在永乐十七年（1419）七月回到南京的。

这次归来，随郑和船队一起来到京城的，是一批特殊的"来宾"。这些"来宾"对国人的吸引力，甚至超过了以往各国的使者，人们纷纷来到船队停泊的码头边，驻足观看。

当这些"来宾"迈着形态各异的步伐走出船舱、进入观众视野的时候，人们除了一次又一次的惊叹，竟说不出其他的话来。因为这些"来宾"全都是闻所未闻、见所未见的稀罕动物，以往的典籍中从未有过类似的记载，因而即使是最博古通今的学者，也很难报上这些"来宾"的名号。

在这个百年一遇的日子里，连明成祖都特地在奉天门颁发诏旨，让大臣们赶快前来一睹为快，不然，不久之后，当它们被送往新都城的内

名垂青史

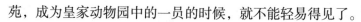

苑，成为皇家动物园中的一员的时候，就不能轻易得见了。

原来，明成祖早就想将都城迁到北平去了。北平是元朝的故都，明成祖还是燕王时，北平是他的王府所在地。北平紧靠长城，一旦北方有战事，朝廷也能迅速做出反应。综合上述因素，经过几番考察后，永乐十四年十一月，明成祖决定迁都北平，并恢复了"北京"的名称，同时向主管工程的工部下令，加快建造新皇城的速度，重点是在元朝皇宫的基础上扩建新的皇宫。

郑和虽然是负责营造的内宫监太监，由于肩负着下西洋的使命，他并没有加入到这场举国投入的大型工程中来。他另有职责，那就是前往海外各国购买各种珍宝，充实建成后的新皇宫。

也许早在明成祖决定迁都的时候，郑和就得到了皇帝的旨意，并转告了各国的使者，所以，在郑和一路护送各国使者下船的同时，各国的珍禽异兽也就不断地被接上了船。当他的船队回到南京的时候，非洲的珍禽异兽 "麒麟"、狮子、紫象、骈骝马、鸵鸟、金钱豹、"花福禄"等就展现在人们面前了。这些动物，在它们的原产地，算不得什么珍宝，所在国只要费些人力就能得到，而将它们献给明成祖，不仅能求得欢心，还可能得到价值数倍的赏赐，各国的使者当然很乐意效劳。于是，海外各国这些奇特的飞禽走兽，便来到了中国的皇家内苑。

为了庆贺，翰林院修撰王直还专门赋诗一首，描绘了各国在奉天门外进献珍禽异兽的情景。但即使是这样一位专门为皇帝起草文书的大手笔，也坦承自己才能有限，并不能将当时的盛况完全描绘出来。翰林修撰王直作《西南夷以麒麟狮子诸物来贡有旨赐观退而赋此以进》诗是这样描绘盛况的：

圣皇端拱如尧羲，深仁大德均华夷，昆虫草木各生遂，四方万里皆恬嬉。西南夷在荒服外，自昔穷处天一涯，只今感德争贡献，梯山航海来京师。麒麟当前旅庭实，天朝上瑞安敢私，麋身牛尾蹄类马，有角不抵称仁慈，回翔中庭鸣应律。从以额额黄金狮，雄姿猛气乃柔状，蒙茸颔下舒髯面，红缨锦带巧莹络，左顾右盼鲜飙吹。庞然福禄从古稀，进退驯扰不受羁，黑章白质相间错，晴日正照光陆离。神羊巨尾凝玉脂，彩轮舆曳参追随。马哈毛质亦甚奇，两角求曲乖半规。矫矫猱猴霜雪资，下视赤豹憎黄黑。祥鸟皓彩夺人目，振翮还欲搏朝曦。驼鸡七尺好羽仪，饮不美口山梁雌。元裳缟袂貌闲暇，惊晓曾上蟠桃枝，纷纭前后若有喜，共遂麟趾登丹墀。天门大开玉色怡，庆云烨烨垂九芝，千官趋朝俨在列，鸣环曳佩纷逶迤。欢呼拜舞颂明主，若此嘉会天所为，周南想象托赋咏，岂若亲见当盛时。皇图圣寿同天地，弥忆万岁长如斯，小臣作歌愧荒陋，黾勉上继唐虞诗。

在中国时代的政治社会生活中，通常喜欢以"歌舞升平"来显示盛世之下"四方万里皆恬嬉"的太平景象。明成祖君临天下，一心要建立"超三代而轶汉唐"的政绩，自视之高，抱负之大，自不会满足于以往"歌舞（显）升平"的格调，而是"更上一层楼"，通过让人们观赏这些由各国使者专程进献的奇特多姿、皓彩夺目、为中国从来所未见未闻的"瑞兽"，以显示永乐盛世为亘古所未有。

的确，这样的景象，会令身在南京的每一位官员和百姓难以忘怀，他们或许早就为自己生活在太平盛世而感到庆幸，却从来没有像这天这样真切地感受到身处世界中心的自豪感。

当然，最高兴的人莫过于明成祖，他承继大位曾遭到种种质疑，现在却成了万国景仰的贤明君主，这是他的父亲明太祖都没有得到过的荣耀。

为了犒劳为他和他的国家带来荣耀的这支船队，明成祖下令礼部，赏赐下西洋官兵每人钞币13锭到20锭。第二年，他又命令兵部，将出使西洋两次以上的军官提升一级。他还下令工部再造宝船41艘，并由工部设立大通关提举司，和龙江提举司一样，专职打造船只——明成祖又开始为下一次下西洋做准备了。

然而，就在这时，有人告发郑和，说他将下西洋得来的珍宝暗中据为己有。明成祖闻报大怒，下旨传郑和立即进宫。

郑和刚走进皇宫，明成祖就怒骂道："朕待你不薄，如此重用你，多次命你率船远赴西洋，宣扬朝廷威德，昭示中华富强。不料你竟阳奉阴违，暗中私吞进贡的财宝，是何道理？"郑和虽感意外，但顿时明白过来，解释说："奴才深感陛下知遇之恩，虽万死犹不能报答，又怎敢有私？况且，奴才向来视钱财如粪土，西洋诸国赠送臣下的财物何止数万，臣都分文不取，如数上报朝廷，又何来私吞之说。这定是朝中小人心生妒忌，恶意中伤，望陛下明察！"明成祖听后转怒为喜，不再追究。

但郑和的船队还是没有来得及赶上1420年冬天的那场季风。因为在这年的十一月，明成祖正式向全国颁布了迁都北京的诏书，十二月，新都城的建造工程全部竣工。明成祖朱棣带着他的皇室和这个国家的核心机构，在这个新的都城开始生活、工作了，海外来朝的使臣，需要跨越长江和黄河，才能见到这位帝王。

或许是因为遇上了这次规模浩大的迁都行动，随船队来到中国的各国使臣并没有马上回国。明成祖将他们带到了北京，他要向他们展示那些巍峨壮丽的宫殿和雕梁画栋的庭院，让他们感受这个国家的强盛和富有。也因为迁到了新的都城，这年元旦和郊祀的庆祝典礼办得特别隆重，外国的使臣们也应邀参加观礼。由于许多使者来自热带地区，从未感受过北方的寒冷，更没有见过大雪，也算饱了一次眼福。

冬天的北京，冰封雪盖。来自热带的各国使臣们，还来不及适应这种寒冷的天气，就为这座华丽的宫殿所折服了。当然，他们惊诧之余，并没有忘记趁机大量购买丝绸和瓷器，因为来年一月份，郑和就要率领船队送他们回国了。

各国随同而至中国的使节，大多进献珍禽异兽，有些在中国是前所未见的，所以引起了很大的轰动。郑和在《娄东刘家港天妃官石刻通番事迹碑》记载这次出使说："永乐十五年，统领舟师往西域，其忽鲁谟斯国进狮子、金钱豹、西马。阿丹国进麒麟（番名祖剌法）并长角马哈兽。木骨都束国进花福禄，并狮子。卜剌哇国进千里骆驼，并驼鸡。爪哇国、古里国进麋里羔兽。各进方物，皆古所未闻者。"在郑和所撰《天妃灵应之记》碑中，也强调了这次出使，诸西域远国"若乃藏山隐海之灵物，沉沙栖陆之伟宝，莫不争先呈献"。

西域各国使者纷至沓来，呈献各类奇兽珍禽，是郑和第五次下西洋中的一大特色，当时在明朝文武大臣中曾轰动一时，给明廷带来不少欢快的气氛。据时人文献记载，当"西南之国，有以异禽来献"时，群臣"莫不引领快睹，顿足惊愕，以为稀世之罕闻，中国所未见"。

郑和这次出使，导致西域远国纷纷来献珍禽异兽，步调如此一致，绝非偶然，而是有其一定的时代背景的。永乐十四年九月，在郑和第四次下西洋回国后不久，明成祖朱棣即有意迁都北京，曾亲自去北京巡视，预作筹划。同年十一月，朱棣自京还，迁都意决。北京既着手营建新都，新建宫廷内需增添大量奇珍异宝以陈摆设，新建内苑也需大批珍禽异兽，这就要靠郑和"入海取宝"加以解决。于是，趁明朝迁都需要充实内苑之际，各国纷纷来献珍禽异兽，就是自然而然的事了。

名垂青史

第 八 章

护送来使返国都，
六下西洋通贸易

永乐十九年（1421），郑和第六次下西洋又开始了。此次的航程同第五次下西洋一样遥远，主要任务是将前来中国的各国使臣送回国，对沿途经过的国家又一次进行友好访问，并进行商业贸易。这次下西洋返回时，一共邀请了亚非16个国家1200多名使臣来到迁都不久的北京城，应邀出席明成祖车驾入居庸关的盛大仪式。

护送来使，朝廷饯行

永乐十八年（1420）年底，前来朝贡的忽鲁谟斯、阿丹等16国的使者即将回国。永乐十九年正月二十五日，朝廷在奉天殿举办宴会为使臣饯行。月底，16国使臣启程回国，明成祖派遣郑和护送，要郑和领了敕令和锦绮纱罗绫绢等物，前往各国，第六次下西洋。为此，明成祖特意颁发敕令，命令各衙门，按照使臣人数，发放赏赐缎匹银两铜钱，核定下洋官军人数，支给粮饷、盐酱茶油烛和船用油麻等物。

郑和第六次出海时，已经50岁了，这次经历的国家有忽鲁谟斯、阿丹、祖法儿、剌撒、卜剌哇、木骨都束、古里、柯枝、加异勒、锡兰山、溜山、苏门答腊、阿鲁、满剌加、甘巴里、南渤里等16国。永乐十九年一月，忽鲁谟斯等16国都派遣使者随船来到中国，护送16国使节安全抵达也是此次郑和船队的主要任务。

由于东北季风即将结束，为了抓紧时间利用东北季风，郑和船队并没有像往常一样在福建多做停留，而是径直南下。因为沿途访问南亚各国，当东北季风结束的时候，船队只走到印度尼西亚群岛。他们只能停泊在满剌加或苏门答腊，等待下一次季风的来临。

就在郑和船队下西洋不久，四月初八，北京皇宫发生了火灾，新建成的奉天殿、华盖殿、谨身殿均被烧毁。在中国，皇帝的权力一向被认为是上天授予的，所以，国家一旦发生大干旱、大洪涝或者像这样的大火灾，就被认为是皇帝失职所致，是上天对他统治不当的惩罚。

明成祖开始反省自己，他要大臣们向他进谏，指出他的过失。聪明

名垂青史

人当然知道这只是皇帝流于形式的故作姿态，所以，多数大臣只是提出些无关紧要的问题。唯有翰林院侍读李时勉十分耿直，一下子对明成祖罗列了15条时政弊端。他特别指出：迁都北京建造新的宫殿和下西洋都是劳民伤财的举动，让各国的使臣长期停留在京城更是有违礼制。明成祖没有想到竟然会有这么不留情面的指责，更没有想到，自己最引以为豪的两件事在李时勉眼中竟然一无是处，明成祖十分恼火，一气之下就将李时勉关进了监狱。

但明成祖到底是一个贤明的君主，在恼怒平息之后，他开始反思李时勉提出的15项弊政，也觉得自己近年来施行的政策确实有不妥当的地方，于是下令停止购买麝香等奢侈品，宝船下西洋的行动也暂时取消，李时勉也在次年被释放，官复原职。

然而，担负护送使者任务的郑和船队已经出海，而且已经行驶到印度尼西亚群岛了。当然不能立即取消，而是继续向前远行。

和平外交，海外贸易

郑和率领大宗船队从满刺加、苏门答腊出发，仍旧沿着印度半岛西海岸、阿拉伯半岛一路航行，沿途送各国使臣回国，并将明成祖的赏赐颁发给他们的国王，同时进行海外贸易。

这次，大宗船队并没有停留在忽鲁谟斯，他们往南继续访问了阿拉伯半岛东南角的祖法儿（今阿曼西部地区）和西南角的阿丹。

郑和上一次来到祖法儿时只是沿途经过，所以并没有准备相应的诏书和赏赐，但祖法儿却在永乐十九年（1421）派遣使者随同阿丹、刺撒等国的船队来向中国朝贡。礼尚往来，明成祖马上准备了相关的诏书和赏赐的礼物，命令太监洪保将这些物品转交给郑和，由郑和前往祖法儿，向祖法儿国王宣读两国正式建立外交往来的诏书，并在祖法儿进行了广泛的贸易活动。

祖法儿和忽鲁谟斯一样，位于通往波斯湾的交通要道上，也是一个重要的商业港口。郑和的船队到达祖法儿的那一天，身穿金色长袍、裹着白色头巾的国王骑着骏马前来迎接，等郑和宣诏赏赐之后，他就派头目转告全部国民，让他们用乳香、血竭、芦荟、没药、安息香、苏合油和木鳖子等前来交换船队的绸缎和瓷器，所以，郑和的船队在祖法儿进行的是真正的全民贸易。

血竭、没药、木鳖子是国内少有的中药材，乳香、安息香、苏合油也有药效，这些药材都可以用于活血化瘀或消肿止痛，而这些都是当地土产，大多是由植物的汁液加工而成的，容易采集而且成本不高，而船队将它们带回中国，又比那些珠宝玉石要实用得多。

祖法儿的风俗和忽鲁谟斯相似，全国都信奉伊斯兰教。船队在祖法儿期间，每周会碰上一个礼拜日，集市贸易会停止半天，刚好成为郑和船队的休息日。但郑和、马欢这样的伊斯兰教徒也会趁此机会，在异国他乡做上一次礼拜。马欢在他的书中记载：祖法儿的教徒十分虔诚，每到礼拜日这天，男女老少都要先沐浴，然后在全身抹上蔷薇露或沉香香水，穿上整洁的新衣服，再站到熏炉上熏上沉香、檀香等各种香气，之后才能到礼拜寺做礼拜，以至于礼拜结束、人群散去之后，街道上弥漫的各种香味经久不散，这也算是祖法儿的一道奇景。

与祖法儿相邻的，就是濒临亚丁湾的阿丹国。如果把祖法儿称作阿拉伯海通往波斯湾的门户，那么，阿丹国就是阿拉伯海通往红海和地中海的门户。直到现在，它所濒临的亚丁湾依然是西亚石油输出的重要通道。

阿丹也是信奉伊斯兰教的阿拉伯国家，而且气候宜人，土地肥沃，粮食、蔬菜等农产品种类丰富，是整个西亚宝石和珍珠的集散中心，金银首饰的加工行业堪称举世无双。阿丹人崇尚武力，这里的男子无论老少，腰间都会挎一把刀。所以，阿丹国国土虽然不是很广阔，却拥有一支七八千人的军队，使它成为整个阿拉伯半岛和东非地区最强大的国家之一，这也是世界各地商人在这里进行贸易的安全保障。

同祖法儿一样，此前宝船队来过阿丹国，但并未与阿丹建立正式的外交关系。但阿丹的国王却很重视明朝使者的来访，永乐十九年，他派使臣前往中国朝贡，希望促进两国的交往。

郑和率领大宗宝船队访问祖法儿的同时，派遣宦官周满率领一支分船队前往阿丹国访问。阿丹的国王十分隆重地接待了明朝的使臣，亲自带领头目们前往码头迎接使团，又将使团接到王城。周满宣读了明成祖的诏书，并颁发给国王和头目们的赏赐。

明成祖的诏书当然还是表达"怀柔远人"的旨意，但对阿丹国来说，有了这道诏书，就意味着有了明朝的庇护，也有了正式的朝贡贸易资格。所以，颁发诏书和赏赐的仪式一结束，阿丹国王就马上向全国公告，鼓励商人带着他们最优质的货物来与宝船队进行贸易。

善贾的阿拉伯商人当然知道宝船队的雄厚财力，所以他们向宝船队展示的都是最上等、最昂贵的商品。因为有了很大的选择余地，所以宝船队在阿丹最终买到了很多稀罕的宝物。其中，有两钱（一钱为五克）多重的一块猫眼石，还有几株两尺多高的珊瑚树。阿丹国的贡品中也不乏珍宝，其中有两枚蛇角更属难得。

蛇角，明末名医李时珍评价它"最贵重"，他在《本草纲目》这本中国古代最著名的医书中介绍，以蛇角入药，可以解百毒。蛇角颜色淡如碧玉，叩击时发出的声音也同玉石相似，所以又被称为碧犀，可以作为华丽的装饰品。蛇角在明朝时十分稀少，每一枚都堪称无价之宝。蛇角到底是何物？有人说是一种大蛇的角，也有人说是一种犀牛角，但因为现在已经绝迹，所以也就无从考证了。

除此之外，郑和船队还在东非进行贸易，和他们交换象牙、犀牛角等物品，还把一些珍贵动物带回国内，如卜刺哇国的马哈兽（即独角羚羊）、花福鹿（即斑马）、犀牛，竹步国的非洲狮、金钱豹、鸵鸟等。在这次远航过程中，郑和船队还在宝岛台湾抛锚靠岸，受到台湾人民的热情欢迎。到达台湾时，郑和还给他们带去许多生姜。现在台湾凤山县有一种姜，叫作"三宝姜"，就是用郑和带去的生姜种植起来的，据说可治百病。同时，郑和还在水里投放药物，请当地百姓到水中洗浴治病。

永乐二十年八月，郑和率领庞大的远洋船队回到国内，带回许多珍奇的物品，明成祖对郑和及出海将士厚加封赏。

远赴旧港，成祖驾崩

早在永乐十九年（1421），前旧港宣慰使施进卿去世，他的儿子施济孙成为旧港的实际统治者。然而，旧港有个奇怪的传统，即"本人死，位不传子"，也就是说父亲死后，他的职位不能由儿子继承。因此，施进卿的女儿施二姐拒不接受施济孙的统治，并仗着自己势力，与施济孙展开权力争夺战。在一次争斗中，明成祖赏赐给旧港宣慰使的银印也被烧毁。鉴于施二姐势力强大，施济孙被迫派人向明朝求援，要求继任旧港宣慰使一职。明成祖不了解旧港的传统，就答应了施济孙的请求，并命郑和前往旧港举行册封事宜。

施进卿原是广东潮州人，信仰佛教，执政期间，在旧港修建了很多佛寺。施进卿曾协助郑和擒获海盗陈祖义，并在郑和的举荐下，被明

名垂青史

郑和

成祖册封为旧港宣慰使。施进卿虽接受了明朝的册封，对外却自称"三佛齐国王"。就在郑和前往旧港期间，施二姐已在双方的争斗中胜出，执掌了旧港的统治权。施二姐自幼受到中国传统文化的良好教育，知书达礼，不但有相当高的文化素养，为人贤惠，而且很能干，本来在旧港就是声名显赫的人物，有着相当的权势，自肃清施济孙一派势力，掌握了旧港一切权力以来，在短时间内就将旧港治理得井井有条。当郑和到旧港后，意外地发现这里已江山易主，物是人非了。面对这突如其来的政治变故，郑和着实大为震惊，感到十分棘手。从事理上考虑，施济孙遣使丘彦成请袭父职在先，当时处于执政地位，并得到了明成祖的认可和支持，派郑和履行敕封的使命。然而施二姐抢先一步，在施济孙正式受封之前，已在旧港获得了绝对权力。当郑和到达旧港想完成明成祖赋予的外交使命时，本来应经郑和之手受明朝政府封赏的施济孙已不知去向，施济孙在旧港的势力也土崩瓦解。施二姐的行为虽然严重破坏了"嫡长子继承"的中国传统宗法制度，实属"大逆不道"，但是却符合当地"位不传子"的原则。郑和冷静地面对这一新的局势，经过观察和深入了解，见旧港实际上"是其女施二姐为王，一切赏罪黜陟皆从其制"，施二姐在旧港已拥有绝对支配权，并且治理有方，在旧港享有很高的威望，而她当旧港首领又符合该处"位不传子"的原则，为了保持旧港局势的稳定，便也就顺水推舟，承认施二姐在旧港的合法地位，转而将纱帽、汲花金带、金织文绮袭衣和旧港宣慰使司宣慰使银印赐给施二姐。这次新封旧港宣慰使之事，明成祖朱棣之所以要派遣郑和去执行，可能是觉察到旧港宣慰使的继承问题很复杂，而旧港所处地位对中国又十分重要，不是像郑和这样有声望、有经验的外交家，是难以妥善地完成使命的。当时，从情理上考虑，由于施进卿着意栽培的原因，长期以来，施二姐在旧港华侨社会中已具有相当的影响和地位，按施进卿在世时定下的"位不传子"的规矩，她取得"王位"也是顺理成章，合乎当地的民情民意，对旧港华侨社会的管理和发展都是有利的。如果郑和死板地执行明成祖的敕命，横加干涉旧港"内政"，按照中国传统的朝纲宗法去硬行改变旧港的政局，势必引起当地居民的反感，与施二姐发生对抗，很可能诱发一场战争，导致旧港内乱，势必影响明朝政府与旧港的关系，带来严重的后果。因此，郑和采取了与处理苏门答腊、苏干剌问题截然不同的做法，从稳定当地和平安定的大局出发，并充分考虑到于事于情于理的合理性，"将在外，君命有所不受"，由奉命支持施济孙，转而承认施二姐的合法地位，使她继承宣慰使之职。这一政治策略的施行，虽然在表面上看是违抗了明成祖的敕命，在实际上却正合明成祖派遣郑和出使旧港、希望进一步加强明朝与旧港之间友好关系的本意。施二姐得到郑和的认可和支持，袭任旧港宣慰使之职，最终确立了在旧港的统治地位，使她对明王朝感激不尽，自然有意于报效中国，在执政期间，不断加强与中国在政治、经济、文化各个方面的友好关系，同时，此举顺应民心，得到当地华侨社会的拥护，为郑和使团在旧港及其周边地区开展各项活动创造了有利的条件和氛围。自郑和出使旧港以后，旧港出现持续稳定的局面，施二姐得到明朝政府的认可，最终确立了在旧港的统治地位之后，就可安心于旧港的治理，为旧港的繁荣昌盛而贡献自己的聪明才智。

根据宣德年间琉球与旧港往来文件，永乐十九年时旧港首领（文件称"旧港施主"）尚为"智孙"（即"施济孙"），而宣德年间旧港首领〔文件称"三佛齐国宝林邦俾那智"，"三佛齐国宝林邦"是当时旧港宣慰使司与外国（如琉球、日本、南洋诸国）交往时，用以自称的称谓；"俾那智"为马来语的音译，即首领的意思〕则称为"施氏大娘仔"了。以时间计，此"施氏大娘仔"就是施二姐，亦即《瀛涯胜览》上所说的旧港女主。由于将旧港治理得十分出色，施大娘子统治旧港时期颇久，直到正统五年（1440年）犹有文献足征。施二姐晚年移居爪哇

名垂青史

东部良港新村，且被爪哇国王封为新村的蕃舶长，专司贸易事宜，为爪哇社会经济的发展作出了重要的贡献。施二姐不但家财盈万，还拥有众多船只。新村居民有千余家，多为中国广东及漳州、泉州人。在施二姐的努力开拓之下，新村成为当时商业中心和国际贸易的重要港口。正如《明史》所说："其国（指爪哇）有新村，最号饶富，中华及诸蕃商舶辐辏，其地宝货填溢，其村主即广东人。"施二姐不但为当时南洋华侨的领袖，为当时新村的蕃舶长，更重要的是施二姐一手抚养教育了当地教长索朗·吉瑞的成长，索朗·吉瑞后被爪哇尊为圣人，说明施二姐在爪哇历史上贡献之大。由此可见，永乐二十二年郑和旧港之行，支持了施二姐，因而对南洋华侨历史的发展，作出了积极的贡献，产生了深远的影响。

不过，郑和当时作出这个决定的时候，可能是有些无奈的，因为这毕竟与皇帝交给自己的使命不太一致。但他没有想到的是，就在他出使旧港期间，65岁的明成祖，于永乐二十二年七月十八日，在率兵征讨阿鲁台回京途中病逝。明成祖在位22年，五次亲征漠北，迁都城，开运河，下西洋，耗费了巨大的人力物力，也创造了明初的盛世。他重用宦官，为后来明朝此起彼伏的宦官干政埋下了隐患，但也因此成就了郑和下西洋的伟业。他是一位饱受争议的皇帝，但不可否认，他是一个具有雄才大略的皇帝。

明成祖死后，大臣们为防止国中生变，英国公张辅、阁臣杨荣决定秘不发表，仅将明成祖遗体装入棺中，每日照例进餐、请安，同时派人密报太子朱高炽。在众大臣的精心安排下，政权得以平稳过渡，也没有爆发什么叛乱。朱高炽继位后，改元洪熙，史称明仁宗。

明仁宗性情沉静，言行识度，喜好读书，深得明太祖的喜爱。但由于他喜静厌动，体态肥胖，行动不便，须内侍搀扶才能行动，因此明成祖并不喜欢他。靖难之役中，他受命留守北平，以万人之众成功阻挡了朝廷的五十万大军。明仁宗继位后，立即实施政治改革，首先赦免建文旧臣及受到连累的家属，允许他们返回原籍，并平反冤狱，使许多冤案得以昭雪。其次选用贤臣，削汰冗官，任命杨荣、杨士奇、杨溥三人辅政，同时废除宫刑，停止与下西洋有关的一切事务，停止为皇家采办珠宝等奢侈品，并且想将都城再度迁回南京。

洪熙元年（1425）二月，郑和从旧港回到南京。当时，在户部尚书夏原吉等人的建议下，明仁宗已下诏将下西洋所用的宝船全部封停在刘家港，正在建造海船的各地船厂全部停工，所有船队官员被勒令回京，征调的官兵返回原部，招募的船工被遣送回家。那些漂洋过海的宝船及大小船只，凡是停泊在福建、江苏太仓等地的，一律运往南京，拖进船坞，任凭风吹浪打、日晒雨淋了。原来打算为下西洋准备的货物，一律上缴国库。福建、浙江各处造船厂也立即下马停工，连造了一半的新船也不再开工了，只剩下两万多随郑和出生入死的官兵，等待着重新安置的命令。

郑和面对此情此景，感慨万千，却又无可奈何，只得留在南京待命。不久，朝廷颁布旨令，命郑和担任南京留守，负责南京军政事务。从此，郑和开始了长达五年的南京留守生涯，而郑和这时已经54岁了。

明成祖朱棣之死是明朝航海由盛而衰的转折点，他的雄才大略和开阔胸襟是六下西洋能够圆满成功的重要原因。自此，关于航海的一切事宜几乎无人问津，一个黄金时代就这样慢慢过去了。

名垂青史

郑和

第 九 章

南京守备不得志，
七下西洋魂归海

郑和被明成祖朱棣派去旧港，尚在回程途中时，明成祖驾崩。明成祖朱棣驾崩后，支持郑和下西洋的主要支柱坍塌了。新即位的明仁宗朱高炽身边的几个大臣反对郑和下西洋，认为这是劳民伤财之举。不过，明仁宗朱高炽在位不到一年就去世了，新皇明宣宗朱瞻基即位后，也曾想发扬祖父朱棣的事业，无奈朝中夏原吉等多位大臣阻挠，未能成行。夏原吉死后，反对下西洋的主要力量没有了，郑和终于得到明宣宗朱瞻基的支持，他在宣德五年（1430）开始了第七次下西洋。然而，就是在这次下西洋返回途中，郑和魂归大海，一个辉煌的航海时代就这样结束了。

漫长等待，望眼欲穿

洪熙元年（1425），郑和船队回到南京。郑和上岸后，才知道国内形势发生了剧变。这时候，朝廷里那些对下西洋持反对态度的大臣，以户部尚书夏原吉为首，公开指责下西洋是劳民伤财的"弊政"，得到新皇帝的采纳和支持。在这种情况下，一场改朝换代的政治风暴正在酝酿之中，各种流言蜚语也不时传到郑和的耳朵里。

面对突如其来的政治风暴，尤其是明仁宗的偏听偏信，郑和的心情是可想而知的。但是他毕竟是见过大风大浪的人，他对那些无端指责嗤之以鼻，只是谆谆告诫他的老部下少安毋躁，服从命令听指挥，不管别人说什么，都要保持沉默，更不许说三道四，免得招惹是非。

很快，下洋官兵被调往南京镇守，郑和奉命率领下洋官兵守备南京。郑和始终是明成祖十分器重的太监，而且六下西洋功劳卓著，所以郑和回国后，被明仁宗任命为南京守备。做了南京守备的郑和，十分失落，生活很不如意。下西洋活动停止了，他的任务也就结束了。尽管他被任命为南京留守，但权限很有限：军队内部事务，他须与王景弘等太监协商处理；外部事务，他须与襄城伯李隆、驸马都尉沐昕商议。从此，郑和开始了他长达五年的南京守备生涯。

郑和能够被明仁宗任命为南京守备也是有原因的。郑和拥有侯爵爵位，使他在明成祖去世以后，暂不下西洋之际，能成为明朝历史上第一位以太监之身任南京守备之职的官员。南京守备在当时是一个极为重要的职务，自明成祖迁都北京后，南京仍为根本重地，所以委任重臣担

名垂青史

任守备，负镇抚之责。当时，南京设守备一人，以具有公、侯、伯爵位的大臣担任，以总领南京守备事务及参赞机务为要职，兼领中军都督府之事。又设协同守备一人，也以具有公、侯、伯爵位的大臣担任，主要负责五府诸项事务。又设南京兵部尚书，以参赞机务，其机构设在中府，节制南京诸卫所，负责南京一切留守防护之事。南京首任守备为襄城伯李隆，是南京地区最高行政长官。明仁宗朱高炽委以郑和南京守备的重任，让他统领全体下洋官兵负责南都留守防护的大事，一个重要的原因，在于郑和有侯爵爵位，符合任南京守备之职的基本条件。明仁宗朱高炽虽然停止下西洋，但对郑和还是很器重的，除了郑和永乐年间六下西洋功劳不小之外，郑和本身是一位封为侯的重臣，恐怕与此也有很大关系。但由于南京所处位置的重要，以及诸多方面事务繁杂，且事关重大，明仁宗朱高炽在委以郑和重任的同时，还规定郑和要在"集体领导"的框架内履行守备的职责，属官军内部事务，与内官王景弘、孔和卜花、唐观保共同管理，外部有事则同主持南京政务和守备事务的南京守备襄城伯李隆、驸马都尉沐昕商议妥当，然后施行。这说明郑和虽为南京守备，但权力是有限的，在处理内外事务时要受到各方面的掣肘，其地位、权力均在李隆之下。明仁宗朱高炽这样要求郑和，并不是对他有什么歧视，事实上，郑和在完成明成祖赋予的下西洋使命方面虽然做得很出色，但毕竟没有当过地方行政长官，在处理内政方面还缺乏经验，一旦肩负南京守备的重任，采取这种"集体领导"的方式，凡事应用集体的智慧，博采众人的意见，可以减少失误，将事情办得更加稳妥，未必不是一件好事。何况郑和是一位以国事为重，识大体，不计较个人得失、不追求个人权势的忠臣，能够理解明仁宗这种安排的合理性，也不会为此而感到委屈和压抑。郑和刚从旧港回来时，还抱着一线希望，劝说明仁宗朱高炽不要放弃发展与海外诸国的友好关系，发现劝说无效，也无可奈何，只好到新的岗位就职。

早在永乐年间时，郑和连续六次下西洋，往往是这次下西洋刚回来，就要忙着为下一次下西洋做准备，然后接着就到海外各国访问去了，如此来去匆匆，且没有家眷，在国内没有私人府邸，反而少了许多牵挂，可以全身心地投入到下西洋的事业中去。现在不再下西洋了，郑和作为南京守备，或者说作为南京的行政长官，不但可以，而且有必要拥有自己的府邸。郑和被任命为南京守备不久，就住进了新建造的私人府邸，一些公私应酬的事，也因此方便了许多。郑和出任南京守备后，明显感到生活没有永乐时候那么紧张了，虽然总是离不开忙，但与轰轰烈烈的下西洋事业相比，到底轻松了许多。一天政务忙完后，夜深人静之际，郑和在府邸中不免感到寂寞，再加上被禁止下西洋的那种失落感，使郑和内心深处感到需要有一种温情来抚慰。在这个时候，郑和往往情不自禁回忆起自己的童年时代，回忆起儿时与父母和哥哥姐姐在一起共享天伦之乐时的情景，想想自己奋斗了大半生，现在已进入暮年，还是孑然一身，真是感到有说不出的伤感。此时此刻，郑和更加思念远方的亲人，他远在云南老家的哥哥马文铭。慢慢地，一个想法突然在脑海里产生：何不把哥哥的儿子过继接来府中，好在南京成个家呢？郑和有公务在身，不便回老家同哥哥商量此事，便邀请哥哥一家来南京观光。郑和因为在靖难之役中屡建奇功，在永乐元年正月初一被明成祖朱棣赐姓郑，并提升为内官监太监。郑和成为下西洋船队的统帅之后，又有了"正使太监"和"钦差总兵太监"的官衔，地位又有所提升。在永乐年间的六下西洋中，郑和不辱使命，使明王朝声威远播，为国家建立了不朽的功勋，这使郑和的声望也不断上升。作为地位显赫和声望日隆的朝廷重臣，郑和是家乡云南的骄傲，更是郑和老家亲人的光荣。在永乐一朝，郑和因奉使有功屡屡得到明成祖的赏赐，郑和也不忘分出一些皇上所赐之物托人带到云南，送给在老家的哥嫂姐姐等亲人。每当云南地方官员倍感荣幸地捧着皇上给郑和的赐品来到马家时，马文铭即率领

名垂青史

郑和

老家所有亲人前往迎候，然后将当今皇上赐给弟弟的这些赐品供奉于家中大堂中央，引以为莫大的荣耀。

　　为此，郑和在老家的亲人更受地方官和乡亲们的尊重，羡慕他们马家出了郑和这样一位国家的栋梁。这一切使马文铭对弟弟既佩服又感激，同时又感到自己无能，不能为弟弟做些什么，对弟弟的关爱不免感到受之有愧。这次应邀来南京游玩，兄弟相见，自然分外高兴。在同弟弟相处的这几天，马文铭比以往更深切地感到，弟弟一切都好，唯独无后一点，是莫大的遗憾。自己没有什么可以帮助弟弟的，如果把自己的一个儿子过继给弟弟，弟弟就有后了，这对弟弟来说，不是最好的帮助吗？这天郑和同哥哥拉起家常，马文铭正想给弟弟讲讲他的这个打算，不料郑和先夸起了哥哥的大儿子马赐如何孝顺能干，又如何聪明懂规矩。马文铭正好顺着弟弟的话说，那么，就把赐儿过继给你为嗣吧。郑和虽然本来就想有一个侄子立嗣，在哥哥的几个儿子中，唯独大儿子比较优秀，郑和虽然属意于他，又顾虑哥哥舍不得，就迟疑着没有开口，没想到哥哥主动要把长子过继给他，而且十分恳切。郑和想，这样对马赐的前途也有利，另一方面，也能使马家的长子长孙、子孙后代在内地有发展的机会，或许会有所作为，那也对得起祖宗，否则还回到老家务农，兴许就此埋没，马家就无人能报效国家、光宗耀祖了。想到这里，郑和也就同意过继马赐立嗣，从此郑和有了后代。这时马赐业已成家，生有两个儿子，大儿子叫马万，小儿子叫马廷。自从马赐过继给郑和后，当然他们也就都改姓"郑"了。马文铭在南京住了一些日子就回去了，马赐一家则留在南京，与郑和组成了一个新的家庭，郑和顿时有儿孙为伴，郑和府邸也顿时热闹起来。这时的郑和府邸，虽然都姓郑，但其实原马家人居多，郑和本来也姓马，出自对父母深切的怀念，对兄长等亲人的深厚感情，以及对幼年家庭生活的眷恋，加上立马文铭之子为嗣，为不忘马家的源头，其府邸即以其原姓称马府，马府所在的那条街，因当时郑和在南京地位显赫之故，便被改称作马府街，并一直沿用下来。

这些天伦之乐，让郑和无奈与寂寥的心得到了安慰。

由于明仁宗朱高炽在即位之前一直生活在南京，他的父亲不怎么喜欢这个儿子，他对父亲新建的北京城也没有什么好感，所以他开始一步步地实施迁回都城的计划：洪熙元年三月，他命令北京各个部门都改称"行在"，这是正式迁都前北京各部门名称前必须加的两个字，表示这并不是真正的中央机构。四月份，他命令太监王景弘翻修南京的宫殿，他已经准备在明年春天搬回南京居住了。但他没能等到那一天，这一年五月，他病死在北京。

六月份，朱高炽的儿子朱瞻基即位，改年号为宣德，是为明宣宗。与他的父亲不同，明宣宗朱瞻基长得英俊威武，而且从小就异常聪慧，很得明成祖的欢心，永乐九年就被立为皇太孙。他很景仰他的祖父，即位之后，也想仿效明成祖营造万国来朝的盛况，但户部尚书夏原吉坚决不主张继续下西洋。夏原吉是成祖、仁宗两朝的户部尚书，政绩卓著，而且他对明仁宗的顺利继位起着至关重要的作用，所以他的地位远远高于一般大臣，明宣宗对他也敬畏三分。夏原吉一直认为下西洋劳民伤财，对国家发展不利，因而下西洋的计划被再次搁置。郑和也曾劝说新皇帝继续永乐年间下西洋的事业，可是，当明宣宗朱瞻基要朝臣议论此事时，除了夏原吉之外，黄骥亦劝告明宣宗放弃派遣宝船远访诸番国。在黄骥看来，再下西洋不利于与民休息的方针，劝明宣宗"使中国之民休息，俾各事其职于士农"。并说："远人心悦臣服，远地同风，吾朝必传万岁。"既然当时已经是"远人心悦臣服"了，何必再多此一举呢？其时距郑和第六次下西洋不久，中国仍在海外诸国中享有很高的威望，而这正是永乐年间郑和连续下西洋的结果。

明宣宗朱瞻基正是被这种现象所迷惑，认为黄骥所说也有道理，

名垂青史

加上还有夏原吉极力反对，便打消了再下西洋的念头。朱瞻基当时没有预见到，随着停止下西洋时间的延长，中国在海外的威望会越来越低，因郑和六下西洋的余烈而尚可见的"远人心悦臣服"的局面，也会发生改变。郑和本来寄希望于明宣宗，看来一时还是没有希望再下西洋了，而自己已是50多岁，往六旬上走的老人了，由于长期操劳，身体也远不如从前，以后恐怕没有机会再重振下西洋的雄风了。在守备南京的日子里，郑和每当回忆起永乐年间下西洋的往事，就情不自禁为那逝去的峥嵘岁月而感伤。世上多少无奈事，且从佛法悟前缘。对一生同海洋打交道，热爱祖国的航海事业，在下西洋的事业中建立了不朽功勋，深深懂得发展海外关系对中国的重要性的郑和来说，没有皇帝的支持，不能再下西洋，就是他最大的无奈。无奈之中，郑和又深深地感到郁闷，这种郁闷无以排遣，他只有到佛教中去求得安慰和宁静。郑和度过晚年的南京，是他的第二故乡，也是他经常从事佛事活动的地方。

郑和自信仰佛教以来，免不了要置办佛事，进行一些佛事活动。他到南京后相当长的一段时间里，大报恩寺和静海寺都没建立，碧峰寺内的禅师和环境都比较合郑和的意，且所在位置也不偏僻，交通往来比较方便，碧峰寺便成为郑和经常走动、从事一些佛事活动的地方。郑和因此与碧峰寺的非幻禅师结为挚友，曾邀请他共下西洋。非幻禅师在随郑和到海外访问时，很注意将海外诸国的佛教艺术介绍到国内，曾从海外带回一套沉香罗汉塑像，后被陈列于碧峰寺非幻庵中。

南京守备，功绩卓著

明宣宗朱瞻基即位后，由于他此前也和父亲一样，一直在南京生活，他也想将都成迁回南京。洪熙元年（1425）闰七月，湖广行省岳州府华容县的儒士尹松向明宣宗建议迁都南京，认为南京水陆交通便利，无论是朝廷到各地采购物资，还是各地向朝廷辕送税粮，南京都比北京方便，能为国家节省大量的人力物力。既然得到了百姓的支持，明宣宗迁都的意向就更趋强烈了。他一边命令礼部的大臣讨论迁都是否可行，一边却已经命令郑和开始修缮南京的宫殿了。所以，从洪熙元年八月到宣德元年（1426）十一月，郑和在南京的主要任务，就是修缮南京的宫殿。

郑和在暂停下西洋期间，与王景弘共同负责南京宫殿、天地坛、大祀殿、山川坛等处的修缮，包括工程的规划，物质的采办，工匠的役使，工程的监督与验收，等等。但是，早就急于迁回南京的明仁宗朱高炽还未来南京，便在五月去世。明宣宗朱瞻基即位，随后以即位之事遣使谕令南京守备襄城伯李隆说："卿国之勋臣，受先皇帝托付之重，守备南京，厥任非轻，其免赴京朝贺，凡事同守备太监郑和、王景弘计议，昼夜用心，整肃军伍，严固守备，审察几微，以防不虞。戒辑将士务循礼法，使军民皆安，以付国家委任之重。"从明宣宗朱瞻基执政后给南京的第一道谕令来看，郑和一如既往得到皇帝的信任和重用。朱瞻基对郑和依然是器重的，否则不会规定德高望重的勋臣李隆凡事同郑和、王景弘计议而后行。由于迁都北京之后，无皇帝居住的南京宫殿久未得到缮修，再加上当时南京屡次发生地震，原有的宫殿都遭到破坏。明仁宗去世前已敕令王景弘对南京宫殿进行修缮，明宣宗即位后，修缮宫殿的任务仍落在郑和、王景弘及下西洋官军身上。郑和以奉敕修理南京宫殿，当用金箔，奏有关部门到市场购买。明宣宗于是命于天财库支钞，按当时的市场价购买，不许亏待小民。同年十一月，南京修理宫殿工程眼看难以按期完工，工部尚书吴中与尚书张本等商议，原下西洋官军尚有一万余人久闲，可令协助，这一合理建议得到明宣宗的同意。

当时的首都虽然已从南京迁往北京，但南京毕竟是明朝开国时兴建的都城，这里还有规模宏大的皇宫和许多坛庙殿宇。当年南京的皇宫也像今天北京城内的紫禁城一样，雕梁画栋，金碧辉煌，里面有奉天殿、华盖殿、奉先殿、武英殿、文华殿、乾清宫、坤宁宫、春和殿、文楼、武楼、文渊阁以及东角门楼、西角门楼。另外，城内城外还有太庙、社稷坛、天地坛、帝王庙、龙江庙、城隍庙。

　　除此之外，南京还有一项旷日持久的皇家形象工程还未完工，这还是明成祖在永乐十年（1412）为纪念父亲朱元璋、母亲马皇后，特别是他的生母的恩德，动工兴建的南京大报恩寺、琉璃宝塔的建筑工程。这项工程最初也是由郑和等人担任监工官，但是由于郑和率领下西洋船队屡次远航，难以全力照顾，工程进展缓慢。为此，宣德三年，明宣宗特下御敕："敕太监郑和等，南京大报恩寺自永乐十年十月十三日兴工，至今十六年之上，尚未完备……今特敕尔等即将未完处心提督，俱限今年八月之内，都要完成，迟误了时，那监工的都不饶。"并将郑和下西洋所结余的一百多万两银子，全部投入这项工程。

　　"迟误了时，那监工的都不饶！"口气非常强硬，隐约透露出明宣宗对郑和的不满。联想到宣德元年，这位刚刚即位不久的新皇帝命司礼监发文给郑和，叫他"谨守礼法，毋窥视朝廷。一切非礼之事，不可妄有陈请"，就不难看出明宣宗对郑和的态度了。

　　据史料记载，当初，先是工部郎中冯春奉命到南京负责修缮宫殿的工程，参与的工匠都得到朝廷的赏赐。但是后来由郑和率领下西洋的官兵参与南京寺庙的兴建工程，却得不到赏赐。冯春觉得不公平，于是向皇帝上奏，认为也应该给予赏赐。这件事本来与郑和毫不相干，但明宣宗看了冯春的奏折后勃然大怒，给司礼监发了一通"最高指示"，居然说什么"佛寺僧所自造，何预朝廷事"！意思是说，寺庙是僧人自己兴建的，与朝廷有何关系，并说："春之奏，必和等所使，春不足责，其遣人谕和谨守礼法，毋窥视朝廷。一切非礼之事，不可妄有陈请。"这番话说得再明白不过了，意思是说，冯春的上奏，必定是郑和等人在背后指使，冯春并没有错，不必责怪，但必须派人正告郑和，要他安分守己，不要企图打探朝廷的消息。一切非礼之事，都不可随便提出要求。

明宣宗这一通不分青红皂白的严词斥责，无疑给郑和打了一闷棍。他深知新皇帝是借题发挥，给他一个严厉的警告。明宣宗和死去的明仁宗一样，支持反对派的主张，把下西洋的壮举定性为"弊政"，郑和当然难辞罪责，只是碍于明成祖朱棣的威望，不好公开对郑和深究罢了。现在正好找到了机会，于是明宣宗要给这个明成祖的宠臣一点儿颜色看了。

郑和对此无话可说，心里却十分诚惶诚恐，他成天战战兢兢，如履薄冰，如临深渊，不知什么时候会大祸临头。

这年冬天，南京特别冷，院子里几棵老梧桐树，枯黄的叶片飘落在地，整个院子铺满了枯叶。肃杀的风声摇撼着枯萎的枝条瑟瑟有声，偌大的玄武湖也封冻了。天空彤云密布，半夜里竟下起纷纷扬扬的大雪了。那大朵的雪花漫天飞舞，不大一会儿工夫，房顶、阶前，整个院子竟然铺上厚厚的银毯。寒气从门缝儿钻入，郑和也睡不着，索性披衣拥被靠在床头，不禁心潮起伏，感触良多。

窗外，不时传来梧桐树的枝条被大雪压折的声响。

这是郑和一生中最寒冷的冬天。

整整六年，两千多个日日夜夜，郑和除了在南京城的建筑工地来回奔波，便是将自己关在马府街的深宅大院里，闭门谢客，深居简出。

郑和深深体会到世态炎凉的可怕，那些过去对下西洋赞不绝口的人，现在摇身一变，全都站在反对派一边，而且调门比谁唱得都高。那些一贯反对下西洋的人自然更是得意忘形，弹冠相庆，似乎他们比谁都高明。唯有他和他的将士们，几十年风里浪里，饱经磨难，出生入死，

146

名垂青史

郑和

多少人为此献出了年轻的生命，如今都成了历史的罪人。黑白不分，是非颠倒，这是多么残酷的现实！

郑和与一切同僚朋友都主动地断绝了往来，免得招惹是非，也避免给朋友带来麻烦。他发现，锦衣卫的特务白天黑夜都在他家附近盯梢，他的一举一动，都会被密报皇上。他更加小心谨慎，从此闭口不谈航海的事，即便有人问起西洋各国的情况，不管有意无意，他也三缄其口，一问三不知。

但在夜深人静之时，家里的人常常发现，夜不能寐的郑和，常常独自对着墙上一幅大航海图呆呆出神，一看就是个把时辰。

他仿佛听见印度洋的狂涛以排山倒海之势，奔腾而来……

其实，郑和不单单是为不能再下西洋的事情发愁，还有一些事情令他发愁……

早在永乐年间，以户部尚书夏原吉为首的保守派，就对郑和下西洋持反对态度，由于明成祖支持郑和，尽管他策划对郑和发起了一次又一次攻击，不但未能损伤郑和一根毫毛，反而加重了明成祖对他的反感，成为永乐十九年他被囚禁的原因之一。这更加深了他对郑和的宿怨，对整个下西洋队伍自然也心怀不满。明成祖死后，夏原吉东山再起，不但促成明仁宗朱高炽下诏封西洋宝船，而且在以后的日子里，滥用自己掌管钱粮的大权，处心积虑与郑和作对。从永乐十九年迁都后，每年需要从南方漕运粮400余万石供应京师，运输任务很重，所以从洪熙元年开始至宣德五年，每年都要从下西洋官军中抽调万余人，担任艰巨的漕运任务。郑和率领的下西洋官军27000余人，自镇守南京之日起，除尽忠本职执行守卫南京的重任之外，还肩负起各种繁重的劳作，不仅在南京坚持宫殿坛庙斋廊库城垣等的修复工作，分调万余人担任漕运工作，在明仁宗死后还参加仁宗陵墓献陵的营建，真的是一支不愧从大风大浪中锻炼出来的，特别能吃苦，特别能战斗的队伍。尤其是一万余官兵担负起艰巨的漕运任务，不但保证了京师的粮食供应，而且大大减轻了人民的负担，省了数以万计的漕民的运输之苦。然而，由于夏原吉从中作梗，明政府由户部管辖的部门，对于这支军队的军粮供应，始终存在着拖欠问题。自永乐二十二年八月下诏罢除下西洋事务之后，夏原吉落井下石，停止供应这支军队的月粮，竟让这支英雄的部队饿着肚子从事繁重的劳作，可见下西洋的反对派对这支部队是如何忌恨，一旦大权在握，便对之进行疯狂的打击。

洪熙元年六月甲寅，负南京守备之责的第一把手襄城伯李隆对此实在看不下去，仗义向明宣宗朱瞻基直言："外卫官军自番自还者，俱留南京听用，而月粮未支。"还蒙在鼓里的朱瞻基得知此事，意外地感到吃惊，即指示道："彼涉海远还，备历艰险，安可无粮？其即按月给之，就留操备。"直到此时，在明宣宗直接过问之后，原下洋官兵"无粮"的问题才暂时得到解决。明宣宗虽然表态原下洋官兵的口粮必须"按月给之"，但实际上部分官兵所需的军粮，仍不能按月足额发给，时有拖欠，直至宣德五年八月，南京刑部左侍郎成均还奏道："苏州旧积粮少，今苏州卫等衙官、并下西洋旗军缺粮支给，宜从刑部奏往例，以苏松常镇四府问过囚人，赎罪米暂于本处官仓收贮，以备支给。"明宣宗朱瞻基准其所奏，才用了这个应急的办法暂时解决了下洋旗军缺粮支给的问题。夏原吉虽然在宣德五年正月去世，但由于他从中干扰，下洋官兵直到奉命第七次下西洋时止，所需的军粮始终没有可靠的来源，只是临时筹措。夏原吉不仅在"粮"上卡郑和，同时也在"钱"上打、卡、压郑和。在宣德元年春，南京宫殿的修复工作已初步完成，接着郑和又主动申请继续承担更多的修缮工作。

宣德元年二月壬辰，郑和以天地坛太祀殿并门廊斋宫及山川坛殿廊厨库俱已朽敝为由，请加修理，明宣宗朱瞻基于是谕行在工部尚书吴中具体执行。由于郑和处处以国事为重，不计较个人得失，勇于承担任

148

名垂青史

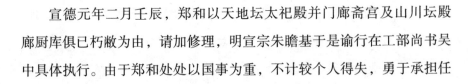

郑和

务，更引起夏原吉的嫉恨。他唯恐郑和以高涨的工作热情进一步为朱瞻基所看重，一有机会，就在明宣宗那里说郑和的坏话。当明宣宗朱瞻基即位之初，先是遣工部郎中冯春往南京监督修理宫殿，冯春对郑和主持下的修缮工作十分满意，于是对工匠各给赏赐。宣德元年四月，冯春返还北京，向明宣宗奏道："南京国师等所造寺宇工匠，亦宜加赏。"像这种要动用国库钱财的事，明宣宗朱瞻基一般都要征求夏原吉的意见，夏原吉借此机会向明宣宗进谗道："南京的佛寺都是僧人们自己出钱造的，与朝廷无关，那些营造寺庙的工匠，还用得着朝廷来赏赐吗？郑和经常去佛寺置办佛事，与寺僧过从甚密，一定是郑和指使冯春来请此赏赐，用朝廷的钱财来讨好寺僧，还他的人情。郑和这样做，实在是假公济私，不守礼法，请以窥伺朝廷问罪。"朱瞻基本来对郑和是十分信任的，在永乐年间郑和六下西洋，掌握国家钱粮不计其数，从来没有为一己之私，窥伺朝廷的钱财，所以才让他留任南京守备的重任。现在经夏原吉这么一说，他也不禁对郑和猜疑起来：是啊，郑和虔信佛教，时常去佛寺做佛事，与南京寺院寺僧关系相当密切，还不时向各寺院捐赠佛经、佛具等。这次借机为南京寺院请求赏赐，也是有可能的。但朱瞻基也知道夏原吉是下西洋的反对派，素来与郑和不和，再加上夏原吉所说虽然不无道理，毕竟是一面之词，尚缺乏证据。经这一番考虑，明宣宗朱瞻基采取了一个折中的办法，不按夏原吉的提议向郑和问罪，也不直接由他本人出面指责郑和，为在夏原吉这方面有个交代，就按夏原吉提出的理由，命司礼监移文谕郑和毋妄请赏赐。宣德元年四月壬申，朱瞻基就冯春奏请赏赐南京国师等所造寺宇工匠事，谕司礼监官说："佛寺僧自造，何预朝廷事。春之奏必和等所使，春不足责，其遣人谕和，谨守礼法，毋窥伺朝廷一切非理之事，不可妄有陈请。"郑和做事小心谨慎，极其认真负责，一向秉公守法，凡事唯恐有所失误，没想到这次冯春没有同他商量，也不与他通气，擅自奏请赏赐南京国师等所造寺宇工匠，招惹来皇上的无故猜疑和严厉告诫。郑和虽然感到非常冤屈，也考虑到可能是小人从中中伤所致，所以并不因此对皇上有什么怨恨。在遭到这次挫伤之后，郑和并不灰心丧气，仍坚持修缮工作，依旧忠心耿耿，努力发挥自己在建筑方面的才能。

在郑和的大力督造下，建造了16年之久的大报恩寺在宣德三年六月份，终于提前完工了。工程竣工后，郑和又将从海外带回的"五谷树""娑罗树"等奇花异木种在寺内，美化环境。

耸立在正南城门聚宝门外的大报恩寺，方圆九里十三步（约4500平方米），寺中有供奉明成祖生母碛妃牌位的大殿，有专门放置南藏经板的藏经殿，还有金刚殿、天王殿、佛殿、观音殿、伽蓝殿、三藏殿等殿阁20余座，另外有禅房、经房等各种用房148间，成为明代南京最负盛名的佛寺。寺中高32丈多的九层琉璃宝塔，基座周围广达20丈6尺，高24丈6尺1寸，是当时南京的地标性建筑，也是全国最为宏伟有名的建筑。据说，因为郑和下西洋回国后，船队还剩余了100万两白银，所以就用这些钱来修建了这座琉璃宝塔。但据记载，这座宝塔最后建成时，明朝耗费的钱粮共价值白银将近250万两，这几乎是朝廷一年财政收入的十分之一。

宝塔上下有无数金刚佛像，每个由十数块琉璃砖凑砌而成，佛像的衣褶和面目十分清晰，栩栩如生。据说每层的砖数相等，只是体积自下而上逐级递缩。每层塔楼的表面以及栏杆和拱门，都用五彩琉璃构件装饰，其中黄绿相间的拱门上，飞天、雷神、狮子、白象、花卉等图案，造型逼真，制作精美。宝塔外部也用五色琉璃装饰而成，塔顶用风磨铜，天气晴朗的日子里，阳光照射在宝塔上，塔身流光溢彩。每层顶部和飞檐下都悬垂金铃鸣铎，共有152个，门侧、塔心置灯140盏，每当夜晚，如火龙悬挂，华灯耀目，人们站在城北的长江边上，都能看到琉璃塔上闪亮的灯火。外国使者到南京，见到宝塔后无不顶礼赞叹而去，明代末年文人惊叹它是"中国之大古董，永乐之大窑器"，到了16世纪中期，被荷兰使者尼霍夫称为可与世界七大奇观媲美的伟构。

这项工程完工后，明宣宗朱瞻基十分高兴，特敕谕郑和、王景弘等人道："南京大报恩寺完成了，启建告成大斋七昼夜，燃点长明塔灯，特敕尔等提调修斋，合用物件，着内府该衙门买用，塔灯用香油，着供用库按月送用。"按照朱瞻基的旨意，当时，南京大报恩寺的启建告成典礼搞得极为隆重，并且让长明塔长久不息，使它成为南京的一项形象工程。这也是对郑和在南京的工作的一种肯定，长年的辛劳也算得到了安慰与回报。

再下西洋，终于成行

郑和自从担任南京守备以后，常年在南京生活，主要做一些营建之事，颇不得志，境遇也比较坎坷，所辖下洋官兵的饷银和口粮也常无端为夏原吉拖欠不给，这一切使郑和感到很无奈，只好归之于命运，常去碧峰寺置办佛事，更成为他在精神上的一种寄托。在碧峰寺从事佛事活动时，郑和想得很多，从自幼被阉，到晚年受压，不由得自叹命运多舛，且从"佛天"轮回之说，求得心灵的慰藉。因为经常去碧峰寺从事佛事活动，郑和渐渐地对碧峰寺怀有一种特殊的感情。

其实，在担任南京守备的日子里，郑和虽然远离海洋，远离了海外沸腾喧嚣的生活，但郑和心系海洋，向往在海外建立新的功绩。虽然屡屡建言皇上再下西洋都无结果，这一天仿佛是那样地渺茫，但郑和相信将来终有再下西洋的一天，哪怕这一天到来时自己已不在人世。出自对自己为之献身的航海事业的热爱，也为了给后人留下一份永乐年间航海的遗产，郑和与王景弘趁全体下洋官兵守备南京，人员集中，把他们各自的航海图经收集上来，集中整理，合并记录，构成全幅下西洋航图。我们今天所看到的《郑和航海图》，就是其中的一种，由于当时对郑和出使航路进行整理，得以通过茅之仪《武备志》收录而流传下来。其时正值明宣宗朱瞻基酝酿再下西洋之际，将郑和船队历次出使水程综合整理，绘制成一全图，实为适应时代需要的一个创举，是船队航海人员在永乐年间勇于海上探索的结晶。

　　日月如梭，光阴似箭，不觉到了宣德五年（1430）正月，在这一年，户部尚书夏原吉去世。夏原吉先后为大明的三位帝王掌管国家的财政，时间长达27年之久。为了缩减巨额的国家财政支出，他在明成祖去世之后，建议仁宗和宣宗取消了宝船下西洋的计划。然而，正是下西洋计划搁置的五年，前来朝贡的国家遽然减少，只有占城、暹罗、爪哇还经常派使臣来访，印度半岛、阿拉伯地区和东非沿岸的国家则再也没有来过。夏原吉死后，明朝统治阶级内部反对下西洋的一派失去了台柱，在明朝政府中没有了发言权。另一方面，由于郑和船队停航已五六年，海外诸国同中国的关系渐渐疏远，明朝政府在海外的威望大大下降，"外番贡使多不至"，东南亚各国间的局势又开始动乱起来，明宣宗朱瞻基是经历过永乐盛世的，曾亲眼看见其祖在时那种"万国来宾"的盛况。如永乐十一年（1413）五月端午节，明成祖朱棣至东苑观击球射柳，邀请文武群臣、各国使节及在京耆老俱往参观，在击射活动进入高潮时，朱棣感奋于各国使节多至的盛况，寓意深长地对皇太孙朱瞻基说："今华夷之人毕集，朕有一言，尔当思对之。曰：'万方玉帛风云会。'"朱瞻基即应对说："一统山河日月明。"而今朱瞻基自己临御天下已近六年，中国与海外各国间的关系竟倒退到如此地步，抚今追昔，他当然向往出现"万方来宾"的"宣德盛世"。何况，他是早就明白只有"万方玉帛风云会"，才会"一统山河日月明"。不去大力发展与海外诸国的友好关系，势必影响到江山的统一和国家的兴盛。所以，在夏原吉已死，不会再有人站出来反对下西洋的情况下，朱瞻基即决定再派郑和下西洋，以扭转"践祚岁久，而诸番国远者犹未朝贡"的局面。

宣德五年五月，南京已是初夏，碧波荡漾的玄武湖，岸边长满嫩绿的荷叶，出淤泥而不染的荷花也钻出水面含苞待放了。秦淮河畔的茶馆酒楼，依然是夜夜笙歌，灯红酒绿，通宵达旦，一派纸醉金迷的景象。

这天傍晚时分，冷清的马府街突然热闹起来，连过路的行人也惊奇地发现，一向"门前冷落鞍马稀"的郑和府邸门前，停着许多轿子，不时有人出出进进，似乎有什么不寻常的事情发生了。这天来访的客人可真不少，他们之中有王景弘、侯显、王贵通、洪保、杨庆、李兴、朱良、周满、杨真、张达、吴忠、朱真、王衡等人，其中不少是郑和六次下西洋的老部下，他们都是当时中国航海界的著名人物，卓越的航海家。

郑和府邸的会客厅里灯火通明，高朋满座，谈笑风生，人人脸上都洋溢着兴奋激动的表情。听大家你一言我一语，坐在主座上的郑和只是默默地微笑着，好半天没有开口。

六年的南京守备的生涯，成天在建筑工地奔波的郑和，已经明显地衰老了。他那满头青丝被岁月的流水无情地洗白了，当年被热带的骄阳晒得紫红色的脸膛，如今也增添了沧桑的皱纹。他万万没有想到，在他即将60岁、进入花甲之年的当儿，明宣宗会突然想起他这个老朽，让他重新披挂出征，收集旧部，再一次扬帆出海。这真是做梦也没有想过的。

原来，宣德五年，明宣宗为下西洋下了一道圣旨："敕：南京守备太监杨庆、罗智、唐观保、大使袁诚：今命太监郑和等前往西洋忽鲁谟斯等国公干，大小舡（同船）61艘，该关领原交南京入库各衙门一应正钱粮并赏赐番王头目等彩币等物，及原阿丹等六国进贡方物给赐价钞买到纶丝等件，并原下西洋官兵买到瓷器铁锅人情物价，及随舡合用军火器、纸札、油烛、柴炭，并内官内使年例酒油烛等物。敕至，尔等即照数放支与太监郑和……关领前去应用，不许稽缓。"

接到圣旨，郑和禁不住老泪纵横，心情激动不已，但也想起了很多往事。此时，郑和已是近60岁的老人。明宣宗忽然想起这位伟大的航海家，命他再一次下西洋，并着手进行筹备工作，这不是偶然的。

郑和心里跟明镜似的，他清楚地知道，由于船队停航五六年，海外各国与中国的关系日益疏远，明朝政府在海外的威望也大大下降了。许多国家已和中国断绝来往，再也没有外国使臣来中国朝贡，更没有外国的国王前来访问中国的盛况。就连明宣宗当了六年皇帝，西洋各国根本不知道这一回事，也不知道"宣德"的年号。明宣宗小时候是亲身经历过他的祖父朱棣的"万国来宾"的太平盛世的，上千名各国使臣云集紫禁城向皇帝致敬的盛况，他也在场亲眼看见。现在，他心血来潮，要郑和再次下西洋，就是要扭转自己登基已久，而海外各国未来朝贡的尴尬局面。

另外，船队停航后对明朝政府造成的经济损失尤为巨大。郑和心里有一本账，尽管反对派攻击下西洋耗费了大量钱财，得不偿失，实际上每次出航，船队都从事对外贸易，以中国出产的瓷器、丝绸、铁器、工艺品及生活用品，换回大量的香料、珍宝、西洋棉布、药材、颜料等，即使是用金银现钞购买的珍珠、宝石、珊瑚、香料，也是物有所值，朝廷不仅没有赔钱，反而是赚了大钱的，这笔经济账是任何人也不能一笔抹杀的。而且船队采办的大宗货物除了一部分是供皇家享用，大部分是民生所需。如今断了来路，权衡轻重，皇帝也不能不有所察觉了。

会客厅里烛光摇曳，众人仍在对皇帝的圣旨议论纷纷，座中不知是谁说道："夏原吉这个老家伙正月里已去世，他一死，反对派也群龙无首了……"

名垂青史

户部尚书夏原吉是对下西洋持反对意见的头面人物，当初明仁宗刚即位，就是他力主解散船队，封杀下西洋航海活动的。

看来，明宣宗也是看准了时机，才做出这番非同寻常的重大决策的。

郑和不愿当着众人对军国大事品头论足，便对大家说："来来来，诸位请饮茶，这是我家乡的新茶，滇绿……雨前茶……"

郑和没有子女，如今他哥哥马文铭把一个儿子过继给他，和他住在一起，给他的晚年增添了不少快乐。侄子正在忙前忙后，给这么多的叔叔伯伯上茶。

"皇上英明，我等臣子自当不负君命，报效朝廷。只是停航多年，一时上阵，千头万绪，不知诸位大人有何高见？"郑和到了这时才不慌不忙地开了口。

这些老航海家们三句不离本行，无非谈起下西洋的船只呀，招募有经验的船工呀，以及需要准备的物资和给养呀，这时坐在一旁的王景弘突然说："郑公，各地的天妃娘娘庙也年久失修，恐怕也要好好地修缮。去年我去过一趟娄东刘家港的天妃宫，已是破败不堪，满院子杂草长得比人还高，里面还有黄鼠狼出没……"

"王大人所言极是，这可是头等大事。"郑和说，"我等自永乐初奉使西番，统领官兵数万人，海船百余艘，历经三十余国，涉沧溟十万余里，全赖天妃娘娘之神功相助。那汪洋大海，浩浩无垠，或烟雾迷蒙，或巨浪如山，变幻莫测，险象环生，而我船队云帆高张，昼夜星驰，如果不是仰仗天妃娘娘之神功，岂能如履平地，化险为夷……"

"郑公说得一点儿不错，有好几次我在的船队突遭狂风巨浪，危险至极，大帆被狂风撕碎，桅樯吹折，宝船险些倾覆。我听一个舟师说，在此生死攸关之时，船工一起跪下，向天妃娘娘祈祷。说来也怪，突然，一盏神灯出现在帆樯之上，闪闪发光，继而光耀夺目，众人眼睛都睁不开，转瞬间风息浪静，云消雾散，船队顿时转危为安，这都是有赖天妃娘娘显灵啊！"洪保说。

众人连连点头称是，有人也列举不少天妃娘娘显灵、拯救危难中的船只的例子，说得活灵活现。

郑和接着说："此次船队出航，非同往日。起航之前，我等定要隆重祭拜天妃娘娘，以保佑我官兵之安全。现今，天妃宫年久失修，破败不堪，此事还要赶紧奏明皇上才是。"

大家又说了些闲话，这才纷纷告辞。

宣德五年六月，郑和再次受命奉使海外，多年的愿望终于实现，欣慰之余，郑和想到，这或许是"佛天"呵护所致，而以往下西洋往返平安，这次如能平安归来，也是"佛天"呵护所致，所以这次回来后，一定要对佛祖有所布施。于是，在第七次下西洋前夕，郑和自己出钱命技工铸成12尊金铜像，雕妆罗汉18位，一并古铜炉瓶及钟声乐师、灯供具等，置于家中，准备从海外回来后再送碧峰寺供奉。据《非幻庵香火圣像记》记载，郑和于宣德八年在古里去世后，他的亲人本族公户侯郑均义、侄子郑珩，曾与郑和共下西洋的同僚和好友杨惠泉、哀普性、黄宗泽、□瞀明、高□□等，在宣德十年聚在一起商议，为了满足郑和生前的愿望，"将前项竖像，若灵榴钟署灯床，尽皆送付碧峰之退居供奉。"郑和生前好友将此事加以记载，在天顺元年（1457）写成《非幻庵香火圣像记》一文，就是根据这篇文章，确凿证明郑和是于宣德八年在古里逝世。所有这些，都说明郑和与碧峰寺有很深的渊源关系。

在南京城南中华门外牛首山南麓，有两处与郑和关系十分密切的遗迹——兜率崖和辟支洞。牛首山是一座闻名遐迩、历史悠久的名山，古称牛头山，唐天宝时曾一度改称"天阙山"。牛首山海拔243米，面积约3.6平方公里，山体多为砂岩组成，位于南京南郊，距中华门10公里，透迤于长江和外秦淮河之间的丘陵地带。北连翠屏山，南接祖堂山，山势奇特，峰峦起伏，怪石嶙峋，因其突出的双峰相对而立，恰似牛头上的

名垂青史

一对角而得名，俗称牛头山。1130年，岳飞在牛首山大败金兵，收复建康府，牛首山闻名遐迩。牛首山景色极美，山上古迹众多，每到春季，是牛首山游览的旺季。每当阳春三月，牛首山茂林修竹，桃花争艳；黄昏时分，暮色苍茫，云蒸霞蔚，牛首烟岚，令人沉醉，游人络绎不绝，"春牛首"的盛誉由此而得。牛首山春天秀美，秋天也有一派风光。登上牛首绝顶，更另有一番景象，遥望长江一线，势欲浮天，百里景色，尽收眼底，南京城郭，历历在目，寥廓江天，令人神驰，牛首山胜景方算一览无遗。牛首山寺宇众多，自南朝时起即为佛教圣地，佛教南宗发端于此。在牛首山众多佛教胜迹中，兜率崖和辟支洞，与位于牛首山南麓的弘觉寺（古佛窟寺）、弘觉寺塔、辟支塔、文殊洞、观音洞等，同为牛首山南麓佛教名胜。

祭拜天妃，立下丰碑

宣德五年（1430）六月，明宣宗朱瞻基因为西洋各国常常疏于纳贡而感到很不高兴，于是又起了派船队出海的念头，并下达了郑和被任命为正使太监出使西域的诏书。此次出使，郑和与王景弘再度领命，出使西洋十七国。

这一年，伟大的航海家郑和已经60岁了，在当时已经算得上是高寿了。如此高龄本应解甲归田，然而上命难违，更何况郑和心中对于航海也有未了之情，所以他仍然踏上了艰苦的旅程。但郑和几乎和每个过了天命之年的人一样，越来越相信人的命运是被天上的神明所左右的，而以往下西洋时的经历，也使他对海神天妃越加敬畏起来。但在过去的五年中，下西洋活动的中止，使各地的天妃庙也渐渐荒废。郑和这次从南京前往太仓刘家港、福建长乐太平港，一路上就对多处的天妃庙进行了修缮，以此祈求天妃保佑船队的安全。

其实，从明宣宗下达旨意，到船队组建起程，第七次下西洋的行动几乎是刻不容缓、雷厉风行地进行。但是，由于船队停航多年，一切都要从头开始，各项准备比以前历次下西洋都困难得多。出航的船只需要加紧建造修理，从沿海各地招募熟悉航海的船工水手也并不顺利。船上的物资装备，有的要从官府的库房里调拨，有的需要就地采买，也拖了很长时间。尽管至高无上的皇帝不停地催促，也无法让船队立刻起程。

宣德五年，明宣宗下诏说，登基以来，君临万邦，改国号为宣德，国内一派新气象，可是"尔诸番国远外海外，未有闻知，兹特遣太监郑和、王景弘等赍诏往谕，其各敬顺天道，抚辑人民，以共享太平之福"。这时正是夏季。当天气渐渐转冷，冬天的农历闰十二月六日，郑和一行从南京龙江开船，农历十二月二十一日到太仓刘家港，在此还驻留了一个多月。

刘家港是历次船队的出发地，郑和一行到达刘家港，立即夜以继日地在刘家港北漕口修建天妃宫。仅用了一个多月，宣德六年春，天妃宫建成。

值得注意的是，天妃宫修建完毕后，郑和不仅率领全体下西洋的官兵和船工隆重祭拜天妃娘娘，而且亲自撰写通番事迹记，刻石刊立于天妃宫内，以兹纪念，这即是《娄系刘家港天妃宫通番事迹》碑（也称《通番事迹》碑）。

船队离开江苏太仓刘家港，又沿东南沿海抵达福建闽江口长乐的太平港，这里是历次下西洋在国内最后的一站，船队在此等候东北信风来临扬帆起航。宣德六年二月到达长乐港，官兵驻扎在十洋卫（又名十洋街），几万官兵船工的到来，使这里热闹非凡。郑和在率部等候东北信风时，奏请皇帝恩准在长乐港重建天妃宫。这次在长乐太平港停留了

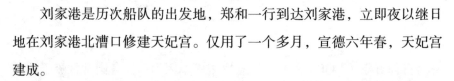

八九个月，有充足的时间，于是在长乐南山重修天妃宫、三峰塔寺并新建三清宝殿，作为下西洋官兵祈保平安的场所。工程竣工后，郑和于宣德六年十一月亲自撰文，立石刻碑，这即是《天妃灵应之记》碑（又称《天妃之神灵应记》碑）。

这两块碑如今只有福建长乐的《天妃灵应之记》碑得以保存，而《娄东刘家港天妃宫通番事迹》碑只有碑文保存下来，原碑下落不明。

碑文别具深意，先说明立碑的时间和立碑的官员：宣德六年元旦，正使太监郑和、王景弘，副使太监朱良、周满、洪保、杨真，左少监张达等人。第一部分详细描述了船队在前往西洋30余国的途中如何遇险、如何呼唤天妃又如何得到天妃佑助的情形。郑和相信，前六次下西洋之所以能顺利返回，全都是天妃护佑的结果，但也展示出了他大无畏的英雄气概，宣称在"鲸波接天，浩浩无涯"的危险万状的海洋风浪中，仍然"云帆高张，昼夜星驰"，一往无前。所以碑文的第二部分讲的就是船队回国后，郑和向明成祖请求在南京龙江、太仓修建天妃庙宇的事。碑文的第三部分，记述在天妃的护佑下，船队先后六次下西洋的主要事迹：在过去的二十多年中，他们擒获了海盗陈祖义，俘虏了锡兰的暴虐国王亚烈苦奈儿，打败了苏门答腊伪王苏干刺，肃清了西洋航路上的障碍，使三十多个国家通好于明朝，纷纷前来朝贡。郑和饱含深情，第一次具体回顾历次出使经过，并且似乎意识到这将是最后一次西洋之行，所以郑重地将自己和随行官员的名字一一镌刻在碑石上，除了表达对天妃的感激之情，显然也为了使下西洋船队的事迹得以流传千古。

郑和为什么要刻石立碑呢？

在此之前，郑和每次下西洋之前后，都没有过类似的举动。但是这一次，他不仅在刘家港立碑，又在长乐南山立碑，而且碑文的内容大致相同，看来这绝不是偶然的。

他已是60岁的老人了，在郑和生活的那个年代，60岁的人算是接近人生的尽头了。郑和知道，像他这样的年纪，这恐怕是最后一次的远洋航行了。六年来亲身经历的政治风波，朝廷上下的明枪暗箭，包括皇帝本人对他的猜忌，使他深切地感觉到他毕生为之奋斗的航海事业，日后还可能会遭到人们的诋毁和误解，甚至颠倒是非，篡改历史，以致面目全非，这是他最不愿意看到的结局。他对自己从事的航海活动是充满信心，并引以为自豪的，他也相信后人会对此做出公正的评价。因此，他决定把历史的真相记录下来，刻在石头上，也算是他留给子孙后代的遗言吧。

然而，他用什么方式才能做到这一点呢？他以什么名义才能把心里话留传于后世呢？

他不能平白无故地立一块石碑，写下船队下西洋的功绩，这在他那个时代是犯忌的，甚至是要杀头的。他也不能为明成祖朱棣立碑，颂扬他对下西洋的倡导和不朽的历史功绩，这同样是不允许的，以他的身份，这是不能准许的。

那么除此之外，唯一可行的办法是以祭祀天妃娘娘的名义，感激这位女神对下西洋的庇佑，由此将下西洋的经过、发生的重大事件详细地记录下来，为子孙后代留下真实的历史。这样做，即使有人想罗织罪名，诬陷中伤，也是徒劳无益，抓不住任何把柄的。

郑和就是这样经过一番深思熟虑，以重修天妃宫、祭祀天妃娘娘的名义，为后人留下了珍贵的历史丰碑。碑文原文是文言文，现将其中的几段译成白话文：

大明皇朝统一天下，功业超越夏、商、周三代和汉、唐两朝，远至天边地角，没有不以臣子之礼归顺我朝。西域之西，北疆往北，固然遥远，尚能计其路程。若是海外各国，实在是十分偏远，他们的使者捧着珍宝，带着礼物，辗转前来拜访朝见。皇上对他们的忠诚深表赞许，委派郑和等人统率数万名官员、军官和士卒，乘坐一百多艘大

名垂青史

海船，携带财宝礼物前往，赏赐他们，以此宣扬朝廷的恩德教化，并安抚远方的人民。

从永乐三年奉使命下西洋，至今已七次。我们所经历的海外番国，从占城国、爪哇国、三佛齐国、暹罗国，径直穿越南天竺、锡兰山国、古里国、柯枝国，而后抵达西域的忽鲁谟斯国、木骨都束国，大小共三十余国，远涉重洋，航程达十万余里。

纵观海洋，汹涌的海涛远接天涯，巨浪如山，遥望那些海外番国，远隔在若有若无的烟霞缥缈之中。但是，我们的船队高高挂起如云蔽天的风帆，不分昼夜地像流星一般疾驰，横渡狂涛恶浪，就如同在大道上漫步。之所以能这样，完全是仰仗朝廷的恩威和洪福，更是由于天妃之神的庇护保佑。

为此，特意勒石铭碑，彰显天妃之神的功德，并记载几度往返海外各国的年月，以留下永久的纪念。永乐三年，统率船队，到达古里等国。海盗陈祖义在三佛齐国啸聚部众，洗劫抢掠外国商人，也来侵犯我们船队。当即有神兵暗中相助，予以歼灭。到永乐五年，船队回国。

永乐五年，统率船队前往爪哇、古里、柯枝、暹罗等国，当地的国王分别进献了珍宝和珍禽异兽。永乐七年，船队返回国内。

永乐七年，统率船队再去以前到过的各国，途经锡兰山国时，国王亚烈苦奈儿凭恃险要，态度傲慢不友好，还妄图谋害我们，仰赖天妃之神显应，发觉其阴谋，活捉了那个国王，永乐九年归国时押解回国。不久，蒙皇上恩准，让他回国。

永乐十一年，统率船队前往忽鲁谟斯等国。其中，苏门答腊国有个叫苏干剌的人，自立为王，发动兵变。该国国王宰奴里阿比丁，派遣使者向我朝廷陈诉此事。于是，我们率兵剿捕伪王，仰赖天妃之神暗中相助，得以活捉了伪王，在永乐十三年归国时押解回国。同年，满剌加国王亲自率领王后、王子等前来朝贡。

永乐十五年，统率船队前往西域。其中，忽鲁谟斯国进贡了狮子、金钱豹、大西马；阿丹国进贡了麒麟——当地称为"祖剌法"（长颈鹿），以及长角"马哈"兽（大角羚羊或非洲大羚羊）；木骨都束国进贡了"花福禄"（斑马）和狮子，卜喇哇国进贡能行千里的骆驼和鸵鸟，爪哇、古里等国进贡了"縻里羔兽"（印度羚羊）。这些藏于深山、隐潜海中的灵异之物，深伏沙漠、栖息陆地的珍宝，他们莫不争先呈献；有的还派遣王子，有的派遣王叔、王弟，携带金叶制成的表奏文书，前来朝见。

永乐十九年，统率船队，护送忽鲁谟斯等国久留我国京都的使臣回国，此后，这些国家比以往更加恪守职责，定期纳贡。

宣德六年，我们仍将统率船队前往这些海外国家，宣读诏书、赏赐礼物。现在船队驻泊在这个港口（太平港），等候北风开船出洋。回想过去，曾经屡次仰仗神明的相助、庇佑的功德，因此在石碑上镌刻了这篇碑记。

宣德六年，岁序辛亥，仲冬吉日。

正使太监郑和、王景弘，副使太监李兴、朱良、周满、洪保、杨真、张达、吴忠和都指挥朱真、王衍等立碑，正一派道门主持人杨一初叩首请求立碑。

郑和留下的丰碑，经历了近六百年的风风雨雨，其中一块总算得以幸存，它以淋漓酣畅的文字、气势磅礴的豪情，抒发了以郑和为统帅的勇敢无畏的几万将士和船工水手，以他们的生命奉献于海洋探险的雄心壮志，表达了他们不畏艰险、战胜狂风巨浪的坚定信念。这是中华民族的伟大精神，是值得我们永远引以为荣，并且要发扬光大的。

郑和此举显得颇有意味，因为史书里一定会对这些事迹有详细的记载，用不着他立这样一块简简单单的碑。前六次下西洋的经历的确需要总结和整理，更重要的是，在这个老航海家的心里也许清楚地意识到自己的航海生涯即将结束，而仁宗更为严苛的海禁政策使他清楚地意识到往日的壮丽辉煌已经过去，而且将来也没有重现的可能了，作为他一生荣耀的航海事业不得不面临断裂的命运。于是，他立下这样一块石碑，记录他曾经骄傲的海上生涯，也是对于一段逝去时光的深深怀念。

郑和第七次下西洋的任务很明确，就是奉命遍历"诸番国远者"。因为路途遥远，海上遭遇风险的可能性极大，不知道要闯过多少惊涛骇浪。因此，他们在路过海神天妃的故乡福建时，屡屡祈祷海神保佑往返平安。

不论是郑和生活的年代还是今天，航海永远是充满危险同样也是需要勇气的。面对浩瀚无垠的海洋，难以捉摸的狂风巨浪，瞬息万变的天气海况，随时都会给航海者带来灭顶之灾。

何况郑和的年代，航海技术和船只的装备还比较落后，而他们的航程又是那样遥远，许多海域是前人从未涉足的陌生海洋，完全是探险性质的航行，条件之艰苦，航行中遇到的危险都是我们难以想象的。在这种情况下，除了船队上上下下的精诚团结，充满战胜困难的勇气，以及熟练的航海技术，他们还必须有一个精神支柱，这就是天妃娘娘的神灵庇佑。这种精神力量对于广大官兵和船工水手都是巨大的鼓舞，这就是郑和他们要重修天妃宫，在出海之前要隆重祭拜妈祖的原因。

不过，对于郑和来说，作为一位饱经沧桑的老航海家，这次下西洋前夕，他向皇帝上奏请求重修天妃宫，除了上面所说的需要，他还有更加深远的思考。

同月，郑和率领船队缓缓驶出长乐太平港，正式开始了第七次下西洋的远航活动。回首遥望，南山上的天妃宫和南山塔寺被层层叠叠的青松翠柏掩映着，并逐渐与青山化为一体。

郑和站在宝船的船楼上，眺望着渐渐远去的山峦海岸，他的目光是依恋而忧郁的。他没有前几次下西洋时那样的激动兴奋，更多的却是百感交集的复杂心态。一阵海风吹来，略微有些干涩，郑和不由生出一丝离愁，忍不住回首远望。连他自己也感到有些诧异，早已习惯了在西洋上漂泊的日子，为何这次偏偏对这片土地如此眷恋？当时，谁也没有想到，这是他最后一次远望故国了。修庙、刻碑，似乎只有这样做，才能在这个为之奋斗了终生的帝国留下自己的痕迹。最后一次向天妃遥致敬意后，他挥手转身，回到船头。望着眼前的浩渺烟波，顿时阴霾消散，他振作精神，前路漫漫，他还要去向各国传达大明新皇帝登基的消息呢！

　　这次出使是从宣德五年到宣德八年，经历的主要国家有占城、爪哇、苏门答腊、满剌加、锡兰山、古里、忽鲁谟斯等国。这一次，皇帝拟订了详细的出使计划，实际上郑和是捧着诏书兢兢业业地游走在各国之间。第七次航海的规模比之前小很多，毕竟国家的财力和皇帝的魄力都比不得从前了。

访问暹罗，平息争端

　　自洪熙元年郑和船队停航以后，在下西洋行动中止的六年内，荒废的不仅是各地的天妃庙，各国同中国的关系也慢慢疏远，西洋各国之间的安定局势也渐渐有些动摇了。并且，中国对海外诸国的影响随之减弱，永乐年间由郑和使团所解决的某些海外国家间的矛盾因之又重新出现，又趋向尖锐化。

　　宣德六年（1431年）二月初七，满剌加国王派遣使者巫宝赤那等人来到北京，他们此行并不是来朝贡，而是来向明宣宗控诉暹罗的霸道行径。满剌加国头目巫宝赤那向明宣宗朱瞻基陈诉："国王欲躬来朝贡，但为暹罗国王所阻，暹罗素欲侵害本国，本国欲奏无能书者。今王令臣

郑和铜钟

三人潜附苏门答腊贡舟来京，乞朝廷遣人谕暹罗王，无肆欺凌，不胜感恩之至。"原来，自从宝船停止下西洋，暹罗国王认为明朝再也没有余力可以调停南洋国家的事务了，所以他一面继续维持与明朝的朝贡贸易，一面重新酝酿侵夺满剌加的计划。也许想从离间中国与满剌加的关系入手，暹罗国王派人拦截了满剌加派往中国的朝贡使团。满剌加无力对抗暹罗，只能派巫宝赤那等人悄悄地登上苏门答腊的朝贡船只来到北京求援。

恰好郑和使团正要历访诸国，明宣宗朱瞻基自然也继承了明成祖"怀柔远人"的外交政策，希望西洋各国间能够相安无事、和睦共处，所以就向暹罗国王下了一道诏书，让郑和带往暹罗以协调两国关系。明宣宗令郑和赍敕谕暹罗国王说："朕主宰天下，一视同仁，尔能恭视朝廷，屡遣使朝贡，朕用尔嘉。比闻满剌加国王欲恭来朝，而阻于国王，以朕度之，必非王之意，皆王左右之人不能深思远虑，阻绝道路，与邻邦起衅，斯岂长保富贵之道？王宜恪遵朕命，睦邻通好，省谕下人，勿肆侵侮，则见王能敬天事大，保国安民，和睦邻境，以副朕同仁之心。"明宣宗的意思是说，我现在统治这个天下，对各国的态度是平等的，你能臣服于我的王朝，并屡次派遣使者前来朝贡，我感到十分欣慰。但是，我最近听说满剌加国王派遣到天朝的朝贡使团被你拦截了，我想其实这并不是你的本意，必定是你身边那些鼠目寸光的头目们蓄意挑唆，影响了两国之间的和平。但这又岂是长久之计呢？你实在应该听从我的劝告，与邻国和睦相处，同时警告手下的头目们再也不要有侵扰他国的念头，这才是治理国家的正确策略，也才能体谅我对各国一视同仁的用心。

遥罗国王阻止满剌加国王来中国访问，明显的是要疏远满剌加与中国的关系，以便进一步控制满剌加。在永乐朝，正由于满剌加和中国建立了比较密切的友好关系，才使满剌加摆脱了遥罗的控制。明宣宗朱瞻基对这一段历史自然是清楚的，怎么会不明白遥罗国王对满剌加实行封锁的用意呢？但朱瞻基不正面谴责遥罗国王，而是通过责备"王左右之人"，达到敕谕遥罗国王的目的，很讲究策略。这样，既可以避免进一步激化遥罗与满剌加之间的矛盾，又不伤遥罗国王的面子，利于发展中国与遥罗之间的友好关系，也就利于问题的解决，可见朱瞻基在派遣郑和第七次下西洋之际，还是以谨慎的态度，来进一步发展中国与海外国家之间的关系的。此外，值得一提的是，在决定是否给满剌加使者巫宝赤那赏赐的问题上，朱瞻基也处理得很得体。当时"礼部言诸番贡使，例有赐予，巫宝赤纳非有贡物，给赏无例。上曰：'远人数万里外，来诉不平，岂可不赏？'遂赐芝丝袭衣彩币表里绢布及金织袭衣有差"。明宣宗朱瞻基对待海外诸国的态度，与明成祖朱棣是一样的，所看重的是海外国家对中国的信任和友谊，所希望的是海外各国在中国的帮助下能够和睦友好，至于能得到什么贡品，那是不计较的，明初就是这样来看待各国的贡物的。如明太祖朱元璋就说过，"番邦远国……其所贡方物，不过表诚敬而已。"既然如此，则巫宝赤那万里来诉不平，这件事本身已足以表明其对中国的"诚敬"，其意义超过单纯进贡方物以赢得

名垂青史

中国丰厚的赏赐，所以朱瞻基毫不犹豫地破例给赏，说明他在继续执行明初制定的外交方针方面，还是做得比较好的。

郑和率领船队一路南下，虽然要解决满剌加的问题，但他此行的首要目的还是向各国宣布明宣宗继统皇位的消息，所以他先到占城、爪哇、旧港进行了访问，之后才将巫宝赤那送回了满剌加。宣德七年七月初八，郑和到达了满剌加。他首先向国王表达了新皇帝明宣宗对他的问候，然后又向他承诺，明宣宗将继续实行永乐年间的外交政策，维护满剌加的独立地位。

不久之后，郑和就前往暹罗，着手解决暹罗与满剌加之间的争端。暹罗与明朝的关系向来密切，即使是在下西洋中止的那六年中，暹罗也在宣德元年到宣德三年之间连续三年向明朝朝贡。明宣宗并不希望因为满剌加而影响两国的关系，所以郑和除了宣读明宣宗的诏书外，还这样对暹罗王说："中国与暹罗国向来友好，您也多次派人前往中国朝贡，大明国君甚感欣慰。大明国君对待南洋各国的态度是平等的，您既已臣服于大明，又怎可派人拦截满剌加国派往大明进贡的使团呢？我想这绝非是您的本意，定是听了身边小人的挑唆，损害了贵国与满剌加的关系。我来时，大明国君命我转告您，希望您和邻国和睦相处，友好往来，并警告那些居心叵测，蓄意挑起事端的小人，不要侵扰邻国。唯有如此，才算体谅我大明朝对各国一视同仁的良苦用心。"话语委婉中透着严厉，既挑明事情，又保全了暹罗王的颜面，充分体现了郑和高超的外交手段。暹罗王表示接受，并保证绝不再犯，就这样，郑和很轻松地平息了两国之间的争端。随后，郑和率领船队再次来到满剌加，向满剌加国王通报这一消息，满剌加国王感激不尽，随后又在这里补充了一些物资。

这次为了调解暹罗与满剌加两国之间的关系，使之和睦相处，郑和忙了一个月，直到八月八日才离开满剌加。郑和为了制止暹罗"欲侵害"满剌加的想法，之所以要费了一个月的时间，足见这是一个比较艰难的交涉过程。因当时暹罗对邻国的侵略气焰正盛，就在满剌加头目巫宝赤那等来中国请求保护、免受暹罗侵害的那年，即1431年，暹罗对邻国真腊发动了侵略战争，暹罗军队攻陷了真腊王朝的首都吴哥，使这个文明古都遭到严重破坏，真腊王朝被迫迁都金边。此后，吴哥被遗弃，逐渐淹没在丛林莽野之中。当时，满剌加也将面临与真腊同样的命运，多亏郑和这次花大力气加以制止，才使满剌加免遭与真腊一样的厄运。在为满剌加解除了来自暹罗的威胁之后，郑和率领船队行驶了十天，于八月十八日到苏门答腊，便道往阿鲁、那姑儿、黎代、南渤里等国进行接下来的访问。

在前往锡兰途中，郑和船队遇到了暴风雨，洋面上掀起滔天巨浪，雨水如瓢泼一般往下倒，船只左摇右晃，非常危险。郑和见情势危急，从航海图上发现附近有个名叫翠兰屿（今印度洋东北部尼科巴群岛）的小岛，急令大家前往躲避。

当时，翠兰屿十分落后，尚处于原始部落状态，岛上居民不穿衣服，仅用树叶遮体。当然，这里也没有什么特产。郑和船队在这里只待了三天，就将船队分成两支，一支前往榜葛剌国（今孟加拉国及印度西孟加拉一带）访问。永乐年间，侯显曾率领船队前去那里访问，并帮他打败来犯之敌。此次郑和船队来访，自然受到特殊接待。

孟加拉湾东南部尼科巴群岛是郑和船队从东南亚前往南亚各国访问的必经之地，在前六次下西洋时，因为这里没有郑和使团所要访问的国家或部落，所以尽管往返路过这里许多次，却从未在此停留。这次船队路过这里，偶尔遇上风向和水流不顺，第一次在此停留。费信在《星槎胜览》中对这段经历作了如下记载："其山（指翠兰屿，又作翠兰山）大小有七门，中可行船。传闻释迦佛经此山，浴于水，被窃其袈裟，佛誓云：'后有穿衣者，必烂皮肉。'由此男女削发无衣，仅有树叶纫结而遮前后。米谷亦无，唯在海网捕鱼虾，及蕉椰子之为食啖也。然闻此语，未可深信，然其往来未得泊其山下。宣德七年壬子十月二十三日，风雨水不顺，偶至此山泊三日夜，山中之人驾独木舟来货椰实，舟中男妇果如前言，始知不谬矣。"此岛义净《大唐西域求法高僧传》（卷下）名曰裸人国，马欢《瀛涯胜览》（附见锡兰国条）名曰裸形国。其地位于热带，社会形态又处在原始聚落阶段，其土著居民"仅有树叶纫结而遮前后"，纯属与之相适应的一种自然状态，与"佛誓"毫无牵涉。费信的这段记载是说：翠兰屿是个尚处在原始部落状态的小岛，传说佛祖当初在岛上沐浴时被人偷走了袈裟，于是佛祖发誓，以后这个岛上的人只要穿衣服就会全身溃烂，所以这个岛上所有人都不穿衣服，只用树叶勉强遮挡身体。

由于传闻，影响到郑和使团部分成员的好奇心理。但郑和下西洋是要履行明朝政府赋予的使命的，郑和又是"敢不竭忠于国事"的严厉的统帅，虽然船队每次下西洋往返都途经此屿，但它却不是船队所要访问的国家，就不会为了满足船员的好奇心理而在此停留。所以，一直到宣德七年，靠一个偶然的机会，船队首次在翠兰屿停泊，才使船员们的好奇心得到满足。因此，费信颇为庆幸"风雨水不顺"给他们带来的这个机会，特别记下了这个日子。郑和下西洋，要在短时间内访问许多遥远的海外国家，又要赶信风，对沿途在哪儿该停留，在哪儿不能停留，不能不严格掌握，其屡过翠兰屿而"未得泊其山下"，便很好地说明了这一点。

郑和使团是宣德七年十月十日从苏门答腊开船后，路经翠兰屿，偶尔在此停留三天的。三天后风顺水顺，郑和派分舟宗前往榜葛剌国，大舟宗宝船驶向锡兰山，于十一月六日抵达锡兰山别罗里。四天后，郑和船队从锡兰山别罗里继续航行时，郑和又遣分舟宗到溜山国，自己则率领大舟宗船队径向古里国、忽鲁谟斯开去，沿途经过小葛兰、柯枝等国，皆曾派副使上岸前往宣诏赏赐，表示继续保持友好关系。西洋各国见郑和船队来到，都很高兴，除热情招待外，还和船队进行贸易，中国的丝绸、瓷器、漆器、陶器、钱币等大量流入西洋诸国，而西洋的乳香、宝石、珍珠以及奇珍异兽也被带回中国。

在过柯枝国时，郑和又派人由此陆行至甘巴里、加异勒等国去访问，进行晓谕。郑和一行因为要乘信风兼程赶往忽鲁谟斯，十一月十八日便派洪宝率舟宗到古里。

走入天方，终于圆梦

郑和率领船队横渡印度洋，穿过曼德海峡，沿红海北上。数十天后，船队到达了天方国。天方国位于红海岸边，居民信奉伊斯兰教，是穆罕默德最初传教的地方。这里一年四季干旱无雨，天气非常炎热，只是晚间露水量很大，所有花草树木全靠露水的滋润生长。虽然缺水，但这里农产品却很丰富，且品种繁多，西瓜、甜瓜个头很大，又特别甜。除农产品及野生的"麒麟"、狮子外，还有珍珠、珊瑚、琥珀以及各种颜色的宝石。这里，男人大都身穿白衣，头缠白布，足蹬皮靴；妇女则裹着头巾，戴着面罩，顶着篮子，在街上来来往往，和几十年前父亲讲述的情形一模一样。

天方国不愧为伊斯兰教圣地，那里建有很多清真寺。黑石殿是穆斯林朝拜的中心，是用五色石堆砌而成的，以五根沉香木作为横梁，墙壁涂以掺有蔷薇露、龙涎香的泥土，故而殿内散发着淡淡的香气。黑石殿四周围着一道城墙，城墙四周共有466个门，门两边各有一根柱子，是用汉白玉砌成的，显得华贵而高雅。黑石殿旁边则是阿拉伯先民的墓地。

名垂青史

在这里，郑和拜谒了天方国王，还到圣地去朝拜，多年前的心愿终于得以实现。

然而，有人却对此提出怀疑，认为郑和并没有到达天方国，到达天方国的是郑和的随从马欢等人。洪保率领船队到达古里后，得知古里国王正打算派人前往天方国朝圣，于是，洪保就命马欢等七人组成一个使者团，携带瓷器、丝绸等物品，随同古里国使者前往天方国访问。经过一路颠簸，大约三个月后，或航行54000里，他们到达了天方国。据马欢的《瀛涯胜览》记载，他们好像并没有见到天方国王，而是托古里使者将瓷器等物品敬献给他。后来，天方国王还派使者沙献带着贡品随马欢等人前来中国朝贡。

马欢虽然没能见到天方国国王，但他却在天方国游历得十分尽兴。因为这里的人民都严格地遵守着伊斯兰教的教义，全国上下禁酒，所以也就没有酗酒闹事的情况发生，人们彼此的关系都很和睦，马欢觉得这里简直是个极乐世界。

他们来到一座名叫秩达（今吉达）的城镇。在这个天方国的港口城镇，有头目设兵把守。从秩达再向西走一天路程，就来到天方国的王城默伽国（即今麦加，又称作天方）。天方国是西域著名的伊斯兰教大国，是当年伊斯兰教始祖穆罕默德最先在此传教的圣地。因其国为伊斯兰教的发祥地，每年从世界各地来此朝圣的教徒众多，便建有宏伟壮丽的清真寺，以供朝拜瞻礼。这座清真寺，当时称礼拜寺，又曰天堂，天堂礼拜寺呈四方形，整个建筑高大深广，当地人称其为"恺阿白"。这座金碧辉煌的建筑"以黄金为佛像，以玉为座。堂之周如城，以五色石垒砌，城之门四百六十有六。其堂以沉香为梁，梁有五，以黄金为阁，以黄甘玉布地，以蔷薇露、龙涎香日涂堂之四壁，馨香不绝。以白玉为柱，柱凡四百六十有七，前之柱九十有九，后之柱一百有一，左之柱一百三十有二，右之柱一百三十有五。其堂之幔，以丝丝，色用皂。其守堂狮子二，色咸黑"。在"天堂"的左边，有绿撒卜泥宝石筑成的古佛墓，"其长一丈二尺，高三尺，广五尺。其墓之垣，以泔黄玉，高五尺"。在"天堂"围城的四角，都建有雄伟多层的宝塔，以供礼拜者登高俯瞰天堂礼拜寺全景。此外，还有传授伊斯兰教经典的讲堂，全是用五彩灿烂的石块砌成。郑和使团部分成员在参观了天堂礼拜寺后，还西行百里到默德那国访问。在其国首都蓦底纳城东有穆罕默德的陵墓，这部分使团成员既多为通晓阿拉伯语的通事，亦必信仰伊斯兰教，自会怀着虔敬的心情，前往仰瞻穆罕默德的陵墓。

从都城往西，行走一天，就到了蓦底纳，也就是现在所说的麦地那。公元7世纪，穆罕默德率领伊斯兰教徒从麦加迁徙到了这里，为这个地方起名为麦地那·乃比，即先知之城。后来穆罕默德以此为据点，统一了阿拉伯半岛，死后也被安葬在这里。马欢说，在穆罕默德的陵墓上，不论白天黑夜都会有光芒闪现，墓后的井水也有神奇的作用。开到这里的外国船只，只要取一些井水放在船上，在海上遇到飓风时将井水洒进海中，风浪就会平息，我们毫不怀疑马欢当时就在井中打了一些水带回船队。

天方国风景融和，四时常热如夏，其地为亚热带气候，无雨电霜雪，夜露甚重，草木皆凭露水滋养，适宜于各种动植物的生长繁衍，其国物产和物质资源也就格外丰富。其国米谷少，皆种粟麦及黑黍，有瓜菜，其西瓜甜瓜有以二人举者，果有葡萄、万年枣并石榴、花红、梨、桃皆有，大重四五斤者。亦有似棉花树，如中国大桑树，高一二丈，其花一年二收。牲畜有驼、马、驴、骡、牛、羊、猫、犬、鸡、鹅、鸭、鸽，其鸡鸭有重十斤以上者。土产蔷薇露、俺八儿香、麒麟、狮子、驼鸡、羚羊，并各色宝石、珍珠、珊瑚、琥珀等。此外，其国特产还有"押不卢"，土人采之，每以少许磨酒饮，人则通身麻痹而死，虽加以刀斧，亦所不知，至三日，别以少药投之，即活。又有"草上飞"，番

名垂青史

郑和

名昔雅锅失，形如大犬，浑身玳瑁斑，两耳尖黑，如猫，性复驯善，若狮象等类猛兽见之，即伏不动，乃兽之王。据各种史籍所载，当时其国物产尚有豹、麂、天马（高八尺）、犀角、金银、镔铁锉、花铜锤、赛兰石、瑙砂、金刚钻、眼镜、锁服、羚羊角、铁角皮等。

天方国商业贸易也较发达，以赤金铸钱名倘加行使，每钱官寸径七分，官秤重一钱，其金比中国足十二成，货用金银、段匹、色绢、青花白瓷器、铁鼎、铁铫之属。因其地日晒炎热之故，日中不开市，至日落之后始有夜市。天方国物产丰富，商业贸易发达，郑和使团早在永乐年间第四次下西洋访问时，已对这个美丽富饶的国家有着深刻的印象，所以这次洪保主要是抱着向天方国采办奇货异宝的目的，派通事等七人携带麝香、瓷器等中国特产前往贸易。天方国雄伟瑰丽的天堂礼拜寺强烈地吸引了中国使者，所以他们在买到各色奇货异宝、麒麟、狮子、驼鸡等物之余，也不忘画天堂图真本回京，将这一世界名胜奏报朝廷，并向国内进行介绍。郑和使团部分成员这次对天方国进行的友好访问，对加强中国与这个重要的伊斯兰教国家之间的友好关系，起了重大的作用，"其国王臣深感天朝使至，加额顶天，以方物、狮子、麒麟贡于廷"。与天方邻境的默德那国，亦因郑和使团来访，派遣使者与天方国使者一道来中国访问。

当宣德八年八月辛亥初一，天方国国王遣头目沙献等来朝贡"麒麟"、象、马诸物之际，明宣宗朱瞻基亲自到奉天门迎接，十分高兴地接受了天方国的献礼，给予天方国王以及沙献等格外丰厚的赠礼。因天方国来献"麒麟"，时行在礼部尚书胡淡以"麒麟"为瑞物，率满朝文武群臣称贺，明宣宗朱瞻基说："远方之物，朕非有爱，但念其尽诚远来，故受之，不足贺也。"在这方面，朱瞻基大有乃祖朱棣的遗风。从实现明初制定的外交方针出发，朱瞻基同朱棣一样，特别重视忽鲁谟斯以远西域国家"尽诚远来"，当有天方这样的国家首次自远方来访，朱瞻基自是欣喜异常了。正如清夏燮在《明通鉴》中特别提到的那样："是岁，天方、默德那国始来贡。天方者，回之祖国也，其地在西印度之西。……先是上遣郑和七使西洋，行至古里国，始知天方在其西南，会古里遣人往天方，和因遣人赍货物附其舟偕行，往返经岁，市奇珍异宝及'麒麟'、狮子归。于是天方、默德那等随朝使入贡。上喜，赐赉有加。"中国古有名句："有朋自远方来，不亦乐乎！"在郑和下西洋的时代里，中国朝廷和中国人民正是怀着这种诚挚友好的感情，迎来了一批又一批来自遥远海外友好国家的使者。

返航途中，病逝他乡

离开天方国后，郑和还率领船队访问了子漫八撒（今肯尼亚的蒙巴萨），然后就启程返航。

郑和奉命第七次下西洋之时，已是年近六旬的老人。郑和率领庞大的船队，远涉重洋，要很好地完成明朝政府赋予的使命，发展中国与海外诸国之间政治、经济、文化各方面的友好关系，并不是一件轻而易举的事。出使过程中，无论与各国交往，还是船队本身，都有大量的事务要处理，都有各种问题需妥善解决。如果不将诸事考虑得当，一旦发现漏洞或弊端，所造成的严重后果往往是无法补救的。郑和受命在海外总揽一切，深感所肩负使命之神圣，所系责任之重大，不能不事无巨细，策划周详而后为之！作为一位六旬老人，在风涛颠簸之中，日夜为下西洋方方面面的事务操劳，呕心沥血，终因劳累过度，病倒了。

起初，郑和感觉身体不舒服，可他并没有十分在意，后来实在挺不住，才请船队医术最高明的医官给他看病。

名垂青史

郑和

医官是一位老中医，他给郑和号了脉，开了几服药，但服了药并不见效，病情似乎越来越严重了。

王景弘等人见郑和病倒了，一个个都十分焦虑。他们向医官探听郑和的病情，医官眉头紧锁，长叹一声，说："不瞒大人，郑公病得不轻，如果是在国内，还有办法，可眼下……"

海上的医疗条件有限，加上风浪颠簸，气候恶劣，连医术高明的神医也束手无策了。

农历十月十八日，郑和躺在病榻上召见副使洪保，对他说："洪大人，古里国眼看要到了，我实在精力不济，无法上岸亲见国王，此事就拜托给你。你可领几艘船前去，相机行事……"

洪保见郑和形容消瘦，脸色苍白，不禁为他的健康而担心。"郑公，您尽管放心，您可要多加保重……"洪保说。

郑和挣扎坐起，大口喘着气，对洪保说："洪大人，我还有件事拜托你……"

"郑公，有何事您尽管吩咐……"

"我一生最大的心愿，就是能像我的祖父、父亲一样，去一趟麦加朝觐，现在看来我的身体不中用了。你这次去古里，如有可能，派几个懂阿拉伯语的人去趟天方国，让他们代我瞻仰圣城，画张图来给我看一眼，也算了却我的心愿……"郑和一气说完，喘不过气来。

洪保见他闭上眼睛，便悄声退出，但他把郑和的嘱托牢牢记在心里。

洪保率领一支小船队匆匆前往古里国，觐见国王，办妥外交事务，恰巧该国有一艘船开往天方国，洪保闻讯后立即与古里国官方联系，他们同意中方派七人搭乘他们的船一同前往。洪保很高兴，派遣通事七人，携带麝香、瓷器等中国货物，乘上古里的船前往天方国。临行前，洪保一再叮嘱，要他们千方百计与天方国建立外交关系，转达皇帝的意图，将有关文书、礼品送交天方国的国王，另外还可以做些贸易，以中国的货物交换该国的特产。

　　"除此之外，你们可以尽量抽时间看看圣城的名胜古迹，参拜伊斯兰教的圣迹，给我仔仔细细画些图来。当地有什么与伊斯兰教有关的纪念品，尽量地给弄些回来，多花点儿钱也不要紧……"说到这里，洪保不由哽咽了。

　　这七名使者果然不负重托。他们从古里国起航前往伊斯兰教的圣地——天方国（今圣城麦加），向西南方向航行，航行了三个月才到达濒临红海的港口——秩沓（也称秩达，今沙特阿拉伯的吉达）。从吉达上岸，走上一天便是伊斯兰教的圣城麦加了。

　　天方国气候炎热如夏天，雨水极其稀少，见不到下雨、打雷、闪电，也没有霜雪，这是中国人当时对该国气候状况的了解。他们还注意到，由于昼夜温差大，"夜露甚重"，"凡草皆露滋养"，这是沙漠地区气候的特点。当地很少粮食作物，只种些粟麦、黑黍，但瓜果甚多，像西瓜、甜瓜长的个头很大，还有葡萄、椰枣、石榴、花红、梨、桃等，牲畜有骆驼、马、牛、羊、驴、骡，以及鸡、鸭、鹅等家禽，有蔷薇露、龙涎香等香料。当地商业发达，市场上各色宝石、珍珠、珊瑚、琥珀都很多。

　　这七名使者在天方国的访问取得了圆满的成功，他们不仅采购了各种奇珍异宝，还参拜了伊斯兰教圣城麦加大清真寺，当时称大礼拜寺。他们之中擅长水墨丹青的高手，还画了图带回国来。他们还西行百里到默德那国，在该国首都蓦底纳城（今麦地那）以东有穆罕默德的陵墓。此外，最重大的成就是他们的来访受到天方国、默德那国国王的热烈欢迎。他们对中国使臣带来皇帝的问候和礼物深表谢意，天方国国王也回赠了贵重礼品，两国都派遣使臣随后来中国访问。这是历史上中国与阿拉伯国家友好往来的重大事件。

　　再说郑和率领的主力船队从古里出发，已是宣德七年十一月。当船队抵达霍尔木兹返航时，已经是宣德八年二月，他们是在海上度过一年

一度的春节的。

在离开霍尔木兹的前夕，郑和头天晚上喝了医官送来的一碗参汤，觉得精神好多了，浑身也有了些力气，便挣扎而起，在侍从的搀扶下，坐在舱房的一把藤椅上。

"把各位大人请来，我有要事商量……"郑和对身边一个年轻的侍从说。

"大人，您刚好些，还是……"侍从劝阻道。

"我已经好多了，没有事的……"

不一会儿，王景弘等主要官员陆续到了。众人见郑和脸色红润，神采奕奕，完全不像是病了多日的人，不觉暗暗称奇，大家都为他们的统帅恢复了健康感到十分高兴。

郑和用深情的目光扫视了这些与他同生死共患难的同僚，说道："各位大人，自永乐三年第一次下西洋，迄今快28年了，人生有几个28年！想我郑和，受先帝爷与当今皇上重托，在各位大人的扶助下，得以率几万将士横渡沧海，历尽风涛，遍访西洋，也算是平生对朝廷对国家尽到了做臣子的责任。只是七下西洋，往返东西，我始终有个疑问，这天地之广袤有无尽头，大海之壮阔有无边际，我们虽然到过不少国家，但是没有去过的地方一定还有很多……"

郑和停顿片刻，提起当年访问非洲的卡剌哇和麻林地的事。他说当时本想继续往南航行，搞清这个神秘的大陆究竟有多大。可是，麻林地人劝阻说，再往南走，尽是连绵不断的荒野，内地都是原始森林，林中毒蛇猛兽出没，人迹罕至。还说那一带的海洋风高浪急，十分危险，于是船队只得返航了。

郑和歇了口气，继续说："这些日子病卧在床，思前想后，我想我这一辈子恐怕再也不可能远航了。我们可否分出一支船队，抽调一部分精兵强将，配备充足的粮草，让他们向南、向更遥远的地方航行，去发现更多的地方，看看这个世界究竟是个什么样子。这个重任只有托付诸位，也许有一天，你们会知道这个世界的真相……"

郑和说完，有些累了。王景弘等人小声议论了一阵，便说："郑公，你且好生歇息，这事由我去办，你尽管放心。"

"对了，我还有件事要告诉诸位，"郑和扶着椅背站起，环顾众人说，"我如今一病不起，舟师的一切大小事情由王景弘王大人主持，大家要听从王大人的号令行事，不得违抗……"

说罢，郑和向王景弘抱拳致意，转身回房了。

军令如山，按照郑和的命令，王景弘等人连夜磋商，立即从船队中抽调出10艘最好的舰船，拨出千名身强力壮的将士，挑选技术最熟练的火长和水手，组成一支小船队，又将船队贮备的粮食、食品、武器装备中拨出一部分装上船。

王景弘对领队的将领说："你们从木骨都束、卜剌哇、麻林地一直往南，再往南，去寻找遥远的地方……"

小船队掉转船头，扬帆向南驶去，渐渐消失在远方的天际，但他们的统帅郑和却不能为将士们送行了。

之后，郑和的病况一天比一天严重，连医官煎的药也喝不进了。按照王景弘的命令，船队日夜兼程地向古里挺进，他们希望赶快到达古里，让郑和上岸休养一段时间，也许病情有转好的可能。然而无情的死神正在加快脚步，仿佛是同飞驰的船队比赛一样，正在一步步逼近郑和。

郑和已经好几天处于昏迷状态。

颠簸的船有节奏地摇晃着，浪涛的澎湃声在枕边回响。他神思恍惚，好像听见了母亲的声声呼唤。眼前出现了和代村的老家，豆棚瓜架下面，他和哥哥妹妹们一起玩耍。父亲风尘仆仆地从麦加朝觐归来，他们欣喜若狂，飞快地扑到父亲身边。

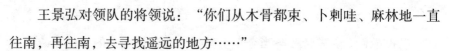

然而他分明听见母亲的号啕大哭，哭得那样让人心酸。那是他被明军掠走以后，母亲以泪洗面，痛不欲生，他是多么想念慈爱的母亲啊……

现在，他终于自由了，可以回家了。他看见了碧水连天的滇池，看见了绚烂的山茶花正在含笑怒放。是的，父亲母亲都在门前翘首盼望，哥哥妹妹们朝他招手，他终于可以和亲人团聚了。

他加快脚步，向那梦绕魂萦的故乡飞奔而去……

宝船在风浪中颠簸，像大海中的一只摇篮。郑和躺在大海的摇篮里，永远地酣睡了。

宣德八年三月十一日，船队到达古里，一个不幸的消息传遍船队全体官兵和船工，他们的统帅、伟大的航海家郑和魂归大海，永远离开了他们，离开了他毕生为之奋斗的航海事业。

大海掀起狂涛巨浪，天空乌云密布，电闪雷鸣，不久暴雨如注，似乎天地也为之悲哀，忍不住放声痛哭了。

宝船的桅杆上升起了一面镶着黑边的白色大旗，当中是一个大大的"郑"字，在风雨中飘拂。船队奏起哀乐，郑和的遗体放在宝船上临时搭起的白色布幔里，神情悲哀的卫兵肃立在灵堂四周，以王景弘为首的高级官员在两旁守灵。船队全体官兵和船工水手，冒着风雨，分批前往灵堂，向他们的统帅做最后的道别。

此后，各路船队按约定时间在满剌加会合后，一起返回中国。

在古里停了九天，农历三月二十日云开日出，船队立即起航，日夜兼程地向祖国飞驰。

大家都希望早一点儿回国，让郑和回国安葬。然而，大海茫茫，路途遥远，加上夏季悄然而至，天气一天比一天热了起来，遗体不能长期保存。尽管船队经苏门答腊、满剌加都没有按惯例停留，继续开赴爪哇，但是，想把遗体载回国安葬已不可能了。于是王景弘等人经过商议，决定停靠爪哇，将郑和的遗体安葬在风景秀丽的爪哇。

郑和安葬之地是如今爪哇的三宝垄，垄在当地语言中即是坟的意思。这里山清水秀、四季如春，多像郑和的故乡啊！三宝垄有个三宝洞，洞内供奉着郑和的塑像。三宝洞旁有个土墩，相传就是郑和死后埋葬的地方。

宣德八年六月，郑和船队回到太仓刘家港，然后继续北上，赴北京向明宣宗敬献从各国采购的物品。当时，天方国的使臣也同船到达，并带来了大象、马等贡品。这一年，锡兰、古里、阿丹、柯枝、忽鲁谟斯等国再次派遣使者前来朝贡，明宣宗热情地接待了他们。

船队于宣德八年七月回国后，经明宣宗恩准，在南京牛首山建郑和墓，据说这只是衣冠墓，郑和的尸骨并不在那里。

郑和在古里逝世以后，下西洋事业失去了最重要的领导者，庞大的船队失去了主帅，所以，船队这次回国后，便不能像永乐年间那样连续出使。随着郑和在第七次下西洋中以身殉职，郑和下西洋的伟大壮举，顿成旷世绝响。

至此，郑和七次下西洋终于落下了帷幕。此后，虽也有人率领船队下西洋，但规模、成就都无法和郑和相比。因此，郑和是我国当之无愧的伟大航海家和外交家，当然，他的成就也是与明成祖的信任和支持分不开的。

郑和第七次下西洋，主要访问了忽鲁谟斯、锡兰、古里、满剌加、柯枝、卜剌哇、木骨都束、南渤里、苏门答腊、剌撒、溜山、阿鲁、甘巴里、阿丹、祖法儿、竹步、加异勒等20国及旧港宣慰司。据明祝允明《前闻记》，郑和第七次下西洋，启程在宣德五年闰十二月六日，返京在宣德八年七月六日，以公历言之，则郑和这次出使在1431年1月19日至1433年7月22日之间，历时两年半以上。若从郑和奉命之日——宣德五年六月戊寅初九算起，则郑和使团这次出访，历时三年之久，这就与巩珍在《西洋番国志》的序中所说这次出使"往还三年"完全一致了。这次奉使的同行人员，除王景弘外，还有李兴、朱良、杨真、洪保、周满、

名垂青史

郑和

张达、吴忠、朱真、王衡、马欢、费信、巩珍等。郑和第七次下西洋动用巨舶一百余艘，出使人数官校、旗军，火长、舵工、班碇手，通事、办事、书算手、医士，铁锚、木舱、搭材等匠，水手、民稍人等，共27550名。

郑和在第七次下西洋中，除了派分队去天方国，郑和船队还充分利用以前建立的海外贸易网络，同各个国家开展了广泛的贸易活动。在永乐年间的航海活动中，郑和船队为解决每次航行航程远，所到国家和地区众多，在进行贸易中，为避免运输货物周转不便等问题，在东南亚和印度洋各主要贸易区都建立了交通中心站和航海贸易基地。郑和船队以占城、苏门答腊、锡兰别罗里、古里为海外航行的四大交通中心站。其中占城、苏门答腊属中南半岛、马来半岛范围，为郑和船队发展南海及南洋海上交通，与东南亚各国进行航海贸易的要冲之地。锡兰别罗里、古里属印度半岛及其附近范围，为郑和船队发展印度洋及阿拉伯海海上交通，与南亚、西亚和东非沿岸各国进行航海贸易的要冲之地。除郑和船队利用这四大交通中心站，遵循惯常的主航线，与亚非各主要沿海国家开展贸易活动外，郑和船队若干分艨从此四大轴心出发，分别做扇形前进，向着郑和下西洋所访问的国家和地区，形成几条主要的分舟宗贸易线：（1）以占城新州港为据点，分别向东南的浡泥与西南的中南半岛和马来半岛诸地进发；（2）以苏门答腊为据点，一支北航榜葛剌，一支西航锡兰山；（3）以古里为据点，一支北航波斯湾直达忽鲁谟斯，或绕阿拉伯半岛经祖法儿、阿丹，深入红海到天方国，乃至北非的埃及；一支则北航经波斯湾、亚丁湾，过曼德海峡，沿索马里的北海岸到东北方再经过须多大屿（索科特拉岛）、葛儿得风（瓜达富伊角）和哈甫泥（哈丰角），从而到达非洲东岸诸国，一支则经小葛兰径航东非沿岸的木骨都束、卜剌哇、竹步、麻林、慢八撒等地；（4）以别罗里为据点，西南经溜山国直航东非沿岸木骨都束国。郑和船队以上述四大交通中心站为海运的枢纽，在东南亚和印度洋那么广大的范围内发展起了与亚非各个国家、各个地区之间纵横交错的海上交通，使船队与各国进行贸易和经济交往的机动性大为增强，从而大大加强了船队发展远洋贸易的能力，同时也建立和激活了海上丝绸之路沿线的贸易网络，为当时海上丝绸之路的持续发展建立了有效的运行机制。此外，郑和船队以马来半岛和阿拉伯半岛为其在东西方的两个主要的贸易区，在这两个地区内，各建立有航海贸易基地。在马来半岛一带，满剌加是东南亚的一个商业中心，也是东西洋水陆交通的枢纽，为郑和船队向东南亚以西远航和由东南亚以西返航的必经之地，郑和船队在此建立了航海贸易基地。在阿拉伯半岛及波斯湾一带，忽鲁谟斯位处亚、欧、非三洲之中，为中世纪时著名的国际贸易中心，又是海上交通孔道，自印度洋进入波斯湾以至巴格达诸大城，此为必经之地。因此，凡是亚、欧、非洲的富商大贾，多汇聚此地。郑和船队从第四次下西洋开始，每次远航都把西行的重点放在忽鲁谟斯，以此为航海贸易基地，同来自亚、欧、非洲各国的商舶贾人进行贸易；如果说船队以满剌加为据点，便于购买和换易东南亚诸国盛产的香料、药材等，那么，其以忽鲁谟斯为据点，则便于购买和换易西亚诸国名贵的宝石、香料、手工艺品等，并能同来自欧洲大陆的"旱番客商"进行贸易，互通有无。郑和船队在满剌加和忽鲁谟斯建立航海贸易基地，对加强船队在东西方的贸易起到重要的作用，并有助于贯通海上丝绸之路东西两端的贸易往来，有力地推动了海上丝绸之路全线国际贸易的发展。

名垂青史

郑和船队为了实施其对海外各国的贸易与经济计划，除了利用各交通中心站和海航贸易基地外，还把位于满剌加、忽鲁谟斯中间的东西方贸易辐辏之地的古里国，作为船队实施其对东西方贸易与经济计划的一个大本营。以古里为大本营，郑和船队既可以与南亚诸国频繁进行贸易活动，又可以加强和协调船队在东南亚和西亚、东非沿岸的贸易，起到东西方贸易纽带的作用。此外，郑和船队在各地还采取多种形式进行经商。郑和船队在海外经商，采取公平竞争、互惠互利、讲究诚信的原则，堪称国际文明经商的典范。

郑和船队大规模地制定并实施中国与海外各国的贸易与经济计划，大力发展海洋交通运输事业，"充舶而归"的货物，奇珍异宝只是少数，大部分是五金、香料、大米、贵重木材、药品、布匹等日常用品和各国的土特产。

从郑和船队在祖法儿国、阿丹国从事贸易的事例来看，人家是用乳香、血竭、芦荟、没药、安息香、苏合油、木鳖子之类，来换易中国的绸丝、瓷器等物，两国相互交易的，都是日常生活用品，适合于社会各阶层人士应用的。又如在占城国买卖交易，对方使用七成淡金或银来买他们所喜爱的中国青瓷盘碗、苎丝、绫绢、烧珠等物。金、银等贵重金属，为中国国用不可或缺的，郑和船队从海外贸易回来以充国用，是很有必要的。至于在明清一些有关郑和下西洋的著述中，对郑和船队从海外贸易来的物质，多提其所"贸采琛异"，而少言及其所大量进口的一般货物，都是"自和后""莫不盛称和以夸示外蕃"这种心理在作怪；既要"盛称和"，难免舞文弄墨，夸夸其谈，渲染其所得之奇珍异宝，而不乐道其所进口之一般货物了。应该说明的是，对中国这样一个大国，尤其又是在明帝国的强盛时代，从海外进口少量贵重物品，如黄金、珍珠、宝石、龙涎香诸物，也是国用所需，不可缺乏，郑和下西洋进行采办，也是有必要的。在郑和第七次下西洋中，虽然已有六年多没有同海外各国开展贸易活动，但凭借着以往建立的贸易网络和海外贸易机制，仍然在与各国开展贸易中取得了丰硕的成果。

当时，郑和出使西洋各国的情况都记入了官府档案《郑和出使水程》，据《殊域周咨录》记载，该档案原本由兵部保存。成化年间，明宪宗下诏命兵部前去审查三宝旧档案，兵部尚书项忠派官员查了三天也没查到，原来被车驾郎中刘大夏事先藏了起来。项忠很生气，责问官员说："库中档案怎么会丢失呢？"当时，刘大夏偏巧在场，正色回答说："三宝下西洋，费钱几十万，军民死者万计，就算取得珍宝又有什么益处？旧档案虽在，也当销毁，怎么还来追问？"

从此，记载郑和出使西洋情况的《郑和出使水程》不见了。究竟是不是被刘大夏销毁了，至今仍然是个谜。据推测，该档案中应该保留着大批原始资料，如皇帝敕书、郑和船队的编制、名单、航海日志、物品种类和数量、各种账目等。大批郑和档案的失踪，给郑和研究带来很大的困难和限制。

不过，据现有资料记载，郑和在世时，曾收其兄马文铭的长子为嗣，名赐，字恩来，世袭锦衣千户侯，居南京三山街（今马府街）马府，原有房屋72间，但在太平天国战争中被夷为平地。1983年，考古学家在南京太平公园（旧称马家花园）进行挖掘，发现了郑和府邸遗物，有龙泉窑瓷器、宜兴紫砂、景德镇青花瓷等。

可以说，郑和第七次下西洋是他航海活动的绝唱，从此波涛起伏的大洋上再也见不到这支威武雄壮的船队的踪影了。它如同日落前的满天晚霞，灿烂辉煌，映红天际，但转瞬之间，随着红日坠落大海，黑夜悄然来临。

中国历史上最宏伟的航海活动，终于伴随着郑和的逝世而落下了帷幕……

名垂青史

第十章

海上丝路成壮举，
功垂千秋泽后世

郑和七次史诗般的航行，是海上丝路的壮举，因为他达到了海上丝路的最远端，这是史无前例的。郑和下西洋为中华民族争得了荣誉，他播撒在亚非人民心中友谊的种子，开花结果，恩泽后世。郑和是中华民族的骄傲，世界也因为有他而精彩。他的名字会永世长存、光耀千秋……

海上丝路，达到高潮

海上丝绸之路早在唐朝就已经开通了，宋元时期极为昌盛。到郑和时期，虽然是重新走了一次，但也开辟了新航路，达到了海上丝绸之路的高潮——非洲东海岸。这是海上丝路的远端，也是中国人最后走的一次。

郑和下西洋所走的航路之所以被称为海上丝绸之路，简称为"海上丝路"，那是因为历史上还有一条与之相对的"陆上丝路"。当时，汉代古丝绸之路的开拓者张骞向异国国王奉上的礼物是丝绸，那神奇的丝绸惊动了世界，从此之后，丝绸产品沿着走廊源源流向西方，人们把这一交流通道赞誉为"丝绸之路"。

公元前2世纪前后，为了抵御北方匈奴，联合西域各国，汉武帝曾派遣使臣张骞前往西域，由此开辟了从长安（今陕西西安）经甘肃、新疆，到中亚、西亚，并联接地中海各国的陆上通道。由于丝绸是当时的重要贸易物品，所以19世纪末年，德国地质学家李希霍芬（1833—1905）将这条陆上通道称"丝绸之路"。

这条丝绸之路从当时的汉都长安出发，经过咸阳、临洮、兰州、武威，穿越河西走廊到达当时的中西交通要道——敦煌。到达敦煌后，商路分为南北两路，从南路进入新疆，经若羌、民丰、和田、叶城等地登上帕米尔高原的塔什库尔干，再经阿富汗、伊朗西去；从北路则经过吐鲁番、库尔勒、库车、阿克苏、喀什，再经过费尔干纳等中亚地区到达伊朗。从南北两路到达伊朗后，再经过伊拉克、叙利亚、黎巴嫩，过地中海抵达欧洲大陆。

隋唐是丝绸之路贸易的鼎盛时期，当时的东都洛阳（今河南洛阳市）和西京长安，西域商人云集。但唐代中期以后，北方战乱频繁，丝绸之路时有中断，渐渐萧条了下来。明朝初年，因为明成祖试图营造万国来朝的局面，西域的吐鲁番、于阗、乌斯藏等还纷纷来向中央王朝朝贡，然而他们只是希望从朝贡贸易中获取经济利益而已，所以一旦仁宗取消了明成祖在位时期的政策，西域各地与内地的联系也就逐渐稀少了。

但在南方，汉代开始开辟出来的一条从泉州和广州出发，经过东南亚到达地中海地区的"海上丝绸之路"在唐朝时已经日渐形成。随着陆上丝绸之路的日渐荒废，海上丝绸之路从而取而代之，逐渐繁盛起来，最终在明初郑和下西洋的行动中达到了高潮。

只是同陆上丝绸之路相比，海上丝绸之路面临着更大的风险。茫茫大海中，一旦迷失方向，连个停靠的海岸都找不到，等于陷入了绝境。西洋各国距离中国本土有数千数万里之遥，一旦受到敌对势力的攻击，则难以获得有效的支援。所以郑和下西洋之所以能开辟新航路、取得三次战役的胜利，依靠的就是日臻完善的航海技术和船队的先进配置。

所以，在郑和下西洋六百年后的今天，海内外许多专家学者认为，郑和的"海上丝绸之路"，是对张骞的"陆上丝绸之路"的发展，尤其是经济贸易的迅速发展，超过了传统的骑着骆驼在沙漠中行进的"陆上丝绸之路"。

南京大学历史系教授范金民是明清经济史的专家，也是研究郑和与江南丝绸的专家，他认为，郑和"海上丝绸之路"促进了苏州为中心的官营丝绸业的发展。

考古学家罗真宗说，郑和下西洋，每到一地都以中国的丝绸换取当地的特产或馈赠当地国王，以美丽的丝绸为纽带，与亚洲各国进行经济文化交流。

郑和公园

东南亚的郑和研究学者认为，郑和"海上丝绸之路"改善了海外人民的穿衣问题，东南亚各国人民都喜欢穿中国的丝绸制作的筒裙，直到今天仍然如此。更重要的是中国蚕丝的传入，促进了东南亚国家丝织品工业的发展。郑和下西洋使中国和亚非各国之间的"海上丝绸之路"得以畅通，把中国和亚非各国之间的国际贸易推进到了一个新的发展阶段。

文物专家陈平认为，郑和的"海上丝绸之路"传播了中国的丝绸文化，是继"陆上丝绸之路"后对人类进步的又一个伟大的贡献，有着不可磨灭的深远影响。

郑和七次下西洋，作为和平的使者，宣扬国家之间的和睦相处，以提高国家的威望和国家地位。同时也有"耀兵异域"，显示中国强大国力的一面。因此，许多国家纷纷派人带着当地的特产，比如大象、犀牛、长颈鹿、狮子和宝石、珊瑚、胡椒以及香料等随郑和船队来到京城，要求同中国发展友好关系，这都与郑和下西洋有着密切的联系。

郑和下西洋，遍访亚非三十多个国家和地区，不但是我国古代航海史上的空前壮举，就是在当时世界航海史上，也是规模最大的一次。它加强了中国与亚非各国人民之间的政治、经济以及文化的交流和友好来往，使中国先进的文化传播到世界各地，同时也丰富了中国人民的地理和航海知识。另外，以郑和下西洋为契机，更多的中国人来到南洋，为南洋的开发和建设做出了巨大的贡献。

名垂青史

航海技术，空前高超

自洪武末期以来，中国与海外诸国之间几乎没有什么来往了。建文时期，连续四年的"靖难之役"，使中国的统治者更无力顾及海外关系问题。在靖难之役结束后，打破中国与海外诸国的隔绝状态，自然就提到议事日程上来。

朱棣刚登上皇帝宝座不久，就向安南、暹罗、爪哇、琉球、日本、西洋、苏门答腊、吕宋等周边的海外国家派出使节，颁以"即位诏"，宣布明朝的对外政策，欢迎他们来华贸易。

在朱棣最早向海外派出的使臣中，郑和是其中之一，除了告知明成祖即位，明朝政权更替，愿与各国通好的信息，郑和还负有为日后大规模远航预做准备的特殊使命。明成祖朱棣是一位英明而富有远见的君主，当他与建文帝争夺皇位已胜券在握之时，已在筹划新王朝的内政外交大计，其在外交方面的主导思想，就是大力发展与海外国家的睦邻友好关系，使明王朝声望远播，为历代所未有。这时郑和已随明成祖朱棣来到南京，作为朱棣身边为数不多的亲随，郑和既然是朱棣心目中大规模下西洋之举的领军人物，朱棣在策划大规模下西洋之际，总免不了在不上朝时，单独召见郑和，听取他对此事的见解。这时的郑和虽然在南京生活的时间并不太久，但以他的过人的聪颖，对古都南京包容开放的人文地理环境，却有了越来越多的感悟。南京地处"吴头楚尾"和长江下游地区，从越王勾践灭吴后在南京筑"越城"算起，到明代在南京建都为止，已有1700多年的建城史和1100多年的建都史。在这段历史的长河中，南京长期是南北文化、东西思想交流的中心。南京的历史又是一部饱经沧桑的发展历史，每一次改朝换代，都是一种理想与信念冲撞，都蕴藏着一种创新创业、不懈追求的精神和情愫。南京文化中的这种敢为天下先的首创精神，与他的父辈敢于冒险前往天方朝觐的胆略，积蕴了郑和敢于肩负起下西洋重任的勇气和力量。南京丰厚的历史文化沉积，进一步培育了朱棣、郑和等下西洋事业策划者勇于开拓的民族精神，造就了他们在策划下西洋之举时的开阔视野、开放的思想和创新的勇气。

为了能够胜任下西洋的艰巨使命，郑和永乐元年（1403）开始，在出访海外国家的同时，精心为即将来到的海上探险做好准备工作。

航海涉及开拓海洋空间的问题，为了有效地利用海洋空间，让一些从来不通中国，或难以来中国的海外国家，与中国建立友好关系，就需要通过开拓海洋空间，开通与这些国家之间的航路。为此，必须首先开展对海洋的调查研究，掌握有关的海况资料，编绘相关航海图。在郑和下西洋之前，郑和等船队领导成员，为将来的海上探险做准备，首先进行了海洋调查研究工作。从永乐元年开始，到永乐三年奉命下西洋以前，郑和、李恺、杨敏等人奉旨多次前往东西洋（今西太平洋和印度洋）各国，广泛征集各国所藏有的海图和各种航海资料，并结合亲身的航海实践进行验证，使郑和等航海家对东西洋各地海岛、山峡、山形水势、水文气象、东西洋水陆分布的特点和环境条件等，有了具体明确的了解。郑和等航海家所进行的一系列的海洋调查工作，不仅校正了以往流传下来的各种航海牵星图样和海图，从中选取并据以绘制了"能识山形水势，日夜无岐误"的新的航海图，而且积累了船航观测和进行海洋调查的知识和经验，获得了为远航重洋所必需的航海和海洋科学知识。

郑和等航海家在海洋调查中，必须经过一些危险的海区，其中有艾儒略所说大明海45度以北的地方，因其处风云变幻无常，时而骤起风

190

名垂青史

郑和

暴，给航海造成极大的威胁，"从大西洋至大明海四十五度以南，其风常有定候，至四十五度以北，风色便错乱不常。其尤异者，在大明海东南一隅，常有异风变乱，凌杂倏悠忽更二十四向，海舶唯任风而飘。风水又各异道，如前为南风，水必北行，倏转为北风，而水势当未趋南。舟莫适从，因至摧破。"对这一类危险海区的海洋气象、海洋水文以及海流变化的状况进行认真的观察记录，努力探寻其规律和特点，是郑和等航海家在海洋调查研究中必须予以解决的重大任务。尤其是船队要应付途经赤道、风向转变、气候无常和暗礁急流等复杂情况，这就更需要郑和等在船航调查中掌握有关的海洋气象、海洋水文等自然变化的规律和航海知识。为此，郑和等航海家在开展海洋调查中除了要对当地水域的水文气象情况日夜进行认真的观察记录，获得较为完整的海况资料外，还要尽量多地参考民间航海家对有关海洋气象和海洋水文的占验之语，进行综合研究，以尽可能地洞悉该海区海洋气象和水势变化的规律和特点，估计到各种有利或不利于航海的海况，预防风暴的袭击，避开暗礁急流，以保障船队的安全和顺利通航。

在永乐元年至永乐二年的两年左右时间里，郑和率领数百人，多次往越于东西洋各地，在顺便访问暹罗、日本等国的同时，主要为日后大规模的南海活动进行实验性的航行，从事一系列的大洋调查，搜集和验证有关的航海资料，对大规模下西洋的可行性进行论证。事情是明摆着的，当明成祖朱棣考虑新王朝如何发展与海外诸国的关系之际，从与海外各国"共享太平之福"的立场出发，必然会有大规模远航的构思。朱棣想要在海外做的事情，以及为此必须进行的大规模的远航，都是前人没有做过的，没有历史经验可资借鉴，如果贸然去做，结果将会如何呢？对于大规模远航的计划，朱棣考虑来考虑去，思路渐渐明晰：二三万人的性命，一二百艘巨舰，不计其数的钱帛，都要投向险恶莫测的茫茫大洋，如果没有成功的把握，是断不能付诸实施的。郑和遵照朱棣的旨意，圆满地完成了大规模远航海上探险的准备工作，向朱棣复命时，呈献绘制的航海图，并以亲身的航海经历，陈述了自己对大规模下西洋之所以可行的见解，同时并不回避将会遇到的困难、当前亟待解决的重要问题，以及尚需做的一些准备工作。在听取了郑和的汇报之后，朱棣的心里有底了，放心地把一支庞大的船队交给他全权指挥，终于在永乐三年开始了历史性的远航。

郑和下西洋，船队规模空前，不仅船体大，数量多，而且持续时间长，走的路程远。在茫茫的大海上航行，除了要准备充足的淡水和食物外，还要有高超的航海技术，要学会辨别航向，并能及时保持联系。因为若在白天航行，陆地上的各种标志，可用以导航，但若在夜间航行，或在水天一色的大洋中航行，就只有靠观测日月星辰来辨明方向，利用观测天体的高度来测定船位，确定船舶在航行中的位置了，这就产生了天文航海技术。那么，他们是如何做到这一点的呢？

我国人民很早就开始了航海活动，通过长期的航海实践，最迟到西汉时期，有一定体系的天文航海技术就已发展起来。航海中利用观察星象来辨明方向，已成为普通的常识。西汉时的著作《淮南子》中说，乘船的人分辨不清东方或西方时，只要观察北斗和北极星便可明白了。

在《汉书·艺文志》天文类中，记有天文航海方面的书籍有《海中星占验》12卷、《海中星经杂事》22卷、《海中五星顺逆》28卷、《海中二十八宿国分》28卷、《海中二十八宿臣分》28卷、《海中日月彗虹杂占》18卷，共136卷之多。由于这些书已亡佚，我们无从详究汉代天文航海技术的发展水平，但我国古代航海者既然能利用这种航海术完成远航印度洋的航程，就说明这是一种具有相当科学水平的天文航海技术，能够将天上的星座位置和海上航行的地理位置相对应，通过观星来判认船舶的航行方向，并确定船舶所在的地理位置。

当时，中国船队已能远离陆岸长时间远航，顺利地往返于东南亚、南亚沿海国家之间，这就必须运用天文航海技术来导航，才有可能成行。这种将天上的星座位置和海上的位置相对应，进行天文定位的航海术，又经过长期的航海实践，尤其是自唐代开辟了贯通亚非两洲的远洋航线以来，又经过长期的洲际航海实践，我国的天文航海技术已由观星定向发展到以测量星体距水天线的高度来测定船位。至此到宋代，我国的天文航海技术已开始由天文定向发展到天文定位，当时之所以能实现天文航海技术的这一重大突破与唐代在大地测量技术上取得的成就和宋代将指南针应用于航海是分不开的。

据宋朱彧《萍洲可谈》记载："舟师识地理，夜则观星，昼则观日，阴晦观指南针。"利用指南针导航，可以不受天气阴霾的影响，较之利用天文航海术导航具有很大的优越性。但仅用指南针导航，也有很大的局限性，就是它只能指示方向，而不能确定船舶所在的地理位置。所以，即使在指南针应用于航海之后，在天气晴朗时，航海者在远洋航海中，主要还是运用天文航海技术来确定方位。

郑和船队在太平洋和印度洋上纵横驰骋近30年，不仅开辟了数条横渡印度洋直达非洲的新航路，而且在各个海域和内海，又分别开辟了许多条新航线。在这个过程中，郑和船队在继承了宋元以来天文航海技术发展的成果的基础上，又进一步吸取了阿拉伯天文航海技术（牵星术）的一些优秀成果，发展起了船队自成体系的在当时居世界领先水平的天文航海技术。

郑和在第一次下西洋之前，曾率李恺、杨敏等于"永乐元年奉旨前往西洋等国开诏，累次校正针路、牵星图样、海屿、水势、山势，图画一本……务要选取能谙针深浅更筹、能观牵星山屿、控打水色浅深之人在船"。由此可见，为了保证日后大规模的下西洋活动能顺利进行，郑和等航海家先期进行了一些小规模的航海活动，"累次"通过自己亲身的航海实践，校正牵星图样，用以校正和熟悉航路，同时从西洋诸国招募能熟练掌握阿拉伯牵星术的航海技术人员。

　　根据《郑和航海图》记载，郑和在下西洋过程中，主要是使用海道针经（24/48方位指南针导航）并结合过洋牵星术（天文导航）来辨别航向的。在当时，这是最先进的航海导航技术。他们白天用指南针导航，夜间则用观看星斗和水罗盘定向的方法保持航向。由于对船上淡水储存、船的稳定性、抗沉性等问题都做了合理的解决，所以郑和的船队才能在"洪涛接天，巨浪如山"的险恶条件下，"云帆高张，昼夜星驰"，很少发生意外事故。白天，他们以约定好的方式悬挂和挥舞各色旗带，组成相应的旗语。夜晚，则以悬挂灯笼反映航行的情况，遇到能见度差的雾天或下雨天，则配以铜锣、喇叭和螺号，用于通信联系。

　　我国很早就知道通过观测日月星辰的位置来测定船舶方位和航行位置。当时，郑和船队已经知道把航海天文定位与导航罗盘的应用结合起来，从而提高了测定船位和航向的精确度，人们将这种方法称为"牵星术"。用"牵星板"观测定位的方法，通过测定天的高度，来判断船舶的位置、方向，确定航线。该项技术，代表了那个时代天文导航的最高水平。

　　在广阔的海面上，除了茫茫碧水，就是日月辰星，所以郑和通过观测天体的高度，即天体视线与水平线的夹角，来确定航船的位置，俗称"天体定位法"。尽管天体的位置也会改变，但在某一时期内，对某一固定点而言，天体的位置是不会改变的。牵星板是一种用正方形木板做成，用来测量天体高度的仪器，一套十二块，从小到大，分别叫作一指、二指直到十二指。这里的"指"相当于现在所说的角度，也就是天体的高度。"指"可以再分为"角"，一指等于四角。观测时，选用适当的牵星板，观测者一手持板，一手牵绳置于眼前，顺绳望去，使板的下缘与海平线对齐，上缘与所测之星对齐，眼到板的距离大约是55厘米。此时，用的是几指板，就是所测天体的高度。如果把这样测出的数

名垂青史

郑和

据换算成纬度，与现代测得的纬度大体相符，仅误差四五海里。在600年前，就能测量得如此准确，是很不容易的，从中可以看出我国天文定位技术是何等的先进。

为了更好地利用气候条件，郑和船队通常选在盛行东北季风的冬天出航，而选择盛行西南季风的夏季返航，因此，船队总是在大致相同的时间到达相同的地点。如此一来，也为他们在某些比较固定的时间来观测天体提供了便利。当时，郑和选用的观测天体有北极星、北斗星、华盖星、灯笼骨星、织女星等几个较明亮的星体，观测时间选在日出前和日落后12分钟内进行，因为这两段时间，既可见到星体，又能见到清晰的水平线，是观测天体的最佳时段。

根据航船所在的天体高度与目的港该天体的高度之间的差，即可估算出航船与目的港之间的距离，然后结合航海图中所标明的航向，就可顺利到达目的港。在《郑和航海图》中，就有几十处地方标出了星高指数。这些星高指数，是我国明代航海家长期航海经验的科学总结，也是我国明代天文定位先进水平的一个有力的见证。

确定了航船所在位置，如何判断航向呢？主要是应用指南针。指南针是用来指示方向的有力工具，但存在一定误差，可与其他方法结合使用。其中，最常用的就是通过观测天体来确定航向，叫作"天文导航"。所谓"天文导航"，就是通过观测太阳和其他天体在空中的方位来判断航向。比如，根据太阳升起、下落的方位来判断东西南北，如果晚上，可以观测某些星座的出没方位来辨别方向。因此，如果把天文导航和指南针结合起来，就可准确无误地辨别航向了。

为了使每条航船都能正确运用天文导航定位技术，郑和还特意绘制了四幅"过洋牵星图"，具体说明某些航线如何利用天文来导航。其中，第一幅为"龙涎屿往锡兰山过洋牵星图"，第二幅为"古里国往忽鲁谟斯过洋牵星图"，第三幅为"忽鲁谟斯回古里国过洋牵星图"，第四幅为"锡兰山回苏门答腊过洋牵星图"。在这四幅图中，所牵之星共十颗，分别是北辰星（即北极星）、华盖星、北斗双星、灯笼骨星、南门双星、织女星、西北布司星、西南布司星、西边七星、西南水平星。

在航行中，还有一个重要的数据需要测定，那就是航速。当时，郑和计算航速的方法是测定更数。古时，人们将一天分为十更，每更相当于2.4小时。在海上航行时，在标准的顺风情况下，从船头抛下一块木柴，然后以固定的速度由船头走到船尾，如果木柴恰好也到船尾，称作一更。

在此种情况下，船的航速为一更60里。如果木柴超出或未到船尾，说明航船应当增速或减速。按照这种测量方法，将船队行进的更数与航海图上出发地与目的地之间所需的更数相比，即可算出所需的天数。

196

为了应对海上各种天气变化，郑和经常命阴阳官注意观测，并随时报知警示。此外，他还通过自制工具，来测定海底的深度和地质情况，以确定抛锚地点，并根据海水颜色、海洋生物分布情况，来判断航线有无暗礁等危险。历经多年航海实践，郑和命人绘制了《郑和航海图》，呈一字形长卷，记载了530多个地名，其中外域300个，东非海岸有16个，并标出了相关的城市、岛屿、航海标志、滩、礁、山脉和航路等。后被茅元仪收录在《武备志》中，改为书本式，自右而左，有图20页，共40幅，最后附"过洋牵星图"二幅。它是世界上现存最早的航海图集，与同时期西方的波特兰海图相比，其制图范围更广，内容更丰富，虽然数学精度较低，但实用性较强。从某种意义上说，郑和下西洋折射了中国先进的航海技术，向世人展现了中华民族的伟大智慧，代表了15世纪初天文航海技术的世界先进水平。

郑和下西洋正是结合利用了原始但科学的航海技术，才能率领着庞大的船队顺利到达了南洋、西亚及东非的30多个国家和地区，完成了世界航海史上的伟大壮举。

名垂青史

郑和

宝船配备，豪华壮观

郑和在完成海洋调查的任务以后，紧接着就忙于组建下西洋的船队，他首先关心的是调集远航所需要的各种船只。进行大规模的远航，需要准备大批的海船，一道道建造和改造大量海船的命令，从明朝宫廷中发出。仅就《明实录》中的记载：

永乐元年（1403）五月辛巳，命福建都司造海船百三十七艘。

永乐元年八月癸亥，命京卫及浙江、湖广、江西、苏州等府卫造海运船二百艘。

永乐元年十月辛酉，命湖广、浙江、江西改造海运船一百八十八艘。

永乐二年正月壬戌，命京卫造海船五十艘。癸亥，将遣使西洋诸国，命福建造海船五艘。

永乐三年五月丙戌，命浙江等都司造海舟一百八十艘。

永乐三年十月戊寅，命浙江、江西、湖广及直隶、安庆等府改造海运船八十艘。

永乐三年十一月丁酉，命浙江、江西、湖广改造海运船十又三艘。

如此等等，在当时的中国，简直是掀起了一场大造海船的热潮。

当时，为了适应大规模航海的需要，在船舶准备方面的一个显著特色，就是在建造新船的同时，加速对原有海船的更新改造，保持船龄年轻化，保证所动用的已有船只与新造海船一样，是当时世界上第一流的海船。到明朝时候，中国的海船制造业已有着悠久的历史，尤其自唐宋以来，中国的海船制造业一直位居世界前列。明成祖朱棣在规划大规模下西洋的蓝图时，对当时中国海船制造业的发展水平、中国远洋航海的历史及现状，都是清楚的，从而成为他决策的主要依据之一。对郑和而言，为了不负使命，经过认真的学习和研究，并通过航海实践等实际的准备工作，他在这些方面具有了丰富的学识，也更熟悉有关情况。中国的海船制造业，在历代发展远洋航海的过程中，所取得的光辉成就，向人们展示了中国在远洋航海上的实力，为郑和组建下西洋船队创造了得天独厚的有利条件，使郑和对组建好一支能够不辱使命的庞大船队有相当大的把握。

郑和按照计划，第一次下西洋要组织起一支27800余人的庞大船队，需要动用208艘船只，其中大、中型宝船有63艘，战船100余艘，水船和粮船40余艘。"宝船"，顾名思义，是为"入海取宝"而建造的海船，一般指郑和船队中形体最大，并在多种史籍中留下了长、宽尺度的大、中型海船。大型宝船长44丈4尺，宽18丈；中型宝船长37丈，宽15丈。以1明尺合0.317米计算，大型宝船长140.75米，宽57米；中型宝船长117.29米，宽47.55米。宝船的船型，属福船船型的可能性较大。福船是一种尖底、吃水深、长宽比小但却相当瘦削的船型，比较适宜远洋航行。大、中型宝船船体的长宽比值为2.46，这样小的长宽比，与我们今天所见各种船只船体的长宽比显然不同。

在中国古代，明代中期以后，海船制度发生变革，在此之前，一些巨型木船的长宽比，都是比较小的。《资治通鉴》卷119中记载，唐贞观二十年（646）六月，于剑南道伐木造舟舰，大的船长100尺、宽50尺。宋代巨型舰船一般是方正的或是短圆的，长宽比很小。泉州、宁波出土的宋代海船，为此提供了实物证据。泉州宋船的长宽比为2.48或2.65，宁波宋船的长宽比为2.71或2.8。这样小的长宽比虽然对航行的速度会有所影响，但却使稳性大为增加，从而避免了因船身过于狭长而经不起印度洋惊涛骇浪的冲击发生断裂的危险。这样的船体结构设计，是相当合理的。泉州湾出土的宋代海船，以12道隔梁分隔出13个船舱，隔板厚达10至12厘米，每道隔梁用三四块木板榫接而成，并与船肋骨紧密结合在一起，舱内采用水密舱壁。据此可知，比它大近四倍的郑和宝船一定在此基础上有了很大的发展，采用更多更先进的水密船舱，增强了纵摇的承压力，以保证57米船宽那样大幅度的横向强度，从而增强船的抗沉性和稳定性，这种巨型海船一定成功地解决了板材及纵向构造的连接问题。泉州出土的宋船曾采用榫接、铁钉加固、船板缝隙中填塞捻合物的办法，来保证船的坚固性和水密性。宋代这种先进的造船工艺，必然为关口和宝船所承袭并得到一定程度的发展，在一些较复杂的木结构用锹钉拼合、挂锔上卡的方法加固。福船的打造，综合考虑了结构强度、稳性、快速性、适航性以及加工工艺等多种性能要求。福船底部有龙骨，舷侧顶部有大橔，均用优质巨木制成，对保证纵向强度特别有利，而众多的隔舱壁又能确保船体的横向强度，加以吃水深，使船的稳性大为增加。由于这些优点，福船船型的宝船，很适宜装载大批货物，郑和宝船的载重量，可达数千吨。

郑和宝船桅帆总体设计上采用纵帆型布局、硬帆式结构，所配置多桅帆，基本沿船纵向中线或稍偏交错排列竖立。帆篷由布制或竹篾编织，以坚实的斜桁向下张挂，帆篷面带撑条（又称帆竹），以固帆展平，提高风效。帆篷升降方便自如，便于适应海上风云突变、逆风行驶，调戗转脚灵活，能有效利用多面来风，还便于水手援帆竹为梯级，攀登到桅顶作业或上望斗。大型宝船有12根桅杆，首、中段有9根主桅杆，挂的是硬质帆；尾段有3根辅助桅杆，可以放倒，挂的是软帆，共挂有12张大风帆。在一般情况下，只需那9根主桅杆挂上风帆，即可利用风力行船，那3根辅助桅杆，通常不挂帆，当它们放倒时，宝船看起来就像是9桅船了。估计是在风特猛，或风向不顺，或是在两者同时存在的情况下，为有效地利用风力，方动用辅助帆，挂上软帆行船。郑和使团重要成员费信在《星槎胜览》中曾以"张十二帆"来形容船队"云帆高张，昼夜星驰"的宏伟气势，看来在"张十二帆"之际，能使舯队保持较快的航速。宝船舵杆长10余丈，舵为升降式，可根据需要调整舵叶入水深度或将舵叶提升出水面。船在深水区航行，遇大浪或乱流时，将舵叶降到船底线以下，可使舵不受影响；在浅水区航行或锚泊时则可将舵提到高位，不致搁浅伤舵。在舷部和艉部，设有长橹，入水深，多人摆摇，推进效率很高，有利于无风或风小时推动船的航行。铁锚高近1丈，每只重达数千斤。郑和船队的重要成员巩珍写道：宝船"体势巍然，巨无与敌，篷帆锚舵，非二三百人，莫能举动"。建造这种超大型船舶，并不仅仅是为了显示中国的富强，主要是为了适应装载下西洋应用物质和海外贸易货物的需要。当时的海外贸易是由国家垄断的，并且主要由郑和下西洋来进行。以一支船队来负担一个富强的大国与众多海外国家的贸易，其海洋货运量之大，是可想而知的。这样，提高海船的远洋运输能力就非常有必要了。为此，郑和下西洋重点发展超大型船舶，使船队海洋货运量大幅度增加。为适应下西洋货运的需求而打造超大型海船——宝船，是郑和下西洋在船舶准备方面的又一特色。联系今天世界的海洋运输来看，由于国际贸易大幅度增长，海洋货运量急剧上升，提高船舶的承载能力就特别重要，因而当代海洋运输船舶的特征之一，就是向大型和超大型船舶发展。而远在600年以前，中国为适应下西洋发展远洋运输的需要，在船舶建造方面，已向大型和超大型船舶方面发展，这是一个了不起的成就。继宋元之后，明代造船工匠在打造巨型海船上所达到的高超技术水平，实在超出了今天人们的想象，代表着中国古代帆船制造的鼎盛时期和当时世界海船制造业发展的最高水平。

郑和船队代表国家出使海外诸国，显示中国的富强，欲使明帝国声威远播，作为船队主体的宝船，尤其是郑和乘坐的旗舰，其上层建筑继承了历代船舶上层建筑的精华。明代罗懋登在《三宝太监西洋记通俗

名垂青史

郑和

演义》第16回中曾这样描绘郑和所乘宝船的上层建筑：舱室有"头门、仪门、丹墀、滴水、官厅、穿堂、后堂、库司、侧屋，别有书房、公廨等类，都是雕梁画栋，象鼻桃檐"，真如一座小型化了的"帅府"，不但十分豪华壮观，而且华丽舒适。中国古代为帝王巡游所造的那种上层建筑富丽堂皇、布局复杂的大船，统称为"龙舟"。宣德五年七月，当郑和即将第七次下西洋之际，曾将最好的宝船模型进呈给明宣宗御览，宣宗见了大为赞赏，特敕赐郑和道"尔以雕造龙船，乃差内官高定住进来，果造得平稳轻妙，足见尔忠敬之心，就赏赐尔物件，付与高定住"云云。明宣宗朱瞻基称宝船为"龙船"，恰好反映了郑和所进是船队中最壮观的宝船的模型。在郑和下西洋的过程中，不仅有各国的使节，而且有一些国家的国王，也要随郑和使团来中国访问。对于这些国王，明朝政府是以王侯之礼相待，因此，他们乘坐的宝船，其上层建筑之豪华壮观，当可以与郑和的座船相媲美。这种最大、最豪华的宝船，在安全性能方面也最为讲究，其建造工艺与用料用工，远非一般海船可比，每造一艘，所费不赀，当时也不可能造得很多。

中型宝船，罗懋登《三宝太监西洋记通俗演义》中称作"马船"。马船又名马快船，是明初才出现的一种大型运输船。正统元年（1436）六月，明政府曾动用100艘马快船，从南京启程，将郑和船队从海外载回的胡椒和苏木运送到北京。中型宝船其实就是大型的马快船，其功能主要是运输下西洋所需物资和海外贸易货物。郑和船队所需备用的马匹，以及从海外各国带回的珍禽异兽，尤其是一些大型的动物，都要靠中型宝船运输。

郑和在调集中型宝船时，深知这种宝船对保障船队完成远航的重要性。郑和考虑到，这次出使，往返要一二年，甚至更长的时间，有时在海上连续航行数月，在航行期间，一切需用物资，从生活用品到修船器材，一点一滴，一旦缺乏，无论是用金钱，还是用自己的鲜血都换不来，一件备用物品被忽略，就有可能给船队造成无法挽回的损失。这样，一定要将这次远航所需各项物件带足，宁多勿少。郑和又想到，与海外各国进行贸易，要装载大宗货物，而从各国交易采购而来，或各国进贡的物件中，马匹和珍禽异兽也少不了。无论运载货物，还是运载动物，那是非中型宝船（马快船）莫属了。还有，中型宝船可以作为使团一般行政官员、技术人员和杂役等的座船，因此，这号船要尽量多地调集和准备一些。

宝船主要是在南京宝船厂打造，这个全国规模最大的海船制造厂，是专为打造下西洋宝船而建立的。宝船厂既能成批建造大、中型宝船，又能承造郑和船队中规格较小的海船，如二千料、一千五百料海船及八橹船之类。宝船厂旧址在今南京下关三汊河地区中保村至上保村一带，当年这里地势开阔，直通长江，宝船造好后，可以自宝船厂开船，从龙江关进入长江水道，驶入大海。在南京宝船厂内，又设有专门打造宝船各主要构件和对宝船进行加工的分厂——篷厂、缆索厂、铁锚厂、船木厂、细木厂、油漆厂、捻厂、铁厂等。宝船厂设立时，从江苏、浙江、福建、江西、湖南等省调来了大批优秀的造船工匠，他们中不少人出身于造船世家，传承父辈的手艺，个个是身怀绝技的能工巧匠。

郑和船队中的战船，即南京静海寺残碑中所记由"将领官军乘驾"的两千料海船并八橹船，一千五百料海船并八橹船。"料"是宋、元、明时期用来表示船只大小的计量单位，通常"料"是用来表示船的载重量，就像今天用"吨"来表示船的载重量，同时表示船的大小。除个别情况外，一般容量为若干料的船，载重也就是若干石。郑和船队中的两千料和一千五百料海船，承载人数的定额，为"将领官军"二三百人。若两千料海船可载300人，以每人体重平均为150斤计算，则300人的总重量为45吨，则一艘两千料的海船，除了载人之外，还能装载175吨重的货物、食物、用具、装备等等。若以一千五百料海船可载250人，以每人体重平均为150斤计算，则250人的总重量为37.5吨，则一艘一千五百料的海船，除了载人之外，还能装载127.5吨重的货物、食物、用具、装备等等。《明实录》中曾记载了"乘驾"这种海船的士兵，在遭遇海难以后终于返还故土的经历：正统十三年"府军卫卒赵旺等还。……初，旺等随太监洪保等入西洋，舟败漂至卜国（在今缅甸东北部），随其国俗为僧。后颇闻其地近云南八百大甸，得间遂脱归。始西洋发碇时，舟中三百人，至卜国仅百人，至是十八年，唯旺等三人还"。洪保为郑和船队领导成员之一，在郑和船队远航的过程中，洪保往往率分艨去一些国家访问。赵旺等所乘坐的海船，当为由"将领官军乘驾"的两千料或一千五百料海船，"舟中三百人"，就是这种为广大官兵所乘坐的战船的载人定额，这与《梦粱录》中所记二千料至一千料海船可载二三百人是相吻合的。

郑和船队中的二千料和一千五百料海船，兼有战船和"座船"的功能，既然由"将领官军乘驾"，其实就是战船，不能泛泛地将其视为"宝船"。这种海船适于护航，却不适于用作郑和等船队领导成员和海外各国随船来访的国王、使节的座船，也不适于运载货物和珍宝。这种船不需要有豪华的上层建筑，却必须要有足够的军事设施和装备。郑和下西洋船队配备了当时最先进的武器装备。中国古代兵器发展，在宋代之前是冷兵器时代，从北宋到清代中叶是冷兵器和火器并存时代。明初，火器的发展在中国历史上是空前的，不仅种类多，而且质量也有很大提高，热兵器所占比例增多。郑和船队装备的兵器，冷兵器主要有标枪、砍刀、弓、弩、钩镰、撩钩、犁头镖、小镖、灰罐等，此外，还有每人必备的头盔和藤牌，燃烧性火器主要有火药箭、火枪、火球、火蒺藜、铁嘴火鹞、烟球等。在郑和船队的每艘战船上，装备的金属管形火器主要有长630~1000毫米、口径210~230毫米、重70~120千克的铜或铁制大型铳炮2~4座，长316~520毫米、口径75~119毫米、重8.35~

26.5千克的铜或铁制中型铳炮4～10座，长320～440毫米、口径14～23毫米、重1.55～2.5千克的铜制手铳40～60把。郑和船队中装备了以火炮为主的先进的兵器，使船队的战斗力大为提高。

粮船和水船是郑和船队的补给船，是保障船队全体成员日常生活中餐饮和浆洗等用所需粮、水的载体。对于海上运粮，郑和是并不陌生的，元代海上漕运曾盛极一时，浩浩荡荡的粮船船队每年从江苏太仓刘家港起航，经海路将360万石粮食运至京师，基本上满足了元大都对粮食日益增长的需要。郑和借鉴了元代海上运粮的成功经验，又查阅了一些有关的资料，对前人在长达一年以上的远航中如何解决粮食问题的做法进行了研究，并结合不久前亲历航海的体会，督促船厂及早把船队所需粮船造好，在当年第一茬粮食刚下来时，便把新粮装入粮船。郑和对船队这次远航，至少要准备多少粮食，心里早已有一本账。这次出使不同以往，往返要两年左右时间，海上续航，常会遇到一些未可知的因数，有时数月不泊岸。即或来到某国访问，这些国家多为小国，农业生产水平很低，也不能使船队得到足够的粮食补充，所以，必须把食物带足，靠粮船运载。郑和计算了一下，参加这次远航的将官士兵等有27800余人。若以每人每天平均消耗口粮一斤半来算，一天耗粮约41700斤，合417石。若以唐宋以来往返于印度洋之海船，"一舟数百人，中积一年粮"计，则整个船队储备一年口粮之数为153205石。郑和船队中的粮船，仅罗懋登《三宝太监西洋记通俗演义》中有所记载，长28丈，宽12丈，有7道（根）帆。宋代长10余丈、宽2.5丈、深3丈的海船，可载粮2000石（宋徐兢《宣和奉使高丽图经》）。郑和船队粮船长为其一倍，宽为其四五倍，估计每艘可载粮2万石以上。唐代以前能载万石粮的船，已屡见于史籍，在北魏颜之推《颜氏家训》中，更出现了"二万斛船"的记载。郑和船队粮船的容量，应超过这些大船，说它能载粮2万石以上，或说它能装运1000吨以上的粮食，是并不为过的。郑和船队中的大

名垂青史

船，载重都在1000吨以上，郑和船队医官陈以诚临终作诗有"九重每进千金剂，四海曾乘万斛船"之句，可见陈以诚所乘即为船队中载重千吨以上之（万斛）海船。郑和船队这次远航，至少要储存两年的口粮，计需载粮30万石以上，要用15艘粮船载运。

水船是郑和船队中一种专门积贮运载淡水的船只。船队成员巩珍在《西洋番国志》一书中记述，郑和船队在远航中，为解决"海水卤成，不可入口"的难题，"皆于附近川泽及滨海港汊，汲取淡水。水船载运，积贮仓舶，以备用度"。巩珍通过远航西洋的切身体会，慨叹用水船积贮运载淡水，真是"至急之务，不可暂弛"的，这说明水船对保障船队28000余人的用水，维系船队全体人员的生存，起到了关键性的作用。明熹宗天启三年 （1623），意大利人艾儒略在《职方外记》一书中，记述当时航行于印度洋上的西洋巨舶，每船"须装淡水千余大桶，以足千人一年之用"。在15—16世纪之际，中外海船远航于印度洋上所需准备淡水的数量，基本上是差不多的，都是一个不小的数字。郑和船队中的水船，也当从以足全体人员"一年之用"出发，来积贮淡水。若以每人每天餐饮及个人卫生所需等，共要消耗2千克淡水来计算，则整个船队28500余人一年需用水20805000千克，约合2万吨之巨。设郑和船队水船的大小容量与粮船相似，每船可积贮淡水1000吨以上，则有20艘水船就够用了。依此类推，如水船能积贮淡水2000吨以上的话，10艘水船也就够了。水船的设立与制造，是郑和航海中的一项创造。除了郑和船队，中外任何一支船队，都不曾专门配备多艘水船，而只是用水柜或水桶来装载淡水。郑和在着手组建下西洋船队时，考虑到船队人数之多，海上航行时间之长，所需淡水量之大，是历来任何船队都无法比拟的，因此要打破常规，除了各船仍有一些水柜或水桶来贮存淡水外，更应打造一些水船，以确保船队正常用水。虽然为船队配置水船要额外花一大笔钱财，但这关系到船队人员的性命，海上航行一旦没了淡水，就是花再多的钱也买不来，也挽救不了部属们的生命。郑和出于对船队全体成员性命安全的关注，并吸取了以往航海中因缺少淡水而造成悲剧的教训，率先主张要为船队配置水船。由于郑和是全权负责船队事务的最高指挥官，没有谁能对他的这一合理主张一置可否，水船很快就编入船队，为船队即将开始的远航解除了一大后顾之忧。组建下西洋船队需要的200余艘各种类型、大小不等的海船，除大、中型宝船主要是在明政府工部直接监督之下由南京宝船厂打造外，其余各船分别打造于江苏太仓、福建长乐以及浙江、江西、湖广和直隶、徽州、安庆、太平、镇江、苏州等府卫的造船厂。当为下西洋而准备的海船在各地纷纷打造之时，郑和船队第二号人物王景弘专程来到富有远洋航海传统的泉州港，为下西洋船队挑选和征用了一批性能优良的远洋船舶，还在福建沿海地区为这次远航寻找"经惯下海"、可为船队"火长"（船长）或其他技术职务的航海技术人员，与郑和一起共同挑起了领导下西洋伟大事业的重担。

名垂青史

郑和

船舶只是下西洋伟大事业的载体，要胜利完成下西洋的历史使命，还要靠全体下西洋人员的共同努力。郑和在为下西洋做船舶方面的准备的同时，又天天忙着组织下西洋外交使团。郑和自受命为大规模出使海外诸国做准备，就明白下西洋主要为贯彻执行国家对海外诸国的方针政策，与海外各国发展友好关系，彼此通商贸易，以及维护海上和平。为完成这多重使命，需要下西洋使团的组织系统相应地能够发挥多方面的功用。在郑和的主持下，经过与王景弘等使团领导成员共同研究，制定出使团组织系统完整的建制方案。郑和船队人员组织系统的建制，分为以下五部分：（1）领导成员和行政官员：由正使太监、副使太监、少监、监丞、内监、都指挥等组成。其中太监官居正四品，少监官居从四品，监丞官居正五品，都指挥官居正四品。以上各官，只有内监不进入船队的领导层，而是作为行政官员分布到各船，履行督察之责；（2）军事人员：这一部分武装部队，其实就是明代的海军，由都指挥、指挥、干户、百户、旗校、勇士、力士、军力等组成；（3）航海技术人员：由火长、舵工、班碇手，铁锚、木舱、搭材等匠，阴阳官、阴阳生，以及余丁、民稍等组成。火长就是"船师"，为一船中指挥航海的船长；舵工，按火长指令操舵，控制海船航向；班碇手负责起落船锚；铁锚、木舱、搭材等匠，负责船上各种铁木活计；阴阳官、阴阳生，负责天文气象的观测与预报；余丁、民稍负责升帆落篷、摇橹划桨撑篙，与日常的清洁保养工作；（4）外事人员：负责船队的外交与外贸事务，由鸿胪寺序班、买办、教谕、通事等组成。鸿胪寺序班负责册封、朝会、宴请等外交礼仪，买办负责采购海外物品，教谕负责在海外传播中国文化，兼文字翻译工作，通事则负责涉外翻译；（5）总务后勤人员：由户部郎中、舍人、书算手、医官、医士等组成。户部郎中负责具体掌管钱财及后勤供应事务，舍人负责起草和誊写文件信牒等文字工作，书算手负责会计出纳，医官、医士负责防治疾病。明钞说集本马欢《瀛涯胜览》卷首记载，在郑和第四次出使的27670余人当中，官868员，军26800名。另有钦差正使太监7员，监丞5员，少监10员，内监53员，都指挥2员，指挥93员，干户140员，百户403员，舍人2员，户部郎中1员，教谕1员，阴阳官1员，余丁2名，医官医士180员。在《郑和家谱》中记载了某次出使人员中，各类人员人数除与第四次下西洋大致相同以外，还有鸿胪寺序班2名，通事4名，阴阳生4员。郑和第一次下西洋人数为27800余人，正使太监为郑和与王景弘，其余各类人员组成，与《瀛涯胜览》和《郑和家谱》中的记载大致相同。

郑和船队的组织系统建制完整，分工细密而明确，能够保障船队各项工作的正常运转，使整个船队的远洋航海活动成为一个庞大而科学的系统工程。郑和船队中的医官医士大多选自太医院，不仅精于医术，而且人数众多，船队平均每150人就配备1名医生（医士），充分体现了对船队全体人员在远航中身体健康问题的关注。郑和下西洋，远离祖国，长期在海上生活，漂泊于异国他乡，要在各种气候条件下，在水土各异的区域，与险恶的海洋做斗争，与形形色色的流行病及地方性疾病做斗争。战胜种种意想不到的疾病的侵袭，保障船队全体人员的健康，是完成规模空前的远洋航海事业的前提。郑和在组建船队时，为此组织了阵容强大的医疗队伍，建立了完备的医疗制度，使船队拥有可以应付各种疾病的医疗体系，这在世界航海史上也是没有先例的。

和平之旅，大同世界

名垂青史

自从郑和下西洋之后，欧洲近代的历史上，有许多勇敢的航海家和探险家开始了称为"地理大发现"的航海探险。他们冒着生命危险，闯入陌生的海洋，与狂风巨浪搏斗，他们的航程或探险的路程有的比郑和的船队航行得更远，他们的历史功绩是不可磨灭的。然而，当我们把地理大发现时代的航海家与郑和做一番比较，就会发现他们远洋航行的目的是截然不同的。因为郑和的船队高举和平的旗帜，在亚洲和非洲的大地上传播文明与友谊的种子，所到之处受到热烈的欢迎；而欧洲的航海家却是为了夺取别人的土地，掠夺黄金和财富。为了达到这一罪恶目的，他们用火与剑来对付手无寸铁的土著居民，杀人放火，无恶不作，将他们推入苦难的深渊，因而受到各国人民的激烈反抗。

下面我们看看中国的航海家郑和与欧洲航海家们的表现。

欧洲航海家们：

距离郑和到达非洲东岸相隔80年后，1486年至1487年，一支葡萄牙舰队在迪亚士率领下，由另一个方向，从非洲西岸向南航行，来到好望角。10年以后，葡萄牙航海家达·伽马沿着迪亚士的航路继续前进，绕过非洲最南端的好望角，继续沿非洲东海岸北上，于1498年4月到达了肯尼亚的马林迪，后又横渡印度洋，于同年5月到达印度西海岸的科泽科德附近。

葡萄牙人沿着西非海岸绕过好望角到达印度，目的很明确，就是为他们的国家增加财富，夺取东方的粮食和奢侈品，并且要使异教徒皈依基督教。他们是一手持剑、一手举着《圣经》的强盗，在17世纪中期以前，葡萄牙人就从非洲的安哥拉掠走130万黑人作为奴隶进行买卖，获取了高额利润。

达·伽马也是一个明火执仗的强盗，他以武力逼迫古里国国王投降，要求将所有的穆斯林驱逐出城。当他的无理要求遭到拒绝后，为了威胁古里国国王，达·伽马把抓到的无辜商人和渔民杀死，将死者的手、脚和头割下，放在篮子里送给古里国国王。他还发出一封信，要古里国国王用这些碎尸为自己做一道咖喱菜肴。他们还把抓到的俘虏杀死，将尸体挂在帆桁上，以这种恐怖残忍的手段，迫使古里国国王就范。

据达·伽马的一个船员讲述，当他们行驶在马拉巴尔海岸附近，遇到一艘阿拉伯"麦利"号单桅大帆船，满载从麦加朝圣归来的穆斯林。达·伽马勒令船上的人交出全部财宝，遭到拒绝后，葡萄牙人用武力夺取了这艘船，抢走了12000枚金币和价值1万金币的货物。最后，用火药把船烧毁，船上的数百名男女和儿童葬身大海，这难道不是赤裸裸的海盗行径吗？

长期以来，人们把1492年意大利航海家哥伦布横渡大西洋、"发现"美洲"新大陆"的事件，视为15世纪轰动世界的地理大发现。不过，这仅仅是站在欧洲人的立场上的一种观点。因为哥伦布发现的美洲大陆，并不是什么"新"大陆，而是有人烟的土地。

在美洲大陆上很早就有印第安人定居，美洲的主人——印第安人在这块辽阔的大陆上早就创造了古老的文明。但是当哥伦布经过71天的航行，登上西印度群岛最北部的巴哈马群岛中的华特林岛时，他立即手执西班牙国旗，以西班牙国王的名义宣布占领了该岛，并且升起西班牙国旗。哥伦布为什么这样做呢？他凭什么把他"发现"的岛屿，理直气壮地宣布是西班牙国王的领土呢？

原来哥伦布出发之前，为了得到西班牙国王斐迪南和王后伊萨贝拉对航海计划的支持，同他们有一笔交易：西班牙国王和王后答应授予哥伦布以爵位，任命哥伦布是各海洋以及他发现的一切陆地和岛屿的海军上将、总督，这一官衔在他死后永远传给后代。最重要的是，哥伦布有权从他获得的一切珍宝和物品中提取一成，其余九成上缴国库，并且在任何一笔航海贸易中享有80%的股份的特权。这就充分说明，哥伦布的航海活动，无论是对他个人来说，还是背后支持他的西班牙国王，都是有明确的经济利益的，掠夺黄金和财富，掠夺更多的土地，是航海活动的推动力。

当哥伦布手执西班牙国旗，以西班牙国王的名义宣布占领了华特林岛，并且举行升起西班牙国旗的仪式，表面上看起来，这似乎是一场自导自演的滑稽戏，然而它的含义却是非同寻常的，这是公开宣告掠夺他人土地和资源的合法性，是进一步奴役当地土著居民的开始。所有步其后尘的欧洲殖民主义者，都是效仿哥伦布的做法，按照这种强盗的逻辑，霸占他人的家园，将土著居民的财产掠为己有，这就是地理大发现的真实历史。

可想而知，对于美洲的印第安人来说，欧洲的航海家的到来，根本不是给他们带来什么先进的文明，而是民族的灾难甚至死亡。哥伦布在1493年9月开始第二次远航，于同年11月到达海地时，发现他上次建立的纳维达德村变成了废墟，当初留下的39名西班牙人因为对印第安人作恶多端而被杀，哥伦布为了报复印第安人，于1495年重返海地，用骑兵、

名垂青史

郑和

火枪和凶恶的军犬向手无寸铁的印第安人进行血腥的报复，屠杀了大批印第安人。

哥伦布是一个杰出的航海家，但他同时又是一个狂热推行殖民主义的海盗。他残酷地杀戮印第安人，极力主张把印第安人变为奴隶。他用武力强迫印第安人用黄金和棉花缴纳沉重的贡赋，并使他们沦为种植园和金矿的奴隶，为西方殖民者征服美洲开辟了血腥的道路。而我们知道，由于西方殖民者的入侵，导致美洲古老文明的毁灭，印第安人遭到血腥的屠杀，这一切都是从哥伦布开始的。

1519年，葡萄牙航海家麦哲伦从圣罗卡起航，越过大西洋，沿巴西海岸南下，经麦哲伦海峡入太平洋，最后完成了第一次环绕地球的航行。麦哲伦与哥伦布一样，在出发之前也同西班牙国王查理一世签署了协议。查理一世许诺，麦哲伦将是他在未来航行中发现的一切地区和岛屿的总督，这一官衔在他死后永远传给后代。另外，在经济收入方面，他可以获得所发现地区全部收入的5%。

正是经济利益的驱动，当船队到达菲律宾群岛时，麦哲伦立即决定把富饶的菲律宾群岛变成西班牙的殖民地。为此，他拉拢宿务岛的土著酋长胡马波纳，利用土著部落之间的矛盾，去攻打马克坦岛的土王酋长西拉布拉布。麦哲伦自以为有先进的武器，根本不把土著人放在眼里，他派武装人员去征服马克坦岛，野蛮地烧毁岛上的村庄，并强迫土王酋长西拉布拉布纳贡，服从西班牙国王。当土王酋长西拉布拉布没有如数交出麦哲伦索要的贡品（其实就是几头猪、羊和一些粮食），麦哲伦便以此为借口，向马克坦岛正式发动进攻。

1521年4月26日夜间，麦哲伦带领60名武装人员，分乘3条小船，连同宿务岛土著酋长胡马波纳手下的1000多人，向马克坦岛气势汹汹地杀去。不料早有防备的土王酋长西拉布拉布，动员了马克坦岛的全体土著居民，以原始的长矛、弓箭、竹桩对付西方殖民者的火枪，最终杀死了麦哲伦。人类历史上的第一次环球航行，就是以这样不光彩的结局草草收场的。

　　与西方航海家肆意屠杀抢掠的野蛮行径相反，郑和的船队在长达28年的航行中，除了有限的几次被迫自卫还击，以及荡平海盗而不得不诉诸武力之外，始终是高举和平的旗帜，与各国友好交往。郑和的船队所到之处，不论国家大小，国力强弱，一律平等相待。尊重各国人民的宗教信仰和风俗习惯，不论是佛教寺庙还是伊斯兰教清真寺，郑和都极为尊重。郑和的船队与各国的贸易，从来是公平交易，互惠互利，在征得官方的批准后再进行商业贸易。对于一些贫穷的国家和人民，更是不计得失，慷慨赠予。至于对待各国国王的朝贡馈赠，更是象征性地收取一点点，回赠却从来都是远远超过了索取。这是人类历史上前所未见的仁义之师，也是播撒和平友好的和平之旅，更是建立大同世界的美好梦想之旅……

　　从1405年到1433年，郑和忠诚地执行明成祖和明宣宗的外交方针，前后七次冒险履危，远涉重洋，行程十万余里。他的整个后半生都在下西洋和准备下西洋之间循环往复，最后，他还为此献出了自己的生命。但他一定是怀着崇高的使命感、高度的责任感和十分自豪、无比欣喜的心情从事这项工作的。

　　学者郑一钧曾对《明实录》作过统计，在这部书中，史官们几乎记录了明朝15位皇帝在位期间发生的所有国家大事，当然也包括当时的外交事务。统计结果显示：在明太祖朱元璋在位的29年间，各国共派了183个使团来到明朝朝贡，平均每年有6个；而明成祖朱棣在位的21年中，各国共派来使团318个，平均每年多达15个；明仁宗朱高炽在位不到一年，就有10个使团来访；明宣宗朱瞻基在位的9年中，来朝使团有79个，平均每年9个；到明英宗朱祁镇执政时期，平均每年只有7个使团来访了。除去朝鲜、日本、琉球这些国家，只算西洋各国来访的次数，永乐年间和宣德八年的使团来访数量更要比其他时期高出数倍。

四夷宾服、万国来朝，增进明朝与西洋各国的友好关系，这就是明成祖派遣宝船队下西洋的初衷。他要改变明太祖在位时期对待海外各国的保守做法，因此，他不仅要求各国对明朝秋毫无犯，更要使他们主动向明朝臣服，建立以中国为中心的大同世界。这种大同世界，是儒家自古以来对理想国家的定义，在这样的一个国家中，君主、诸侯王、士大夫以至士、农、工、商，每个阶层的人都按照礼法的规定各司其职，尤其是君主与诸侯王之间的关系在于"治乱持危，朝聘以时，厚往而薄来"，就是说中央朝廷的君主要在诸侯国面临危机的时候施以援手，诸侯国则或一年或三年或五年前往中央王朝朝贡，朝贡的关键并不在于贡品的多少，只在于对中央王朝要怀有敬畏和臣服之心。而对于文明程度比较低的国家，中央王朝也要注重提高他们的道德水平，使他们前来归顺。所以，儒家追求的这个理想社会，它的美好首先不在于物质的富足，而在于道德伦理的完善。自古以来，受儒家思想影响的君主们，自然也对大同世界充满向往，所以在明成祖所期望建立的大同世界中，最重要的就是各国要在政治情感上对中国表示臣服，体现的形式就是前来中国朝贡。就这一点而言，郑和率领宝船队七次下西洋确实取得了良好的效果，而且在这个过程中，海外各国也受益匪浅。

郑和的船队，先后七次前往南洋、南亚、西亚以至东非各国宣读明朝皇帝的诏书，赏赐给各国国王象征藩王地位的服饰和印章，为那些国家的山岳大川封号立碑，使中国与各国之间形成了宗主国与藩属国的统属关系，在整个南海、印度洋地区建立起了相对稳定与和平的国际环境。

和平外交并不能解决所有问题，礼义教化也不能完全调停地区纷争、消弭以强凌弱的现实。郑和使团奉行"番王之不恭者生擒之，蛮寇之侵略者剿灭之"的策略。比如，在旧港剿灭了海盗陈祖义，于是"海道由是而清宁，番人赖之以安业"；在锡兰俘虏了残暴的国王亚烈苦奈儿，维护了整个印度半岛地区的安定秩序；在苏门答腊打败了伪王苏干剌，兑现了明朝维护藩属国利益的承诺。虽然这些军事手段多少有些武力威慑的意味，但像爪哇、暹罗这样的东南亚强国，再也不敢像以前那样对周边的小国肆意掠夺了，浡泥、满剌加、苏门答腊这些小国因此得以生存下来，各国之间暂时维持了和平。

当时西洋各国还远远落后于明朝。郑和使团将中国的优质丝绸、贵重铜钱和书籍文物赠送给通好各国，海外各国也通过频繁的朝贡贸易获得了极大的经济利益。当他们带着本国的各种特色产品来到中国后，他们将其中的一小部分作为贡品献给明朝的皇帝，而这些贡品换来的往往是价值数倍的金银、丝绸和中国的其他特产。

除此之外，皇帝还会分别对使团的每一位成员赠送价值不菲的礼物，皇帝还允许他们将带来的其他特产在明朝交换中国的商品。因为明朝实行海禁，所以这几乎是明朝的普通百姓少有的购买舶来品的渠道。朝廷奉行厚往薄来的宗旨，朝贡的各国使团从中获得了丰厚的利润。然后他们再购买大量的丝绸等中国产品带回国内销售，赚取另外一笔高额利润。因为朝贡贸易获利巨大，原本规定的三年一贡、五年一贡并没有严格执行，很多国家都是一年来一次，明成祖也热情地接待他们，反正中国地大物博，在朝贡贸易上牺牲一些经济利益完全不值得计较。与此同时，郑和率领宝船队也带着大量的金银、丝绸等物品到海外各国去赏赐，顺便采集和交易海外特产，这几乎是明朝除了朝贡贸易之外唯一一个合法购买外国商品的渠道。郑和船队通过这种形式，将海外的各种珠宝、珍禽异兽、各色香料、药材、植物带回了国内，对官员和人民生活产生了一定影响。

郑和出使各国的另一项重要的任务，就是教化那些文明程度较低的国家。印度半岛和阿拉伯地区的国家信仰佛教或伊斯兰教，在宗教的教化下，这些地区的文明程度普遍较高，所以郑和的教化对象主要集中

名垂青史

在东南亚地区。在中国，所谓教化，当然是指用儒家思想进行教育感化，但在海外，这并不可行。所以郑和就采取了另外的手段，即宗教的感化。据印度尼西亚的《端古劳》记载，印尼的伊斯兰教信仰就是由郑和首先传入的。从1406年在旧港擒获海盗陈祖义开始，郑和就着手在旧港、爪哇等地建立华人伊斯兰教社区。在爪哇，这些华人通过与当地土著首领们联姻进一步扩大了伊斯兰教的影响。直到15世纪末，华人后裔罗登·巴达推翻了满者伯夷王朝的统治，建立了爪哇的第一个伊斯兰教王朝。

当然，丰功伟绩之后，郑和下西洋这一壮举也有它的局限性。

早在洪熙年间取消下西洋的时候，郑和就认为下西洋行动一旦取消，中国就会失去对南海和印度洋地区的控制，事实证明他的判断是正确的。也许他早就意识到，明成祖期待的大同世界并没有真正到来。西洋各国对明朝的臣服，同朝鲜、安南等国对中国的臣服是完全不同的，因为他们自始至终都没有真正接受过汉文化的熏陶，所以始终无法像朝鲜那样出于对汉文化的仰慕而甘心以小中华为荣。西洋各国与明朝建立藩属关系，有的是为了在朝贡贸易中获取利益，有的是为了得到明朝的庇护以保证国家安全，在这种情况下建立的藩属关系需要投入源源不断的金钱。但任凭中国如何地大物博，都无法支撑这种长时间的巨大财政支出。永乐十九年，翰林院侍读李时勉向明成祖提了15条建议，侍讲邹缉也曾向明成祖建议取消下西洋，他认为由于在朝贡贸易中赏赐了过多的铜钱，国家不得不靠发行纸币——宝钞来弥补货币的短缺，但过度发行纸币却使货币大幅度贬值，已经对国内的经济造成了不好的影响。同时，朝廷将下西洋过程中获得的大量胡椒等物发给官员抵充俸禄，也使官员的实际收益大打折扣，影响了官员的生活。所以，明成祖最后才痛下决心中止下西洋。果然，西洋各国与明朝的关系马上冷淡了下来，各国之间维持的稳定局势也开始有所动摇。到宣德七年第七次下西洋后，这种关系又很快恢复，然而随着下西洋的彻底终止，西洋各国与明朝的关系再度冷寂了下来。

当然，这种局限性在当时是无法避免的，依靠明朝单方面付出而支撑起来的大同世界宛如一座空中楼阁，始终只存在于明成祖的理想之中。

但是，郑和七下西洋大大增进了中国人民与亚非各国人民的传统友谊，在历史和岁月中是不能磨灭掉的。因为在船队往返必经的东南亚各国，尤其是在广大华侨华人聚居的地方，留下了郑和活动的大量遗迹，郑和的传说故事深入人心。世界上其他国家没有一个航海家能像郑和那样，受到这么多国家人民发自内心的尊敬，而且代代相传，始终不渝。各地的人们对郑和的崇敬已将这位伟大的航海家升华到保护神的高度，为他兴建庙宇，建造塑像，顶礼膜拜。

这种现象绝不是偶然的，而是有着深层次的历史背景。首先，郑和下西洋奉行的和平外交政策，对待各国秉承以邻为友、大小国一视同仁的方针，提供了国与国之间友好相处的理想模式，深得人心，在各国产生了极为深远的影响，这与欧洲的一些航海家掠夺别国的财富、侵占他人的土地、杀戮无辜百姓的野蛮行径形成极为鲜明的对照。正是郑和奉行的利他主义的和平外交，为我国华侨华人在海外定居，与当地居民和睦相处奠定了良好的基础。

此外，在印尼苏门答腊的椰屿，在港口和岛上有三宝庙；在斯里兰卡科伦坡国家博物馆，陈列着著名的郑和于永乐七年布施锡兰山佛寺所立的石碑，这块碑镌刻着用汉文、泰米尔文、波斯文三种文字记录的郑和船队的历史性访问。汉文记录了中国皇帝对佛祖的崇敬，并奉献佛祖黄金、白银、丝绸、香油以及各种镀金和涂漆铜质佛寺装饰品。值得一提的是，碑上用泰米尔文、波斯文记录的内容，与汉文记录的并不相同：泰米尔文的碑文，记录了中国皇帝对印度教毗湿奴神的化身特那伐雷那延那的崇敬；波斯文则颂扬了真主和穆斯林诸圣，体现了中国皇帝

名垂青史

对真主的崇敬。这充分说明，郑和一视同仁地对待和尊重亚洲各国的宗教信仰，这是高明的政治智慧和博大胸怀的集中体现。

可见，郑和下西洋不仅是一种象征，它代表了中华民族的一种敢于探险、不畏艰险、开放包容的人文精神，而且也代表了中国历史上与邻为善、世界大同、共享太平的社会意识，这或许也可以说明今日中国坚定地走和平发展之路的历史渊源。郑和下西洋的史实说明，在人类的历史上，并非只有西方社会达尔文主义的弱肉强食模式，还有一个追求平等互敬、和谐共享的东方模式。

华侨神明，影响深远

通过郑和的七次下西洋，将中华文明远播到南亚、东非、波斯湾地区，又从国外输入各种植物、动物、药物、生产原料等，极大地开阔了中国人的眼界，增进了明朝时期国人对国外的了解，促进了中外文明的交流，在世界文化交流史上产生了深远的影响。

明朝以前的东南亚早期华侨

我国移居东南亚的历史，据文字记载，最少当有1600多年了。东晋时代的高僧法显，和他的佛徒慧景、道慧、慧应、慧嵬一行5人，就随带一大批人员，前往亚非各国探险。他们经过锡兰（今斯里兰卡）、印度尼西亚、印度、非洲等地。这些留居海外的人，就成为东南亚地区最早的"华裔"了。

至于中国的商人在东南亚地区开展的贸易活动，就比高僧法显一行人的探险活动还要更早一些。早在东汉时代，我国的铁器和农具，就已传进了越南北部，帮助越南早日进入"铁器时代"。到了唐宋时期，东南亚的贸易商港山都望（即沙捞越）和菲律宾的加拉打干等地，都有中国人在那里创办的铁器铸造厂。据郑德坤《沙捞越考古》一书中说："一般推测，冶炼规模如此之大的铁模，似乎只能从中国南方的炼铁业中心泉州，由海上船队运进口。"这说明，在东南亚进行通商贸易的，最早期的应是以福建人为主。

据赵汝适《诸蕃志》记述，宋朝时，以福建泉州为中心，对亚非各国进行贸易活动，项目很多，举凡瓷器、丝绸以及各种中国土特产频繁地从海路运往亚非各国。当时从苏门答腊的亚齐横跨印度洋，经马尔代夫群岛，到达非洲索马里的贝纳迪尔地区，中国出口的商品有金、银、铜、铁、锡、铅、丝绸、瓷器等等。

在中国历代改朝换代的年代，国内老百姓或因战乱而避难，逃到东南亚地区居住，也成为这个地区的早期华侨。10世纪阿拉伯旅行家马索提在《黄金牧地》一书中，记述了他在五代后晋天福八年（933年）航经苏门答腊的三佛齐时，看见"有许多中国人耕植于此岛，而尤以巴林邦（今巨港）区域为多，盖避中国黄巢之乱而至者"。在印尼的巴达维亚（今雅加达）城，过去有个地名叫"八茶罐"，旧史传说是南宋遗臣郑思肖逃到那里用八罐茶叶换取当地一块地盘而立足留居的。这当然是毫无根据的传说，因为郑思肖根本没有去过印尼。不过可以肯定的一点就是在南宋亡后，确有一些遗民远航到达印尼，也可能用中国的土产茶叶去和当地交易，从而留居印尼的。据郑所南（思肖）自己的《心史大义叙略》载："曾渊子等诸文武臣流离海外，或仕占城，或婿交趾，或别流远国。"由此可见，宋亡以后，流亡到海外的遗老遗少，除印尼之外，还遍布整个东南亚各国。

元朝初年，曾经有一批中国的陶瓷工人，被泰国的国王拉马坎亨，

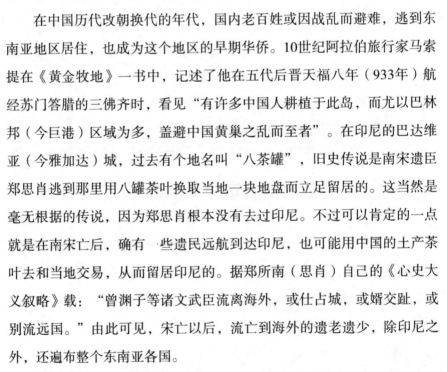

《元史》称为"敢木丁"，招聘去泰国开设陶瓷作坊。这些早期的工商贸易活动，也使中国在东南亚各国长期定居的"华侨"逐渐增加。

元朝远征东南亚。据汪大渊《岛夷志略》一书记载，当时元兵征阇婆（爪哇），遭风于山下，一部分人因病不去者"遂留山中，今唐人（华侨）与番人丛杂而居之"。又据明朝巩珍《西洋番国志》提到他到爪哇时，已闻"杜板（在爪哇东部，华侨称之为'厨闽'），此地约千余家，中国广东及福建漳州人多居于此"。这些资料都说明，在明朝以前，已有成批闽粤两省人留居东南亚各地。

东南亚华侨群体的崛起

尽管明朝以前，东南亚华侨已经有了一定的基业，但是总的来说，还是属于零星分散，带有偶然性、冒险性，缺乏国家政府支持。而到了明朝郑和的七次下西洋，完全改变了过去不安定的形势。郑和不但是世界航海史上的一位空前的航海探险家，而且也是一位伟大的外交家和军事家，所以对东南亚地区来说，产生了极其深远的影响，首先是对于东南亚的华侨们开创了一个新的局面，促进了东南亚华侨群体的崛起。

郑和七次下西洋，大批福建人士跟随郑和出使远航。有些人到了东南亚各地，就没有回来，成为当地新一代的华侨。《明史·婆罗传》载："万历时，为王者闽人也，或言郑和使婆罗（今之文莱），有闽人从之，因留居其地。其后人竟据其国而王之。邸旁有中国碑，王有金印一，篆文作兽形，言永乐朝所赐。"何乔远《名山藏》记载："婆罗国，东洋尽处，西洋所自起也。国有东西二王，永乐四年，各遣使朝贡。其国负山面海，而谨佛教。今王为闽人，随郑和至留其国者。其府旁有中国碑，王有金印一，上篆文作兽形，云是永乐中所赐。夷人嫁娶请印印背上。"正因为郑和下西洋之后，使大批的"闽人"来到婆罗洲定居，使婆罗洲逐渐形成了人数众多的华侨群体，所以才有条件让福建人做了"婆罗国"的"国王"，后来婆罗洲也就成为华侨在东南亚建基立业的一个重要的根据地。明末清初在东南亚建立的闻名世界的"兰芳共和国"，就是在这个婆罗洲建立起来的。那是明末清初的时候一批福建、广东两省农村中的"洪门"（反清复明的"天地会"）子弟，远渡东南亚婆罗洲掘金谋生，人数多达七万多人，成为当地一批巨大的华侨群体。当时他们分成二十几个集团组织，这些集团当初名为"公司"。其中最有名气的是梅县人组织的"聚胜公司"，该公司首领为吴元盛，后来又加入了一位很有谋略和武勇的罗芳伯，使公司事业大为发展；后来于公元1777年在婆罗洲建立了"兰芳公司"，又名为"兰芳大统制"，亦称"兰芳共和国"。当时这个"兰芳公司"，其规格和权力的确是很大的，不下于一个小小的"共和国"。其权力和机构为"大统制"，中央设有"公班行"，下设行政、立法、教育等部门，又有省、府、县各级机构。这个带有国家性质的兰芳公司，一直存在了108年，直到1885年，荷兰国的"东印度公司"席卷了整个爪哇群岛，这个华侨群体的"兰芳公司"才宣告结束，完成了历史使命。但是"兰芳公司"虽然结束，而东南亚的许多"洪门"子弟，仍然继续使用各种"公司"的名义进行反清活动，其中最有名的就是活动在新加坡、马来西亚、印尼一带的"义兴公司""信义公司""信和公司""坤成公司""和成公司""华生公司""兴盛公司""洪义顺公司"等等。这些公司的成立，都是受了明朝郑和下西洋的影响而创造了非常有利的条件而发展起来的，也说明东南亚的华侨事业，自从郑和下西洋以后有了历史性的发展。

有趣的是，在近代史上，东南亚也是由华侨创建的一个举世闻名的新经济区"新福州"，其地点也是在郑和经历过的婆罗洲沙捞越这块土地上。

名垂青史

"新福州"现属马来西亚北婆罗洲沙捞越的诗巫市。20世纪初，此地仍为英国殖民地，后经福建闽清县人黄乃裳招募福州府籍的各县华工前往开发，遂将一个荒凉不毛之地，建设成为一个繁华密集的城市。在旧版《世界地图》上，这个城市明确的命名为"新福州"，而现在则称为"诗巫市"，是属于马来西亚沙捞越洲的第三省会，这里的城市居民大多数是福州人，而"福州话"也成为这个城市的通用语言之一。从以上所引的一些史料来看，正是郑和下西洋所开创的许多有利条件，才形成了以后东南亚地区华侨群体的崛起。

郑和成了东南亚华侨的神明

到了明代后期，随着隆庆元年（1567）朝廷准许民间前往东南亚开展贸易，唤醒了留存在民间的郑和下西洋壮举的历史记忆，激发起福建、广东等南方沿海地区的"下南洋潮"。同早期的华侨一样，他们希望在海外实现致富的理想。

随着大量华人的到来，郑和也在东南亚地区渐渐演化成人们崇拜的神明。在现在的越南、泰国、马来西亚、印度尼西亚等地，留存着诸多关于三宝太监的遗迹、遗物和种种神奇传说。

生活在海外的华侨华人，心系祖国，他们崇敬郑和，是因为郑和代表着强大的、主持正义的伟大祖国，是他们在海外安身立命的精神支柱。值得一提的是，东南亚各地为纪念郑和兴建的众多庙宇，几乎都是民间自发集资兴建的，这充分说明，郑和活在广大华侨华人心中，人们世世代代感激郑和的恩泽。

在泰国，明代后期建有锡门，是华人出入的必经之地，据说是郑和所建，题名"天竺国"。湄南河入海处有三宝港，这是为纪念郑和，因此得名。三宝港隶属北榄府，北榄府地势低洼，向来以鳄鱼多著称，但在这个海港却偏偏没有鳄鱼，传说就是因为三宝太监曾经率领船队在这里停驻，他的神威使鳄鱼再也不敢来到这个港口，至今当地有三宝公庙。曼谷也有三宝宫、三宝禅寺，都是纪念郑和的建筑。

在印度尼西亚的爪哇，与郑和有关的遗迹和名胜很多。历史老人是最公正的，当年郑和首次访问爪哇，尽管曾经发生了因误会而导致的流血事件，但由于郑和化干戈为玉帛，为中国与印尼人民之间的传统友谊奠定了牢固的基础，印尼人民始终不忘郑和的丰功伟绩。位于中爪哇北部沿海的名城三宝垄，亦称垄川，是以郑和的名字命名的。在三宝垄西郊，建有著名的三宝公庙，是当地华侨和印尼人民为纪念郑和而建，庙内的三保洞供奉着郑和的全身塑像。每逢农历初一、十五，当地华侨前来参拜的络绎不绝。

庙内有一口水井，名为三宝井，井水甘甜清冽，游人香客至此都要喝上一碗，传说这口水井与中国相通，饮后可消灾祛病。庙内三保洞旁的土墩，传说即是郑和之墓，华侨来此献花敬香者很多。当地相传，郑和的船队抵达爪哇岛的日子是6月30日，每年的这一天，印尼各地的华侨华裔纷纷来到三宝垄，举行盛大的纪念活动。

马来西亚的马六甲是一座古老的城市，城西南方的升旗山，是当年满剌加国国王将明成祖赠送的金龙文笺勒石竖碑的西山。城北的三宝山，相传是郑和船队航行途中死亡人员的墓地。山麓有三宝庙和三宝井。三宝庙建于1673年，是具有三百多年历史的华人庙宇，香火缭绕，终年不绝。庙内后院有一口古井即三宝井，相传为郑和在此驻留时所掘，水质清冽甘美，马来人纷纷来此汲水，说是可以祛病延年。井旁有宝山亭，供奉郑和神像。当地传说，马六甲人是从郑和那里学会建筑城市及掘井取水的，对郑和极为崇敬。三宝城相传是郑和建立的船队基地遗迹，有一座中国建筑风格的古城堡，位于山上。

泰国的暹罗湾有三宝港，位于湄南河入海处，为纪念郑和，故称三宝港。泰国的首都曼谷有多座纪念郑和的庙宇，如"庙宇弘敞，神像庄严"的三宝公庙，该庙有一副对联，上联是"七度下邻邦，有名胜迹传异域"，下联是"三宝驾度航，万国衣冠邦故都"。这副对联很精辟地概括了郑和下西洋的丰功伟绩，以及对后世的深远影响。曼谷还有华侨为纪念郑和而建的三宝禅寺和三宝塔，以及永乐年间郑和所建的礼拜寺。

在暹罗，还流传着郑和为人治病的故事。郑和每到暹罗访问时，总有不少百姓向郑和求药治病。由于求药的人太多，郑和无以济施，就投药于河，令人到河水中洗浴治病，效果很好。现在，泰国有的地方还把每年的10月25日定为圣日，据说因为这一天是三宝公投药于河的日子。

在越南南部的海面上，据说有一根"郑和竹"，是郑和下西洋时宝船队立下的航标，这根竹子斜插在海面上，周围没有海岛也没有礁石，十分神奇。据说，以前人们从福建下西洋时，只要看到郑和竹就安心了，因为过了郑和竹，风浪就会逐渐变小。

在马来西亚马六甲，有关郑和航海的遗迹和传说更多。据说国王宫殿的前殿用瓦，就是永乐时期太监郑和遗留下来的。还有三宝城，建于山峰上，相传为郑和首航开洋时所建。城外的三宝井，据说是郑和所掘，井水清冽甘美，城中百姓都喜欢汲饮。井后有三宝山，大约就是以前郑和船队建立"官厂"的地方，相传郑和停留在马六甲时，随行之人死了，就埋葬在这里，后来华侨将它作为公共墓地。同城的恭锡山也有三宝井，传说也是三宝公遗迹，广有七八尺，古色斑驳。还有一个关于"郑和鱼"的传说，讲的是郑和的宝船队到达马六甲海峡时，突然遭遇风暴，船底破了一个洞，情势十分危急。郑和向上天祷告，结果一条大鱼游到船底，用身体堵住了这个洞，才使船安全靠岸。靠岸后，郑和抓住这条鱼，将它放回大海，所以这种鱼的背脊上留下了他的指纹，后来人们就称它为郑和鱼，并坚信这种鱼不能买、不能钓，更不能吃。

在印尼首都雅加达，有石碇，相传是郑和遗留下来的。直到现在，三宝垄有三宝庙，庙内供奉着郑和这位当地华侨华裔崇敬的三宝大人的塑像，无论是印尼各地的善男信女，还是外来的香客，都前去瞻仰凭吊，烧香求签。庙内还有船锚庙和郑和船队水手住过的纪念庙。船锚庙内供奉着一只据说是三宝大人留下的大铁锚，被人奉为圣物。三宝庙所处的石洞，也称三宝洞。三宝洞口的三宝井，据说是当年郑和亲手开掘。三宝洞口的三保墩，相传为船队一艘船的沉没处。附近是三宝墓，据传说是郑和助手王景弘的墓。每年，在这些遗迹处，当地百姓会举行一系列的纪念活动。在印度尼西亚巴厘岛有一个民族村，至今仍留有郑和下西洋时的印记。在西洋，人们都喜欢吃榴梿，相传，这个名字还是郑和起的呢，是告诉华侨要记着祖国，永远怀念祖国、留恋祖国。

在福建长乐太平港，也留有许多郑和遗迹。他重修的"三峰塔寺"古塔，曾用作出入港口的航标，铸造的铜钟，仍保存完好。福建泉州的郑和行香碑、天妃宫，郑和故里云南昆阳的马哈只墓，"天妃灵应之纪"碑以及新建的郑和公园，都会使人们对郑和无限景仰。

诸如此类的遗迹、遗物、传说以及各种纪念物，都从不同的方面，表达了当地人民对郑和这位远播中华文明、通好世界各国的航海先贤的崇敬之情。郑和的名字将同这些遗迹传说一样，千秋万代，颂之人口。

郑和对东南亚华侨的影响

由于郑和下西洋成功地实现了睦邻外交的政策，大大地改善了中国和东南亚国家的关系，因此也使留居东南亚多年的华侨有机会经常回到祖国故乡探亲祭祖。《明英宗正统实录》中有一条史料记载，明英宗正统三年（1438年）正是郑和第七次下西洋以后的第五年，爪哇国使臣马用良，通事殷南、文旦等人向明朝政府上表云："臣等本皆福建漳州龙

名垂青史

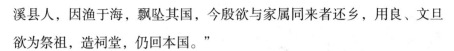

溪县人，因渔于海，飘坠其国，今殷欲与家属同来者还乡，用良、文旦欲为祭祖，造祠堂，仍回本国。"

关于郑和下西洋在东南亚留下的史迹是很多的，如在菲律宾苏禄群岛贺洛岛上有一个木头公墓，这是跟随郑和下西洋留在菲律宾的华侨重要的文物资料。木头公，是福建泉州人，原是郑和宝船上的驾驶员，当宝船停泊在贺洛岛的海岸时，木头公离船登陆，不幸因瘴气而病故，后郑和即将其尸体埋葬在贺洛岛上，此即木头公墓的由来。从此以后，闽南一带又有许多人继续前来苏禄群岛定居，他们都替木头公修墓立墓碑，并把木头公当作菲律宾华侨的先驱。在印尼，则以闽南人（现考证为闽西漳平人）王景弘在三宝垄定居的传说最为流行。王景弘，本为郑和船队的副使，至船到爪哇三宝垄时，王景弘因病留下疗养，郑和并派十名随从也留下照料他。王养病期间，指挥随从开荒种地，建筑房屋，病好后他们多数人都定居在爪哇，并用他们的船来贸易经商，有的人就与当地妇女结婚成家，后来这个地方便成为印尼一个重要的华侨社区。

郑和下西洋的结果，使更多的中国人，特别是福建沿海各地人民大量迁往东南亚各地谋生，使东南亚的华侨群体数量大增。据《闽都记》载："明永乐时福州商人赴麻喇国（马六甲）者，有阮、芮、朴、樊、郝等姓氏，往麻喇国多年，娶番妇生子，率之返国。"莆田县城关《林氏族谱》也记载该姓族人，于明永乐年间有到暹罗经商的史实。原福建汀州人谢文彬，昔年因贩盐下海，为大风飘入暹罗，改名美亚，遂仕其国，官至岳坤（岳坤，相当于中国的"学士"）。据史金纳《古代的暹罗华侨》一文中记载，16世纪时期，中国人在暹罗到处定居，到17世纪后半期的暹罗，至少有华侨10000人。当时在暹罗华侨聚居之处称之为"奶街"（相当于以后世界各地的"唐人街"），这些史实，都说明郑和下西洋之后，东南亚各地的华侨群体在迅速地发展。明代何乔远《名山藏》一书，也记载菲律宾（古称"吕宋"）一地就有闽南商贾数万人之众。另一本书载菲律宾的首都马尼拉的华侨人数，在1571年是150人，至1588年增至10000人，至1590年，增至24000人，而至1603年已达到30000人之众。

自从郑和下西洋之后，在中国华侨发展史上出现了一个新的局面。朱杰勤在《东南亚华侨史》一书中还提到："据1613年伊里亚狄手绘的满剌加（马六甲）城市图，在满剌加河西北有'中国村'（今吉宁仔街水仙门一带）、漳州门及中国溪三地名，即华侨居留地。"在今马六甲的三宝山，至今还保留着祖籍福建漳州的甲必丹郑芳扬等倡建的闽人用于祭祖的青云亭和"青云亭碑记"。最近，马六甲的华侨，为了纪念郑和，还特地在福建泉州惠安石雕厂定制了一尊郑和石雕像，高约2米。现在这尊郑和石雕像已经运至马六甲三宝山的三宝庙附近，准备择地奠基安置，以供游人瞻仰。现在由马六甲市区通往三宝山有一条马路就叫作"郑和将军路"，游人从这条马路上山，在山上据说有10000多座华侨的坟墓，其中很多就是当年跟随郑和下西洋而在马六甲病故的郑和随员之墓。除了马六甲之外，东南亚几乎各国都有关于郑和的文物古迹保留下来，其中印尼的"三宝垄"就是东南亚华侨最重要的一个"朝圣"之地。

华侨促进东南亚经济的繁荣

郑和下西洋以后，由于大量华侨涌入东南亚，并且受到东南亚土著居民的欢迎，华侨在当地从事商业贸易活动，发展各种经济作物的种植事业，促进了东南亚经济的发展。

东南亚各国对中国的商品非常喜爱，而这些商品，都是由华侨商人从事商业贸易活动从中国运过去的。华侨运往东南亚的商品，从王室所需的各种高档消费品，到人民大众的生活、生产所需的各种必需品，应

名垂青史

有尽有，主要有丝绸、陶瓷、皮革、染料、木梳、雨伞、草席、家具、金银器皿、锡、铅、水银、铁锅、铜线、锡制品、蜂蜜、花生、烟叶、茶叶、小麦、菜油、龙眼、荔枝、西瓜、笔、墨、纸、书籍等等，包罗万象。这么多的商品，对东南亚的经济和文化发展都有巨大的影响。

华侨不但在商业贸易活动方面起了积极的推动作用，而且对于发展东南亚的农业和各种经济作物的种植和运销也都是一支主力军。例如胡椒，是东南亚的一个重要的经济支柱，而华侨在胡椒种植方面，就投下了大量的人力和物力。印尼的万丹，是16世纪中叶以后的一个重要的东方国际商港，主要是由众多的华侨在这里经营胡椒的种植和贸易，才使这个商港更加繁荣。当时万丹华侨人数之多，竟然达到万丹国王"立华人4人为财副"并"指派一位华人领袖"的局面。居住在胡椒商港万丹的华侨，他们的经济活动大都与胡椒有关。许多葡萄牙人、荷兰人都从华侨商人手中购买了大量的胡椒，再转运到欧洲市场，牟取巨利。每年乘季候风来的中国商船，运载大批中国商品至万丹，再从万丹运载大量的胡椒回中国。而在万丹居住的华侨，则大多从事胡椒种植业，由于华侨富有开拓创业的精神，待人接物方面又和蔼可亲，又富有交际手段，所以在万丹各阶层人民中享有良好的声誉，而且在万丹王室上下都有良好的印象。华侨就成了万丹市场上出色的胡椒中介商。

在万丹的华侨，除了大商人之外，还有许多肩挑小贩，他们走街串巷，一方面出售中国运来的商品，一方面又向当地农民收购胡椒。可以说，16世纪以后，整个万丹的胡椒市场，多掌握在华侨的手中。当时由中国漳州铸造的钱币，在万丹和全爪哇市场上都成为通用的货币。

华侨的经商活动，在一定程度上关系到这个"东方国际商港"万丹的兴衰。后来由于荷兰人占领万丹，万丹王室与荷兰人之间的矛盾斗争，迫使大量华侨逃离万丹，从此昔日一度极端繁荣的商港，一落千丈，成了一个十分萧条荒凉的"死港"。

东南亚另一项重要的产业是蔗糖业。16世纪以后，东南亚的蔗糖业以印尼巴达维亚为最重要的产销基地。当时这么一个重要的经济部门，几乎全部由华人经营，在早期，华侨既种蔗又制糖。后来因糖业发展，人手不足，华侨便集中力量制糖，而把种蔗的技术传授给当地土著居民，由土著居民负责种蔗，华侨负责制糖。

除了蔗糖业之外，巴达维亚的酿酒业也是由华侨经营的。历史上，华侨曾经把中国的使用糟和酵母发酵糖浆酿酒的方法传进印尼，由于糖蜜是制造酒的原料，所以印尼的酿酒业也随着制糖业的发展而兴盛起来了。

郑和下西洋时期的明代，在政治、经济、文化和军事诸方面都远比其他国家强大和先进。明代的东南亚，实际上已受中国政治、经济、文化诸方面的影响。当时整个东南亚地区的海上贸易控制权，一般都掌握在华侨手中，在东方和西方贸易的海路商运道上，航行的几乎都是中国制造的远洋航船。在明朝船队支持下而崛起的马六甲（满剌加），地处东西方海上交通的要冲，控制着马六甲海峡。郑和下西洋期间，在这里设立了"官厂"，作为中途候风转航的交通中心站。巩珍《西洋番国志》云："中国下西洋船以此为外府，立摆栅墙垣，设四门更鼓楼，内又立重城，盖造库藏完备。""将各国诸色钱粮通行打点装封仓，停候五月中风信已顺，结舰回还。"这就为马六甲的海上贸易的发展加固了基础。当时马六甲的政府特设了一个官职叫沙班达尔，专由华商担任，其职务是联系和接待进出于马六甲的外国商船、船长，管理海上贸易。沙班达尔的经营和管理直接关系到当时贸易的盛衰，可见马六甲政府对于华商的器重和信任。

郑和下西洋以后，菲律宾的商品经济也发展得很快。中菲贸易得到了空前的发展，往菲律宾经商的闽南商贾络绎不绝。菲律宾本来是地小土瘠、国中多山的穷地方，但自华人来后，此地便繁荣起来了。

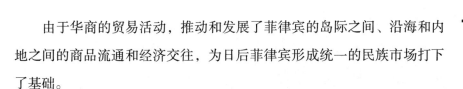

　　由于华商的贸易活动，推动和发展了菲律宾的岛际之间、沿海和内地之间的商品流通和经济交往，为日后菲律宾形成统一的民族市场打下了基础。

　　郑和下西洋以后，东南亚华商的经济活动，已向广度和深度发展，促进了东南亚地区的资源开发利用和商品经济的发展，对东南亚社会的繁荣和进步产生了巨大的影响。

　　华侨在东南亚的影响更为重要的是把中国先进的生产技术传播到东南亚各地，从而提高了当地的社会生产力。福尔蔓《菲律宾群岛》云："华侨工匠在菲律宾谋生过程中，除了自己的手工产品满足当地日常需要外，还把当时中国某些先进生产技术传授给菲律宾人，例如他们教会菲律宾人榨蔗制糖和炼铁的方法。"此外，华侨还把种植水稻、水果、茶叶等农业园艺方面的广泛知识传授给东南亚的土著人民，大大地促进了整个东南亚社会的进步。

　　郑和下西洋，也把中国先进的造船工业和航海技术传授给东南亚各国，其中影响最大的是暹罗。明代以后，暹罗的航海业也发展很快，但是都和华侨的苦心经营分不开。暹罗的船只设计和制造，都直接得力于当地的华侨，盛产木材的暹罗成为海外华侨的造船中心。在暹罗的商船队里，绝大多数的成员都是华侨，所以整个东南亚地区的海上贸易活动，都受到华侨的巨大影响。

　　郑和，这位15世纪杰出的外交家、航海家，这位播撒中华声名和文化的和平使者，这位当之无愧的世界文化名人，他那种不畏艰难险阻的英雄气概，那种不辱使命、竭力国事的伟大民族精神，那种兢兢业业、恪尽职守的敬业献身精神，那种开拓进取、敢为天下先的创业创新精神，以及体现了人类始终不渝探索追求的坚强决心和不断实践，都构成了世界文明宝库的重要内容，值得后人永远尊敬和怀念。

　　郑和七下西洋，显示了中国的富强，传播了华夏文明，推行了和平外交，结交了众多邻国，发展了海外贸易，促进了航海事业。600多年来，纪念郑和的庙宇一直香火不断，许多郑和遗迹游人络绎不绝，郑和及其所进行的下西洋事业像一座无形的丰碑，永远矗立在人们心中。

名垂青史，恩泽后世

名
垂
青
史

郑
和

航海，是古往今来勇敢者与大海的搏斗，是人类历史上最豪迈的事业。航海是对大自然的挑战，也是人类挑战自我、战胜对海洋的恐惧心理的历程。和15世纪欧洲人称为"地理大发现"的几次著名远洋航行相比，郑和七次下西洋的壮举，不论是规模之大，人数之多，还是航程之远，在世界航海史上都占有重要的地位。

600多年前，即明永乐三年（1405），以强盛的综合国力为后盾，明永乐帝做出派遣郑和下西洋的决策，郑和统率一支规模庞大的船队开始了伟大的航海活动。这支在当时世界上最强大的海上力量七下西洋，持续28年之久，"云帆高张，昼夜星驰"，遍及亚非30多个国家和地区。它标志着中国古代的海洋事业达到了鼎盛，造船技术和航海能力发展到古代社会的巅峰，在世界航海史上写下了光辉灿烂的一页。

郑和第四次下西洋打开了从亚洲通往非洲的航路，这在世界航海史上是值得大书特书的。1486年至1487年，一支葡萄牙舰队在迪亚士率领下，从非洲西岸向南航行，来到好望角。10年以后，达·伽马沿着迪亚士的航路继续前进，他绕过非洲最南端的好望角继续沿非洲东海岸北上，于1498年4月到达了肯尼亚的麻林地，后又横渡印度洋，于同年5月到达印度半岛西海岸的科泽科德附近。这次具有历史意义的航行，比起郑和的船队到达非洲东岸晚了80年。

1492年，意大利航海家哥伦布从巴罗斯港出航，横渡大西洋，"发现"美洲"新大陆"的事件，是15世纪轰动世界的地理大发现。当时，哥伦布只有3艘重量不足百吨的帆船，船上的水手总共87人，时间上要比郑和出航晚87年。

1519年，葡萄牙航海家麦哲伦从西班牙的桑卢卡尔港起航，越过大西洋，沿巴西海岸南下，经麦哲伦海峡（南美洲大陆与火地岛之间的海峡，后以麦哲伦的名字命名），入太平洋，最后完成了第一次环绕地球的航行（麦哲伦在菲律宾被当地居民所杀）。这是人类历史上一次了不起的航行。但是，麦哲伦的船队只有5艘小船，水手不过200多人，时间却比郑和晚了一个世纪。

当然，欧洲人的地理大发现，对于改变世界的历史是功不可没的。同样，郑和七下西洋的深远影响，也是不可低估的。

郑和率领的船队七下西洋，航程十万余里，前后累计经历了28年，到达东南亚、南亚、阿拉伯和东非等地区的几十个国家，打通了中国通向红海及非洲东部的新航路，积累了丰富的航海经验。尤其宝贵的是，郑和七次下西洋期间，对所经航海路线，都做了详细记载，它的具体成果就是留传至今的《郑和航海图》。

这幅我国古代的航海图，原名叫作《自宝船厂开船从龙江关出水直抵外国诸番图》，共分20幅、40面。它由长江口出海，沿江苏、浙江、福建、广东沿海南下，到海南岛琼州府，再往海外各国。图中分别绘出各地地理方位和航道远近，对航向、停泊地点、暗礁浅滩的分布情况记得非常详细。船队每经过一个地方，《郑和航海图》中都给予命名，在500多个地名中，外国地名有300多个，多为马来半岛、印度半岛、阿拉伯半岛沿岸地区，图中还有一些无名的偏僻之地，也特地注明"有人家"的字样，说明这是船队实测的结果。这是一部具有重大实用价值的航海图，它是郑和的船队长期的海上实践、不断积累航海知识的结晶，也真实地记录了郑和船队的活动范围。这些事实雄辩地说明：郑和不仅是我国历史上伟大的航海家，也是世界航海事业的伟大先驱，他的功绩是不朽的。

郑和七下西洋，对地理学的贡献也是特别重大的。

15世纪初期，在中国人的心目中，除了知道非洲东北部埃及的局部地方，并不知道非洲大陆的存在，更谈不上对非洲的直观印象。

欧洲人对非洲也缺乏了解，尽管欧洲和非洲之间仅仅隔着地中海，很早就有贸易往来，但欧洲人的地理概念也只限于非洲北部地中海狭长的海岸。

东西方对于非洲的地理和风土人情存在许多模糊的概念，就连对阿拉伯半岛西岸的红海一带，以及西南岸亚丁湾的自然地理和社会经济情况，了解也极为肤浅。

郑和下西洋，特别是从航程最远的第四次开始，踏上了非洲赤道以南的索马里、肯尼亚、莫桑比克境内的国家，发现了马达加斯加岛。有的学者认为，郑和船队分出的小船队可能航行得更远，甚至很有可能绕过非洲南端的好望角，抵达非洲西南海岸，最后一次还派人从亚丁湾进入红海，到了圣城麦加，深入了解阿拉伯半岛西岸红海一带的情况。这就大大丰富了我国人民的地理知识，扩大了中国人民的地理视野。

特别值得指出的是，随同郑和一道远航的马欢、费信和巩珍三人，回国之后，给我们留下了《瀛涯胜览》《星槎胜览》和《西洋番国志》三本书。在这些著作里面，详细地记载了今天印度支那半岛、爪哇岛、马来半岛、苏门答腊岛、印度半岛、阿拉伯半岛和非洲东海岸许多国家的情况，对那里的气候、水文、物产、民族、宗教、风俗、历史、生物等都一一作了介绍。

郑和下西洋，是我国历史上由国家组织的一次大规模的远洋航行。这支庞大的船队负有明确的政治使命，这就是联络我国和亚非各国的邦

名垂青史

交，开展贸易和交流文化，以促进亚非各国人民之间的相互了解和传统友谊。郑和的船队是和平的友好使者，他们携带了大量的金银、钱币、丝绸、瓷器、铜铁器等生活用品和生产工具，换回的是各地的特产，如香料、染料、珍珠、宝石以及珍禽异兽，有狮子、斑马、鸵鸟、金钱豹、长颈鹿等等。这种和平贸易和文化交流，符合各国人民的利益，所以，郑和的船队所到之处，受到各国的上层人士和人民群众的欢迎。很多国家在郑和访问之后，纷纷派使节前来中国，建立友好关系和通商互市，这进一步增进了我国人民和亚非各国人民的传统友谊，对亚非许多国家的经济文化发展起到了很大的促进作用，在世界历史上也有着极为深远的影响。

郑和的船队所到之处，传播了中华的古老文明，促进了中外文化的广泛交流，这种交流是双向的，无论是中国还是外国，从中都受益匪浅。

在长达28年的航海活动中，郑和不仅从海外输入各种珍禽异兽，还将外国特有的植物移植到国内。南京静海寺的海棠，又名西府海棠，"高大蔽数亩地，花开如锦绣。明永乐中，太监郑和自西洋携归，建寺时植诸殿墀中者也"。这种海棠的优良品种，还栽在太仓天妃宫内及其他地方。

还有一种来自阿丹国的詹卜花，花瓣似莲花，外紫内淡黄色，远闻有清香，近闻辛辣刺鼻，也是郑和从国外带回，种在南京凤台门外的白云寺。在南京皇城报恩寺和天界寺，植有郑和从海外移植的五谷树，据说这种树可印证年岁丰歉。大概这种树对天气很敏感，当风调雨顺的丰收之年，它长得枝叶茂盛，果实累累。而在水旱灾害严重、农作物歉收的灾年，五谷树就长得毫无生气。

此外，郑和从海外引种的还有龙江天妃宫的娑罗树（原产于印度）、返魂香（一种珍贵的药材）等。据说燕窝这种珍贵的补品，也是郑和船队在婆罗洲发现，然后才引入中国的。

将中华文明的种子传播到世界许多地方，是郑和下西洋最突出的贡献。当时的明朝，无论是政治制度、国家管理水平，还是经济发达的程度，比起西洋许多国家和地区都要先进得多。尤其是中国传统的文化，更是源远流长。当时有不少国家还处在落后的奴隶制社会或原始部落，由于郑和下西洋与各国建立了友好关系，来到中国的各国国王、使臣越来越多。郑和第六次下西洋时，邀请亚非16国1200多名使臣随船来中国参观访问。各国国王、使臣亲眼看见了中国城市之繁华、经济之发达、文物典章之华美、军容仪威之盛，无不感到惊讶。他们被中华文化魅力所吸引，将中国的典章制度、先进的生产工艺、悠久的文化，包括历法、图书、服饰、铁制农耕工具、医疗药品带回国去，对于推动这些国家、地区的社会进步，无疑产生了巨大的影响。

郑和下西洋的突出贡献是开辟了海上香料之路和海上瓷器之路，也有人称"香瓷之路"。海上香料之路是指郑和的船队从海外各国采买了大量的香料，这是进口贸易的重要产品。东南亚、南亚和西亚许多国家盛产各种香料，有的是香料集散地。如苏门答腊、古里出产胡椒，当地人大量种植；祖法儿是个香料集散地，当地商人用乳香、血竭、芦荟、没药、安息香、苏合油、木鳖子等香料与中国船队进行交易。

费信在《星槎胜览》中记载了与满剌加接壤的九州山，林木丛生，盛产沉香、黄熟香。永乐七年，郑和船队在这里停泊时，派遣官兵到九州山采伐香料，采伐到六株直径八九尺、高八九丈的香料树，"香清味远，黑花细纹，其实罕哉。番人皆张目结舌……"这样高大的野生香料树是极为罕见的，它只能在原始森林中才能见到。

而海上瓷器之路是指我国特有的精美瓷器通过船队的运输，源源不绝地流入国外，这是当时出口贸易的重要产品。

据费信在《星槎胜览》中记载："交栏山交易青碗，暹罗、柯枝、

名垂青史

忽鲁谟斯、榜葛剌、大呗喃、阿丹六处交易青白花瓷器，旧港、满剌加、苏门答腊、龙牙犀角四处交易瓷器，旧港交易大小瓷器；花面、剌撒、三岛、苏禄、祖法儿、竹步、木骨都束、溜山、卜剌哇、阿鲁十处交易瓷器，淡洋、吉里地闷、琉球三处交易瓷器，锡兰、古里、天方三处交易青白花瓷器。"从这里可以看出，在与这么多国家的贸易中，明朝的青花瓷器深受欢迎，成为当时最风行时尚的商品。青花瓷器是我国景德镇的传统名瓷，它是用高质量青料，在瓷坯上笔绘画面，然后再罩上一层透明的白釉，高温一次烧制而成。由于它画面清润典雅，古朴大方，一直是传统瓷器的佼佼者。除青花瓷器之外，郑和的船队还大量输出了浙江龙泉窑和福建等地所产的青瓷，以及日用的大小陶瓷陶罐。

从现在许多国家的博物馆收藏和出土的中国瓷器，可见郑和的船队将海上瓷器之路延伸之广。在埃及的福斯特遗址，出土过宣德时的青花瓷。索马里与埃塞俄比亚交界的古城废墟，发现了大量明代的青瓷和青花瓷。肯尼亚马林迪附近的给他古城等地，发现了永乐年间的青花瓷器。坦噶尼喀沿海港口一带，以及非洲不少地区，在郑和船队到过的古代港口遗址，都相继出土了中国的青花瓷器和青瓷。

特别值得一提的是，随着中国瓷器大量外销，中国的制瓷技术也在国外传播。越南占城就聘请中国制瓷工匠去烧制瓷器，发展本国的制瓷行业。

中国一方面向国外出口瓷器，同时也从国外进口西亚出产的青蓝颜料，这种矿物颜料即所谓"回青"，当时称作"苏麻离青"，是一种氧化铁含量高的钴土矿，与我国传统的钴土矿颜料不同。自郑和从海外将"苏麻离青"大量输入中国，用于烧瓷工艺，烧出的瓷器格外艳丽，促进了青花瓷的制作工艺，对明代青花瓷制造业的发展起到了重要的推动作用。

此外，为了适应外国的需要，明代永乐、宣德青花瓷的造型、图案，也与传统的产品有所不同，注意吸收西亚的艺术特色，生产出来的瓷器具有浓厚的西亚风格。不仅如此，在郑和船队访问亚非各国时，还十分注意将外国的绘画艺术、雕刻艺术和建筑艺术传播到国内，促进了中外文化交流。如南京静海寺的水陆罗汉像、龙江天妃宫内的大型壁画、福建闽侯县雪峰寺的两座瓦塔，以及北京皇城金水河上一座飞虹桥的石栏雕刻，相传均是郑和从西洋带回，或根据西洋艺术风格创制的。可惜的是，这些实物大都荡然无存了。

600年后，中国政府将明朝宣布下西洋的7月11日定为航海日。这一世界航海史上最令人瞩目的事件，自此在民族的记忆里成为永远的丰碑。在今天这个经济全球化的世界，在这一海洋贸易的世纪，郑和下西洋所代表的中华古代文明的辉煌，意味着什么？

郑和以及他率领的船队七下西洋，如一曲英雄史诗，已经成为历史的绝唱，但是这气势恢宏的航海史诗不仅没有被历史淡忘，随着时间的推移，反而不断唤起人们对先驱的敬仰，对郑和这位伟大航海家的深深怀念。他的名字将永垂青史，成为激发中华民族勇往直前、走向世界的光辉榜样。郑和为首的中国船员水手和几万将士，面对海洋的狂风恶浪，毫无畏惧的大无畏精神，更是我们民族巨大的精神财富。

郑和下西洋的壮举，在当时就是激动人心、家喻户晓的重大社会新闻，被广为流传。从明代起，以郑和下西洋为题材的戏剧被搬上了舞台，反映郑和下西洋的小说也出现了。当时，说书人在茶馆书场讲三宝太监下西洋的故事，颇受平民百姓的欢迎。据说明熹宗朱由校命人在宫廷里演出三宝太监下西洋的戏剧，有逼真的布景、道具，表现船队在狂风巨浪中航行的情景。流传至今的以郑和下西洋为题材的剧本有《奉天命三保下西洋》，长篇章回小说（平话）有罗懋登著的《三宝太监西洋记通俗演义》（写于1587年，即万历十五年），可见郑和下西洋在国内产生的深远影响。

名垂青史

在我国各地，不论是郑和的家乡云南，还是与郑和航海活动有关的地方，至今仍然保存着许多历史遗迹。

为了纪念这位伟大的航海家，弘扬郑和船队的光辉业绩，云南昆明市晋宁县昆阳镇建有郑和公园、郑和纪念亭和郑和纪念馆。

南京作为明朝初期的国都，是郑和一生居住时间较长的地方。南京市白下区内马府街一带，有郑和府邸遗址及郑和公园，并新建南京郑和纪念馆。位于南京城西三汊河中保村一带的龙江宝船厂，近年陆续出土了当年宝船的构件、造船工具，这个当年为郑和船队提供航海巨舶的全国最大的造船厂，将建成宝船遗址公园。南京静海寺在南京仪凤门外狮子山西南麓，建于明永乐年间，是明成祖为祝福郑和第二次下西洋平安归来所建。当年在此供奉郑和带回的"佛牙"及海外奇珍，栽种异域带回的西府海棠。现在，在原址偏西处重建了静海寺。另外，在静海寺以南，原来还有一座天妃宫，是永乐十四年郑和第四次下西洋归来兴建的，现遗址无存；但尚有一块"御制弘仁普济天妃宫之碑"，由明成祖朱棣写于永乐十四年四月六日，保存在静海寺，具有重要的历史价值。

福建是郑和的船队每次下西洋前夕候风开洋的地方，这里留下了郑和的足迹和许多历史遗迹。长乐市中心的南山，山巅耸立着一座高27.4米的宋塔，该塔当年是三峰塔寺的一座塔，名为三峰塔，相传它是当年郑和登塔，俯瞰停泊在太平港庞大船队的瞭望塔，也是船队出入太平港的航标塔。永乐十年郑和第四次出使西洋前，在太平港候风时，奏请明成祖恩准在长乐南山的三峰塔寺旁，建造一座雄伟壮观的天妃宫。第七次下西洋前夕又重新修葺，并在天妃宫左边新建三清殿。现三峰塔寺与天妃宫、三清殿均已无存，在旧址上兴建了郑和史迹陈列馆，整个南山辟为郑和公园。郑和史迹陈列馆馆藏《天妃灵应之记》碑（俗称郑和碑），是研究我国明代海外交通史及中外交往史的珍贵实物。1982年，在南平市郊发现的一只高0.69米、重77公斤的铜钟，为郑和于1431年铸造，铭文是："永远长生供养，祈保西洋回往平安，吉祥如意者。大明宣德六年岁次辛亥仲夏吉日，太监郑和、王景弘等同官军人等，发心铸造铜钟一口。"这口铜钟是当时为新建三清殿所铸。

除此之外，泉州灵山伊斯兰教先贤墓地的郑和行香碑，莆田的天妃庙，都留下了郑和的足迹。西安市鼓楼西北隅的清净寺，是我国大西北留下的唯一的郑和遗迹。这座始建于唐代的伊斯兰教寺院，经郑和重修保存至今。寺内有一块在嘉靖二年（1523）刘序等人撰文刻石的《重修清净寺》碑："及我国朝永乐十一年四月，太监郑和奉敕差往西域天方国，道出陕西，求所以通译国语可佐信使考，乃得本寺掌政哈桑焉。乃于是奏之朝，同往卒之。"这段碑文记录了郑和赴西安寻找通阿拉伯语翻译得遇哈桑的经过，也提供了郑和第四次下西洋欲前往伊斯兰教圣城麦加的证据，十分珍贵。

北京，是郑和青年时代生活过多年的古城，当年他还是无名之辈，没有留下什么遗迹。但在明朝迁都北京后，郑和从南京曾多次前往北京。他在北京的住所，相传在北京西城的三不老胡同，这条胡同原名"三保老爹胡同"，简称"三保胡同"。郑和的府邸现已荡然无存，徜徉在这条幽静长巷，令人不免会怀想当年的情景。

在全国各地，与郑和下西洋有关的历史遗迹还很多，江苏太仓浏河镇的天妃宫，山东德州的古苏禄国东王巴都葛叭答腊的陵墓及《御制苏禄国东王》碑，南京安德门外乌龟山南麓的浡泥国王墓，南京西南江宁县牛首山南麓的郑和墓……它们是历史的见证，诉说着一位伟人不平凡的一生。

在台湾，相传郑和的船队第一次下西洋返回时，因大风将船队吹至台湾停靠。郑和的船队到达祖国的宝岛台湾，是我国历史上中央政府的大军第一次在台湾登陆。几万将士登岸，在台湾停留多时，产生了巨大影响。台湾凤山县出产一种姜，命名为"三宝姜"，这种姜相传是明初三宝太监郑和所植，可疗百病。还有记载说郑和曾到台湾"赤崁汲水"，赤崁即台湾南部的安平，说明船队曾到此补充淡水。

南海诸岛自古以来就是中国的领土，郑和的船队曾多次经过南海诸岛。在《郑和航海图》上明确地标明南海诸岛各岛群的相对位置，说明郑和是最早开拓南海诸岛的航海家。如今在这一海域发现了许多郑和船队留下的遗迹，如在西沙群岛北礁的礁盘上曾发现一艘明代沉船的残迹，沉船上载有大量的全新的"永乐通宝"的铜钱。

为了纪念郑和开拓南海诸岛的历史功绩，在祖国南端的南中国海，如今有许多岛礁冠以与郑和下西洋有关的名称。南沙群岛中最大的环礁之一被命名为郑和群礁，它长56公里，宽约20公里，礁盘面积达2247平方公里，但绝大部分在水下，露出海面的只有不到1平方公里。另外，南沙群岛中其他一些重要岛屿分别命名为景弘岛、马欢岛和费信岛，以纪念郑和下西洋的著名人物王景弘、马欢和费信。西沙群岛西面的一片岛礁命名为永乐群岛（含八个较大的岛屿和一些礁滩），东面的一片岛礁命名为宣德群岛（含七个较大的岛屿和一些礁滩）。

郑和七下西洋的壮举，长期以来已经演变成我们中华民族一种巨大的精神力量。威武雄壮的船队，几十年驰骋于洪波狂涛的大洋，不畏任何艰难险阻，将中华文明的种子传播四方，与各国缔结睦邻邦交。这种史无前例的壮举，充分体现了一个强大国家的自信和自尊，是郑和船队所代表的中华民族的博大胸怀和豪情壮志。

因此，每当中国处于国势衰弱、内忧外患的历史关头，人们总是不由得想起郑和，呼唤郑和的再现。而在我国人民为建设现代化强国而走向世界的今天，郑和的光辉业绩，也同样成为鼓舞全国人民奋发图强的精神力量。

众所周知，一部人类社会发展史，是人类从各自相对隔绝、相对闭塞的陆地走向海洋，最终融为一个整体世界的历史。追本溯源，经济全球化自海洋开始，海洋的世纪自郑和下西洋开始。它与中国强盛的国力和极其辉煌地走在世界前列的科技水平相联系，是中国人首次以史无前例的规模走出国门、走向海洋，与外部世界和平交往的壮举，是中华民族的光荣与骄傲，是我们的先民对世界文明的发展作出的巨大贡献。

郑和下西洋的航海壮举有两个突出特点：首先，郑和下西洋代表了一种和平交往的航海模式。中国在三国和唐宋时代，通过南海已经开始发展了与东南亚、南亚和西亚的海上贸易网。至明初之际，南海一带海盗猖獗，严重威胁明朝的外部安全环境和贸易往来。郑和下西洋的主要任务是剿灭海匪，调节和缓和与各国之间的矛盾，平息冲突，维护东南亚和南亚地区的稳定和海上安全。在郑和船队历时28年的航海活动中，只出现过自卫性质的三次短暂战事，没有占据海外国家的一寸土地，体现了中华民族"协和万邦"的人文传统。郑和下西洋的另一重要内容是官方贸易，贸易采取议价成交方式，体现了平等自愿公平的贸易原则和精神。

其次，郑和下西洋的壮举，也是中国与有关各国的文化交流和文明对话。郑和船队在途经锡兰（今斯里兰卡）时，尊重当地人民的佛教信仰，捐钱修庙，布施香礼，其三种语言的"布施碑"至今留存科伦坡的国家博物馆。郑和本人是伊斯兰教信徒，郑和船队最后还完成了麦加朝圣之旅，对发展当时明朝与西洋伊斯兰国家的友谊起了重要作用。

在郑和下西洋之后出现了西方殖民航海模式，这一模式的特征是：以掠夺贵金属、土地和进行殖民统治为目标，以武力征服为手段，强制改变当地人民信仰，摧毁当地固有文化。按照英国著名历史学家李约瑟的论证，郑和船队是当时世界上最强大的海军船队，但郑和留下的是和平、友谊、互利贸易和相互尊重，而西方航海模式留下的是血与火的征服与摧毁。

对于海路功绩的认识，有诗为证。明宣宗诗曰："似闻溟海息鲸

240

波，近岁诸番人觐多。杂还象胥呈土贡，微茫岛屿类星罗。朝廷怀远须均及，使者敷恩合褊过。莫惮驱驰向辽远，张骞犹说到天河。"（《大明宣宗皇帝御制集》卷二十二《遣使谕西洋古里苏门答腊诸国》）在诗中，明朝皇帝显然认为郑和下西洋不仅可以与张骞通西域相提并论，甚至其功绩还超越张骞的"凿空"之举。事实也确乎如此，正如中国人走出国门，走向海洋，从"西域"到"西洋"，标志着中国对外交往发生从陆地向海洋的重大转折，也标志着人类交往发生从陆上向海上的重大转折，促成世界文明互动中心脱离了亚欧大陆，转移到海上。一个海洋时代的宣告到来，也最终决定了世界的走向。到15世纪末，葡萄牙人航海东来，无独有偶，登陆地正是郑和七下西洋每次必到的印度古里，亦即卡利卡特。随后，葡萄牙人沿着郑和的海上航线，追寻到马六甲，东西方在海上汇合，一个整体的世界在海上形成。就此意义而言，郑和远航是古代传统的一次历史性总结，同时也是一个新时代的开始，在地界文明史上，具有里程碑的意义。

第一，与当时中国强盛的国力和极其辉煌地走在世界前列的航海科技水平相联系，郑和下西洋是中国人首次以史无前例的规模走出国门、走向海洋的壮举，从此，文明互动中心大转移的现象发生了，古老的文明中心转向了大陆外的新的地区，偏离了大陆上人们构筑的交通网络，也偏离了几大帝国的中心，在海上形成了一个新的文明互动中心，东南亚在海上奇迹般地凸显了作用，东西方交往进入一个崭新的发展阶段。

第二，进一步说，人类文明史的重大转折，还宣告了人类以人力与马匹为主的交往阶段的衰落和以科技含量占重要地位的交往新阶段的开始，从此人类交往不再只是依靠人力和马匹、骆驼就可以达到。人类文明交往中提高了科技的含量，这是人类文明史上一个名副其实的进步，而奠定这一切的，正是郑和远航。就此意义而言，郑和是中国的，也是世界的。

第三，纪念郑和具有世界意义，还体现在人类文明史上存在不同的航海模式，有着不同的实现机制，也有着不同的结果。郑和下西洋所代表的和平交往航海模式与西方的暴力掠夺航海模式，形成了鲜明的对照。历史可以作证，郑和高扬中华民族"协和万邦"的人文精神，使海道清宁，人民安业，在长达28年的航海活动中仅有三次战事发生，没有占据海外国家一寸土地，明代中国的世界形象，在七下西洋中树立起来，得到了世界公认，郑和所到的东南亚一些国家至今仍纪念郑和。郑和下西洋已经成为一个象征符号，它所体现的中国睦邻友好、和平交往的理念与实践，为人类和谐相处提供了宝贵的历史经验，与当今世界和平与发展的时代主题适相吻合。

　　郑和是中国航海第一人，在某种意义上，也是世界大航海时代的第一人。郑和属于中国，郑和也属于世界。郑和所到的东南亚国家至今还在纪念郑和，足以证明！